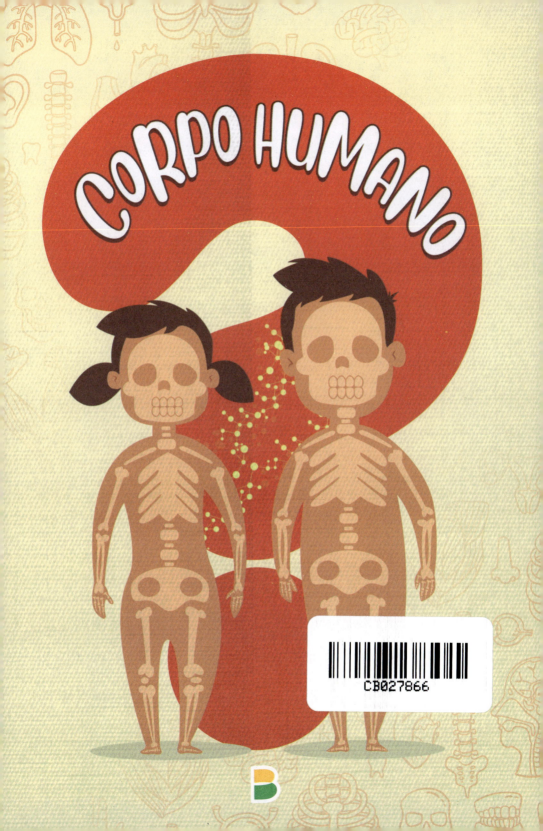

BrasiLeitura

© Todolivro Ltda.
Rodovia Jorge Lacerda, 5086 - Galpão 2
Poço Grande
Gaspar - SC
CEP 89115-100

Tradução:
Ana Cristina de Mattos Ribeiro

Revisão:
Ana Paula da Silveira

IMPRESSO NA CHINA

ÍNDICE

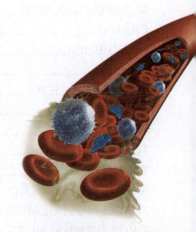

CORPO HUMANO 6
O CÉREBRO 8
NOSSOS OLHOS 10
BOCA 13
NARIZ 16
NOSSOS OUVIDOS 18
PALADAR E OLFATO 20
A PELE 22
CORAÇÃO 24
PULMÕES 27
SISTEMA DIGESTÓRIO 30
SISTEMA CIRCULATÓRIO 33
MECANISMO RESPIRATÓRIO 36
INTESTINO E FÍGADO 39
O RIM 42
SISTEMA ESQUELÉTICO 45
SISTEMA MUSCULAR 48
SISTEMA ENDÓCRINO 51
GLÂNDULAS ENDÓCRINAS 54
SISTEMA LINFÁTICO/IMUNOLÓGICO 56
SISTEMA REPRODUTIVO 59
CÉLULAS, TECIDOS E ÓRGÃOS 62
SISTEMAS DO CORPO 65
OSSOS E CARTILAGENS 68
ARTICULAÇÕES E LIGAMENTOS 71
NERVOS 74
SISTEMA NERVOSO 77
ESÔFAGO E ESTÔMAGO 79
FÍGADO 81
PÂNCREAS E VESÍCULA BILIAR 83

SANGUE	85
FORMAÇÃO DO SANGUE	88
VASOS SANGUÍNEOS	90
SISTEMA RESPIRATÓRIO	92
SISTEMA URINÁRIO	95
CRÂNIO	98
MANDÍBULA	101
OMBRO	103
CAIXA TORÁCICA	107
COTOVELO	110
QUADRIL	113
TORNOZELO	116
JOELHO	119
MÚSCULOS EM AÇÃO	122
FIBRAS MUSCULARES	125
TIPOS DE MÚSCULOS	128
SISTEMA MUSCULAR	130
MÚSCULOS DO NOSSO CORPO	132
CABELOS E UNHAS	135
NEURÔNIOS E DENDRITOS	138
SISTEMA NERVOSO CENTRAL	141
MEDULA ESPINHAL	143
SISTEMA NERVOSO PERIFÉRICO	145
SISTEMA NERVOSO AUTÔNOMO	148
LINFA	151
LINFONODOS E VASOS	154
ÓRGÃOS LINFOIDES	156
LINFÓCITOS	158
ANTÍGENOS E ANTICORPOS	161
FARINGE E LARINGE	164
TRAQUEIA, BRÔNQUIOS E ALVÉOLOS	167
NÉFRONS	170
SISTEMA REPRODUTIVO MASCULINO	173
SISTEMA URINÁRIO MASCULINO E FEMININO	176

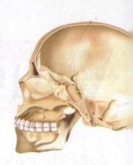
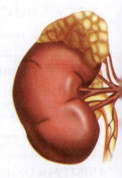
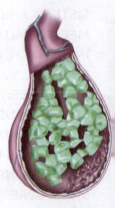

INTESTINOS DELGADO E GROSSO	178
ABSORÇÃO E EXCREÇÃO	181
SISTEMA REPRODUTIVO FEMININO	184
REPRODUÇÃO E NASCIMENTO	187
HORMÔNIOS	190
GENÉTICA	193
DOENÇAS BACTERIANAS	196
DOENÇAS VIRAIS	199
CÂNCER	202
HIV	205
DOENÇAS COMUNS	208
PRIMEIROS SOCORROS	212
PRIMEIROS SOCORROS PARA: ASMA, SANGRAMENTO, QUEIMADURAS E ASFIXIA	215
PRIMEIROS SOCORROS PARA: DORES NO PEITO, CONVULSÕES E DIABETES	218
PRIMEIROS SOCORROS PARA: FRATURAS, TRAUMATISMO CRANIOENCEFÁLICO E LESÃO OCULAR	221
PRIMEIROS SOCORROS PARA: VENENOS, MORDIDAS E PICADAS	223
PRIMEIROS SOCORROS DE EMERGÊNCIA	226
COMPREENDENDO NOSSO CORPO: ANATOMIA HUMANA	229
CURIOSIDADES SOBRE O CORPO HUMANO	241
GLOSSÁRIO	285

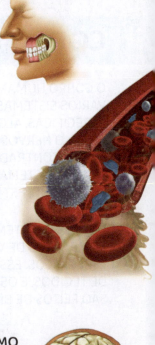
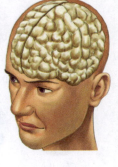
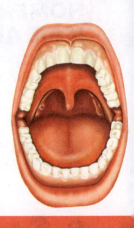

CORPO HUMANO

O CORPO HUMANO É UMA COLEÇÃO ORGANIZADA DE VÁRIOS SISTEMAS CORPORAIS, QUE EXECUTAM FUNÇÕES ESPECÍFICAS. ALGUNS DESSES SISTEMAS CORPORAIS, COMO O NERVOSO, ESQUELÉTICO E MUSCULAR, SÃO ENCONTRADOS EM TODO O CORPO, ENQUANTO ALGUNS SISTEMAS, COMO O DIGESTÓRIO, URINÁRIO E ENDÓCRINO, ESTÃO LOCALIZADOS EM ÁREAS MENORES.

TODOS OS SISTEMAS CORPORAIS SÃO COMPOSTOS DE VÁRIOS ÓRGÃOS ESPECÍFICOS. ESSES ÓRGÃOS SÃO FEITOS DE TECIDOS, E OS TECIDOS, POR SUA VEZ, SÃO FEITOS DE BILHÕES DE CÉLULAS.

TESTA
OLHO
NARIZ
BOCA
QUEIXO
PEITO
ABDÔMEN
QUADRIL
VIRILHA
PÊNIS
ESCROTO
JUNTA
COXA
JOELHO
CANELA
PEITO DO PÉ
DEDO DO PÉ

CÉLULA TRONCO

CÉLULA INTESTINAL

CÉLULA SANGUÍNEA

CÉLULA MUSCULAR

CÉLULA DO FÍGADO

CÉLULA NERVOSA

HOMENS MAIS ALTOS

EXISTEM ENORMES VARIAÇÕES NAS APARÊNCIAS EXTERNAS DOS HUMANOS. EMBORA TODOS OS CORPOS POSSUAM AS MESMAS CARACTERÍSTICAS BÁSICAS, OS HOMENS TENDEM A SER MAIS ALTOS QUE AS MULHERES, COM OMBROS MAIS LARGOS E MAIS PELOS NO CORPO.

PARTES DO CORPO DE UM HOMEM E DE UMA MULHER

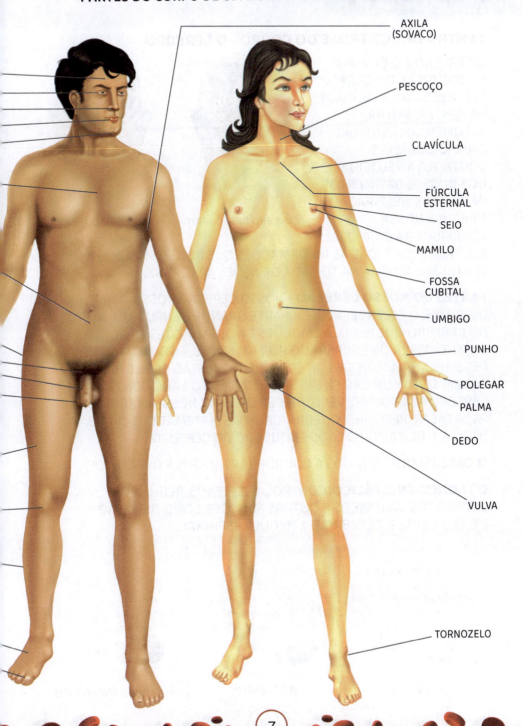

O CÉREBRO

CENTRO DE CONTROLE DO CORPO - O CÉREBRO

O CÉREBRO É O CENTRO DE CONTROLE DO CORPO. ELE NOS DÁ A CAPACIDADE DE PENSAR, SENTIR, MOVIMENTAR, LEMBRAR E RACIOCINAR; ELE CONTROLA A VELOCIDADE DOS NOSSOS BATIMENTOS CARDÍACOS, RESPIRAÇÃO E REGULA NOSSA TEMPERATURA CORPORAL; ELE PROCESSA TODAS AS INFORMAÇÕES QUE RECEBEMOS DOS NOSSOS SENTIDOS E AUXILIA NA TOMADA DE AÇÕES APROPRIADAS.

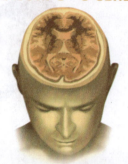
CÉREBRO DESCOBERTO

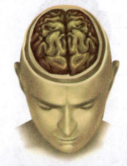
CÉREBRO COBERTO

PARTES DO NOSSO CÉREBRO - NOSSO CÉREBRO POSSUI 3 PARTES DISTINTAS: O TELENCÉFALO: É A PARTE GRANDE E ENRUGADA NO TOPO DO CÉREBRO QUE REGULA EMOÇÕES E NOSSAS AÇÕES. DIVIDIDO EM 2 HEMISFÉRIOS E SEPARADO POR UM SULCO, AS DUAS PARTES DESEMPENHAM FUNÇÕES DIFERENTES, MAS ESTÃO CONECTADAS E PODEM SE COMUNICAR ENTRE SI. UTILIZAMOS O LADO DIREITO DO CÉREBRO PARA OUVIR, RECONHECER OU USAR NOSSA IMAGINAÇÃO. PARA FALAR, RESOLVER QUEBRA-CABEÇAS MATEMÁTICOS OU USAR LÓGICA, UTILIZAMOS O LADO ESQUERDO DO CÉREBRO.

O CEREBELO: AJUDA-NOS A COORDENAR NOSSOS MOVIMENTOS.

O TRONCO ENCEFÁLICO: CONTROLA REFLEXOS, REGULA OS BATIMENTOS CARDÍACOS E OUTRAS FUNÇÕES COMO DIGESTÃO. É O ELO ENTRE O CÉREBRO E A MEDULA ESPINHAL.

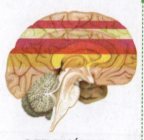
O TELENCÉFALO

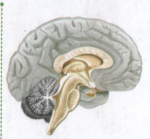
O CEREBELO

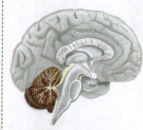
O TRONCO ENCEFÁLICO

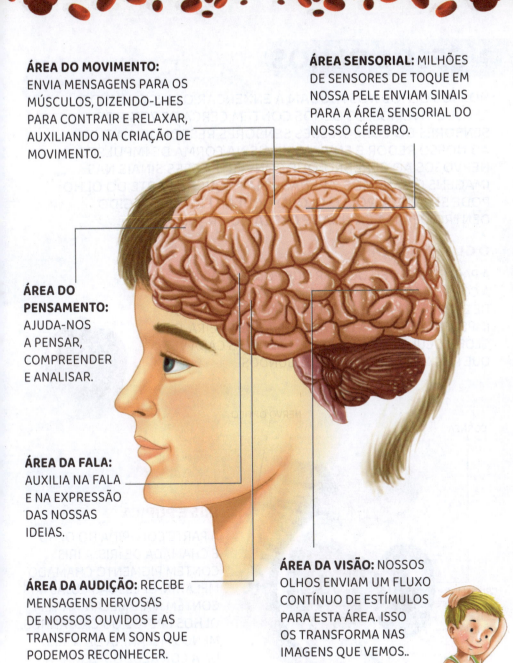

ÁREA DO MOVIMENTO: ENVIA MENSAGENS PARA OS MÚSCULOS, DIZENDO-LHES PARA CONTRAIR E RELAXAR, AUXILIANDO NA CRIAÇÃO DE MOVIMENTO.

ÁREA SENSORIAL: MILHÕES DE SENSORES DE TOQUE EM NOSSA PELE ENVIAM SINAIS PARA A ÁREA SENSORIAL DO NOSSO CÉREBRO.

ÁREA DO PENSAMENTO: AJUDA-NOS A PENSAR, COMPREENDER E ANALISAR.

ÁREA DA FALA: AUXILIA NA FALA E NA EXPRESSÃO DAS NOSSAS IDEIAS.

ÁREA DA AUDIÇÃO: RECEBE MENSAGENS NERVOSAS DE NOSSOS OUVIDOS E AS TRANSFORMA EM SONS QUE PODEMOS RECONHECER.

ÁREA DA VISÃO: NOSSOS OLHOS ENVIAM UM FLUXO CONTÍNUO DE ESTÍMULOS PARA ESTA ÁREA. ISSO OS TRANSFORMA NAS IMAGENS QUE VEMOS..

CURIOSIDADE
O LADO ESQUERDO DO CÉREBRO CONTROLA O LADO DIREITO DO CORPO, E O LADO DIREITO DO CÉREBRO CONTROLA O LADO ESQUERDO DO CORPO.

NOSSOS OLHOS

NOSSOS OLHOS NOS AJUDAM A ENXERGAR O LINDO MUNDO EM QUE VIVEMOS. OS OLHOS CONTÊM CERCA DE 70% DOS SENSORES DO CORPO. ESSES SENSORES RESPONDEM A TUDO AO NOSSO REDOR E ENVIAM SINAIS NA FORMA DE IMPULSOS NERVOSOS AO CÉREBRO, QUE CONVERTE ESSES SINAIS NAS IMAGENS QUE VEMOS. APENAS UMA PEQUENA PARTE DO OLHO PODE SER VISTA, POIS O GLOBO OCULAR FICA PROTEGIDO DENTRO DE UMA CAVIDADE ÓSSEA NO CRÂNIO.

O GLOBO OCULAR

A PARTE DO GLOBO OCULAR QUE PODEMOS VER É A CÓRNEA. AS SOBRANCELHAS IMPEDEM O SUOR DE ESCORRER PARA DENTRO DO OLHO, E OS CÍLIOS IMPEDEM A ENTRADA DE PARTÍCULAS DE POEIRA. O GLOBO OCULAR É LIMPO PELAS LÁGRIMAS CADA VEZ QUE PISCAMOS (A CADA DEZ SEGUNDOS).

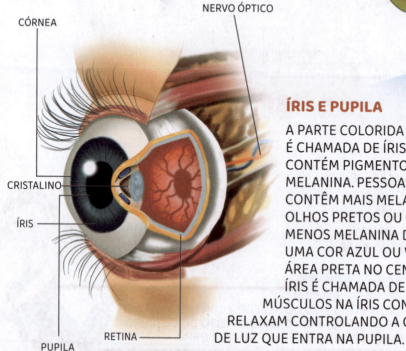

ÍRIS E PUPILA

A PARTE COLORIDA DO OLHO É CHAMADA DE ÍRIS. A ÍRIS CONTÉM PIGMENTO CHAMADO MELANINA. PESSOAS CUJAS ÍRIS CONTÊM MAIS MELANINA TÊM OLHOS PRETOS OU CASTANHOS. MENOS MELANINA DÁ À ÍRIS UMA COR AZUL OU VERDE. A ÁREA PRETA NO CENTRO DA ÍRIS É CHAMADA DE PUPILA. OS MÚSCULOS NA ÍRIS CONTRAEM E RELAXAM CONTROLANDO A QUANTIDADE DE LUZ QUE ENTRA NA PUPILA.

COMO NÓS ENXERGAMOS

QUANDO VOCÊ OLHA PARA ALGO, A LUZ DO OBJETO PASSA PELA CÓRNEA DO OLHO E PELO CRISTALINO. EM SEGUIDA, ELA É CONVERGIDA E INCIDE NA TELA NA PARTE DE TRÁS DO OLHO CHAMADA RETINA. UMA IMAGEM DE CABEÇA PARA BAIXO É FORMADA NELA. A RETINA CONTÉM MILHÕES DE CÉLULAS SENSÍVEIS À LUZ CHAMADAS BASTONETES E CONES. OS BASTONETES NOS PERMITEM VER EM PRETO E BRANCO E OS CONES NOS PROPORCIONAM VISÃO COLORIDA. ESSAS CÉLULAS ENVIAM SINAIS DA IMAGEM FORMADA NA RETINA ATRAVÉS DOS NERVOS ÓPTICOS PARA O CÉREBRO.

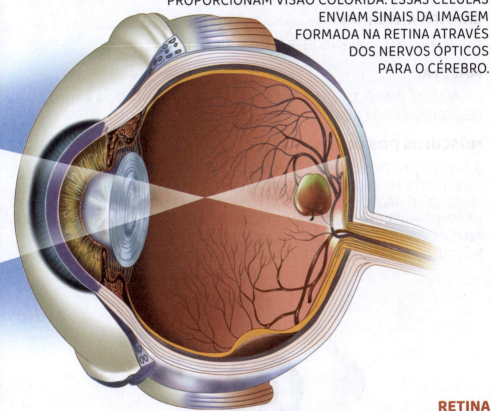

RETINA

A RETINA É A TELA ATRÁS DO OLHO ONDE A IMAGEM DE UM OBJETO É FORMADA.

O CRISTALINO

O CRISTALINO É UMA PROTUBERÂNCIA CONVEXA TRANSPARENTE PROTEGIDA PELA CÓRNEA. MÚSCULOS AO REDOR DO CRISTALINO AJUDAM A MUDAR SUA FORMA. O CRISTALINO SE TORNA MAIS ESPESSO AO FOCAR EM UM OBJETO PRÓXIMO E MAIS FINO AO OLHAR PARA UM OBJETO DISTANTE.

ESCLERA

É A PARTE BRANCA DO GLOBO OCULAR. A ESCLERA É A COBERTURA EXTERNA E DÁ FORMA AOS OLHOS. VÁRIOS VASOS SANGUÍNEOS QUE FORNECEM SANGUE SÃO ENCONTRADOS NA ESCLERA.

CÓRNEA

A CÓRNEA É A PARTE COLORIDA E TRANSPARENTE DA ESCLERA.

CÂMARA ANTERIOR

A CÂMARA ANTERIOR ENCONTRA-SE ENTRE A ÍRIS E A CÓRNEA.

MÁCULA:

A MÁCULA É UMA PEQUENA ÁREA LOCALIZADA NO CENTRO DA RETINA, RESPONSÁVEL POR NOS DAR A VISÃO NÍTIDA E DETALHADA.

MÚSCULOS DOS OLHOS

O MOVIMENTO DOS OLHOS É CONTROLADO POR 6 MÚSCULOS. O MÚSCULO RETO MEDIAL É RESPONSÁVEL POR MOVER OS OLHOS EM DIREÇÃO AO NARIZ. O MÚSCULO RETO LATERAL AFASTA OS OLHOS DO NARIZ. OS MÚSCULOS RETOS SUPERIOR E INFERIOR SÃO RESPONSÁVEIS PELO MOVIMENTO ASCENDENTE E DESCENDENTE DOS OLHOS. OS MÚSCULOS OBLÍQUOS SUPERIOR E INFERIOR ROTACIONAM OS OLHOS.

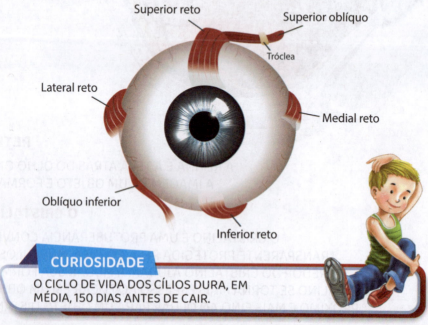

CURIOSIDADE

O CICLO DE VIDA DOS CÍLIOS DURA, EM MÉDIA, 150 DIAS ANTES DE CAIR.

BOCA

A BOCA, OU CAVIDADE BUCAL, É A PRIMEIRA PARTE DO SISTEMA DIGESTÓRIO. O PRINCIPAL OBJETIVO DA BOCA É ENGOLIR OS ALIMENTOS.

A DIGESTÃO MECÂNICA DOS ALIMENTOS, COMO MORDER, MASTIGAR E TRITURAR, OCORRE NA BOCA. A BOCA CONTÉM A LÍNGUA, AS GLÂNDULAS SALIVARES E OS DENTES.

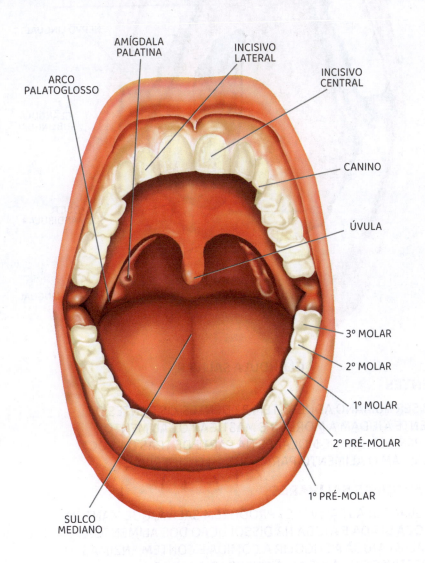

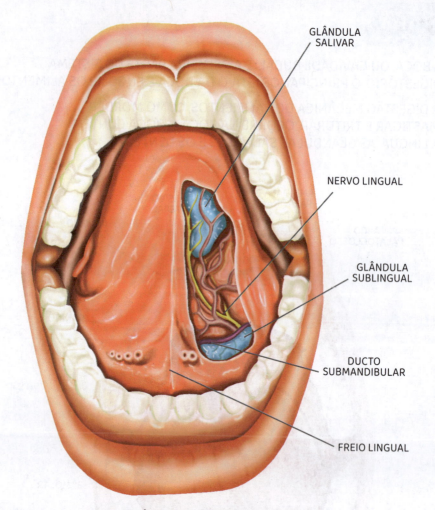

GLÂNDULA SALIVAR

DENTES

UM SER HUMANO ADULTO TEM 32 DENTES. OS DENTES DA FRENTE AJUDAM A MORDER E MASTIGAR OS ALIMENTOS. OS PRÉ-MOLARES E MOLARES NA PARTE DE TRÁS DA BOCA AMASSAM O ALIMENTO PARA TORNÁ-LO DIGERÍVEL.

GLÂNDULAS SALIVARES

AS GLÂNDULAS SALIVARES PRODUZEM SALIVA, QUE MANTÉM A BOCA ÚMIDA E AJUDA NA DISSOLUÇÃO DOS ALIMENTOS. A SALIVA AJUDA A ENGOLIR A COMIDA E CONTÉM ENZIMAS DIGESTIVAS QUE AJUDAM A QUEBRAR O AMIDO.

LÍNGUA

A LÍNGUA É UM ÓRGÃO MUSCULAR QUE AJUDA A COMIDA A SE MOVIMENTAR DENTRO DA BOCA. ELA CONTÉM PAPILAS GUSTATIVAS QUE DETECTAM SABORES DIFERENTES. OS QUATRO SABORES QUE PODEM SER DETECTADOS SÃO: AZEDO, DOCE, AMARGO E SALGADO.

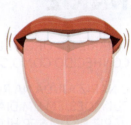

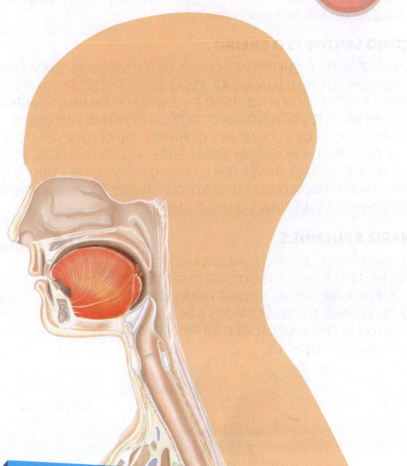

CURIOSIDADE

- SEM SALIVA NÃO CONSEGUIRÍAMOS SENTIR O GOSTO DE NADA.
- O INTERIOR DA SUA BOCA CONTÉM TANTAS BACTÉRIAS QUANTO A QUANTIDADE DE PESSOAS NA TERRA.
- OS DENTES COMEÇAM A SE FORMAR ANTES MESMO DE VOCÊ NASCER, MAS SÓ APARECEM ENTRE OS 6 E OS 12 MESES DE IDADE.

NARIZ

O NARIZ É O ÓRGÃO DO OLFATO. O SENTIDO DO OLFATO TAMBÉM É CONHECIDO COMO OLFAÇÃO.

O NARIZ AJUDA NA RESPIRAÇÃO E PERMITE QUE O AR ENTRE NOS PULMÕES. EM UM DIA, CERCA DE 20.000 LITROS DE AR PASSAM PELO NARIZ DE UM SER HUMANO ADULTO.

COMO SENTIMOS O CHEIRO

O NARIZ SENTE O CHEIRO DAS COISAS DETECTANDO AS SUBSTÂNCIAS QUÍMICAS QUE FLUTUAM NO AR. ESSAS SUBSTÂNCIAS ENTRAM NO NARIZ E SE DISSOLVEM NO MUCO ENCONTRADO EM UMA MEMBRANA CHAMADA EPITÉLIO OLFATIVO. O EPITÉLIO OLFATIVO TEM CERCA DE 40 MILHÕES DE RECEPTORES OLFATIVOS OU CÉLULAS CILIADAS QUE RESPONDEM A DETERMINADAS SUBSTÂNCIAS QUÍMICAS. ESSAS CÉLULAS CILIADAS CONVERTEM O CHEIRO EM SINAIS ELÉTRICOS QUE PASSAM PELO BULBO OLFATIVO ATÉ O CÉREBRO. O CÉREBRO ENTÃO INTERPRETA ESSES SINAIS COMO O CHEIRO.

NARIZ E PULMÕES

O NARIZ É VITAL PARA O FUNCIONAMENTO DOS PULMÕES. ELE FILTRA TODO O AR QUE PASSA POR ELE, ADICIONA UMIDADE AO AR PARA EVITAR QUE O REVESTIMENTO DOS PULMÕES E OS BRÔNQUIOS SEQUEM, ALÉM DE AQUECER O AR FRIO ANTES DE ELE CHEGAR AOS PULMÕES.

SEIO FRONTAL

CONCHA NASAL

CONCHA NASAL MÉDIA

NARINAS EXTERNAS

ANOSMIA

OS SERES HUMANOS PODEM DISTINGUIR CERCA DE 10.000 ODORES DIFERENTES. NO ENTANTO, MUITAS PESSOAS NÃO TÊM O SENTIDO DO OLFATO. ESSE DISTÚRBIO É CONHECIDO COMO ANOSMIA.

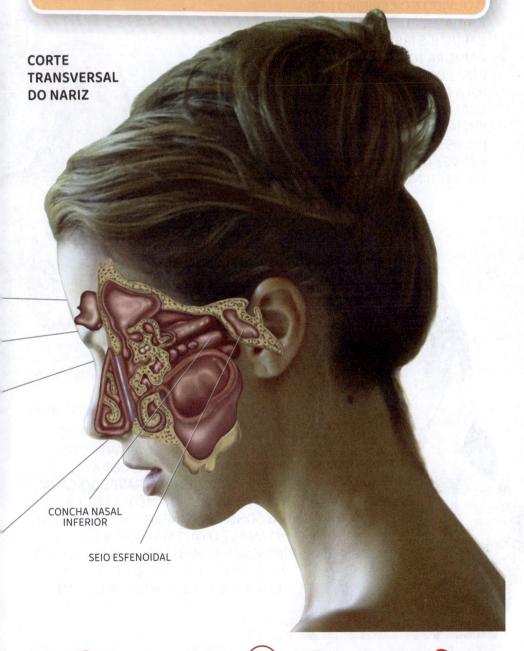

CORTE TRANSVERSAL DO NARIZ

CONCHA NASAL INFERIOR

SEIO ESFENOIDAL

NOSSOS OUVIDOS

O OUVIDO E O CÉREBRO NOS AJUDAM A OUVIR. DESDE MÚSICA ATÉ BARULHOS IRRITANTES, O OUVIDO CAPTURA TODAS AS ONDAS SONORAS. ESSAS ONDAS SONORAS PASSAM PELA PARTE DO OUVIDO CHAMADA CÓCLEA. SENSORES NA CÓCLEA ENVIAM MENSAGENS NA FORMA DE SINAIS PARA O CÉREBRO, QUE POR SUA VEZ OS CONVERTE EM SONS QUE CONSEGUIMOS IDENTIFICAR.

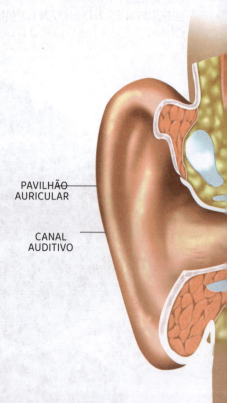

PAVILHÃO AURICULAR

CANAL AUDITIVO

O OUVIDO EXTERNO, MÉDIO E INTERNO

O OUVIDO EXTERNO, TAMBÉM CHAMADO DE PAVILHÃO AURICULAR, É A PARTE QUE PODEMOS VER. ELE COLETA AS ONDAS SONORAS E AS DIRECIONA ATRAVÉS DO CANAL AUDITIVO PARA O OUVIDO MÉDIO. AQUI, AS ONDAS SONORAS ATINGEM UMA PELE TENSA, O TÍMPANO, E O FAZEM VIBRAR. ESSAS VIBRAÇÕES, POR SUA VEZ, ESTIMULAM UM TUBO EM ESPIRAL, CHEIO DE LÍQUIDO, CHAMADO CÓCLEA, NO OUVIDO INTERNO.

AS ONDAS SONORAS ATINGEM O TÍMPANO, FAZENDO-O VIBRAR. ESSAS VIBRAÇÕES PASSAM POR TRÊS PEQUENOS OSSOS CHAMADOS OSSÍCULOS. POR SUA VEZ, ISSO CRIA ONDULAÇÕES NO FLUIDO QUE PREENCHE O OUVIDO INTERNO. QUANDO ESSAS ONDULAÇÕES ATINGEM A CÓCLEA, ELA ENVIA MENSAGENS AO CÉREBRO.

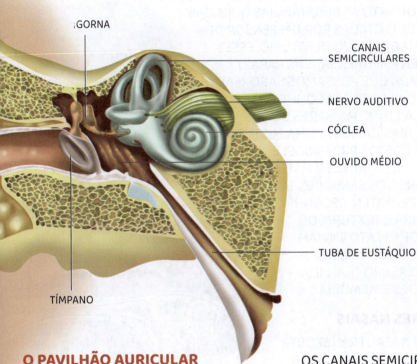

BIGORNA
CANAIS SEMICIRCULARES
NERVO AUDITIVO
CÓCLEA
OUVIDO MÉDIO
TUBA DE EUSTÁQUIO
TÍMPANO

O PAVILHÃO AURICULAR

ELE FUNCIONA COMO UM FUNIL, DIRECIONANDO O SOM PARA DENTRO DO OUVIDO. O SOM VIAJA NA FORMA DE ONDAS PELO AR ATÉ CHEGAR AO OUVIDO.

CURIOSIDADE
OS MOSQUITOS MACHOS OUVEM MILHARES DE MINÚSCULOS PELOS CRESCENDO EM SUAS ANTENAS.

OS CANAIS SEMICIRCULARES DOS NOSSOS OUVIDOS DETECTAM O MOVIMENTO E A POSIÇÃO DA NOSSA CABEÇA. COMBINANDO ESSAS INFORMAÇÕES COM OUTRAS RECEBIDAS DOS SENSORES ESPALHADOS POR TODO O CORPO, O CÉREBRO CONSEGUE ENVIAR MENSAGENS AOS NOSSOS MÚSCULOS PARA QUE POSSAMOS MANTER O EQUILÍBRIO.

PALADAR E OLFATO

NOSSOS PRINCIPAIS SENTIDOS, ALÉM DA VISÃO E AUDIÇÃO, SÃO PALADAR, TATO E OLFATO. O NOSSO PALADAR E OLFATO DETECTAM SUBSTÂNCIAS QUÍMICAS NOS ALIMENTOS E NO AR AO NOSSO REDOR. AS SUBSTÂNCIAS QUÍMICAS NOS ALIMENTOS SÃO DETECTADAS PELAS PAPILAS GUSTATIVAS NA NOSSA LÍNGUA, ENQUANTO AS SUBSTÂNCIAS QUÍMICAS NO AR SÃO DETECTADAS POR UM SENSOR DE ODOR CHAMADO NERVO OLFATÓRIO. ESSES SENSORES ENVIAM MENSAGENS PARA O CÉREBRO PARA QUE POSSAMOS SABOREAR E CHEIRAR. O CÉREBRO RECONHECE A DIFERENÇA ENTRE MILHARES DE ALIMENTOS (BASICAMENTE UMA MISTURA DE QUATRO GOSTOS PRIMÁRIOS) E NOS AJUDA A RECONHECER MAIS DE 10.000 ODORES. OS SENSORES TÁTEIS (PELE) NOS PERMITEM RECONHECER TEMPERATURA E TEXTURA. OS SENSORES DE OLFATO ENVIAM MENSAGENS PARA A MESMA PARTE DO CÉREBRO QUE LIDA COM EMOÇÕES E MEMÓRIA.

RECEPTORES NASAIS

A CAVIDADE NASAL TRANSPORTA O AR PARA A NOSSA GARGANTA QUANDO RESPIRAMOS. A PARTE SUPERIOR DOS 2 LADOS DA CAVIDADE NASAL É A ÁREA OLFATIVA. ELA É REVESTIDA POR MAIS DE 25 MILHÕES DE RECEPTORES. QUANDO RESPIRAMOS, AS MOLÉCULAS QUE CRIAM O ODOR ADEREM AOS SENSORES E UMA MENSAGEM É ENVIADA AO CÉREBRO PARA SER DECODIFICADA. A MENSAGEM É TRANSMITIDA AO LONGO DO NERVO OLFATÓRIO. O NOSSO SENTIDO DE OLFATO É MAIS FORTE DO QUE O NOSSO SENTIDO DE PALADAR, RAZÃO PELA QUAL OS ALIMENTOS MUITAS VEZES PARECEM SEM SABOR SE O NOSSO NARIZ ESTIVER BLOQUEADO POR CAUSA DE UMA GRIPE OU RESFRIADO.

SEIO FRONTAL

CONCHA NASAL

INFERIOR NASAL CONCHA

CONCHA NASAL MÉDIA

MAPA DO PALADAR NA LÍNGUA

QUATRO GOSTOS DISTINTOS SÃO DETECTADOS PELAS PAPILAS GUSTATIVAS: DOCE, SALGADO, AZEDO E AMARGO. AS PAPILAS GUSTATIVAS NA PARTE DA FRENTE DA LÍNGUA DETECTAM O GOSTO DOCE, AS LATERAIS DETECTAM O SALGADO E O AZEDO, E AS LOCALIZADAS NA PARTE DE TRÁS DETECTAM OS GOSTOS AMARGOS.

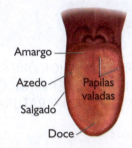

SEIO ESFENOIDAL

PALADAR E PAPILAS GUSTATIVAS

NOSSA LÍNGUA É REVESTIDA POR MILHARES DE RECEPTORES DE SABOR, QUE ENVIAM SINAIS PARA O CÉREBRO. O CÉREBRO INTERPRETA AS INFORMAÇÕES, PERMITINDO-NOS RECONHECER MUITOS SABORES.

SUPERFÍCIE DA LÍNGUA
CÉLULAS DA LÍNGUA
CÉLULA DA LÍNGUA
NASOFARINGE
POROS GUSTATIVOS

PAPILAS GUSTATIVAS

AS SALIÊNCIAS NA LÍNGUA CONTÊM PAPILAS GUSTATIVAS, COMPOSTAS APROXIMADAMENTE DE 100 CÉLULAS CADA. UM ADULTO POSSUI CERCA DE 10.000 PAPILAS GUSTATIVAS, MAS ESSE NÚMERO DIMINUI COM A IDADE. DENTRO DE CADA PAPILA GUSTATIVA HÁ UM CONJUNTO DE SENSORES QUE SE ASSEMELHAM AO SEGMENTO DE UMA LARANJA. PEQUENAS SALIÊNCIAS NA SUPERFÍCIE DA LÍNGUA NOS AJUDAM A SEGURAR O ALIMENTO ENQUANTO MASTIGAMOS OU LAMBEMOS.

CURIOSIDADE

HÁ CERCA DE 10.000 PAPILAS GUSTATIVAS NA LÍNGUA HUMANA E, EM GERAL, AS MENINAS TÊM MAIS PAPILAS GUSTATIVAS QUE OS MENINOS!

A PELE

A PELE É O MAIOR ÓRGÃO DO NOSSO CORPO. SOB SUA SUPERFÍCIE ESTÃO MILHÕES DE TERMINAÇÕES NERVOSAS SENSÍVEIS À DOR, PRESSÃO, TEXTURA, TEMPERATURA E MUITAS OUTRAS SENSAÇÕES.

MILHÕES DE SENSORES NA NOSSA PELE ENVIAM UM FLUXO DE MENSAGENS PARA O NOSSO CÉREBRO PARA QUE POSSAMOS TOCAR E SENTIR O NOSSO ENTORNO. ALGUNS SENSORES DETECTAM LUZ, OUTROS, TOQUE, ALGUNS PERCEBEM VIBRAÇÕES OU PRESSÃO, ENQUANTO OUTROS SENTEM CALOR, FRIO OU DOR. TRABALHANDO EM CONJUNTO, DIFERENTES SENSORES FORNECEM AO NOSSO CÉREBRO UMA "IMAGEM DO TOQUE".

GLÂNDULA SEBÁCEA

FOLÍCULO CAPILAR

ARTERÍOLA

GLÂNDULA SUDORÍPARA

CÉLULAS DE GORDURA E COLÁGENO

ALGUMAS PARTES DA NOSSA PELE TÊM MUITO MAIS SENSORES TÁTEIS DO QUE OUTRAS, TORNANDO-AS MUITO MAIS SENSÍVEIS. POR EXEMPLO, AS TERMINAÇÕES NERVOSAS EM NOSSAS MÃOS, DEDOS E BOCA SÃO MAIS SENSÍVEIS. AS TERMINAÇÕES NERVOSAS DOS DEDOS SÃO TÃO SENSÍVEIS QUE PESSOAS CEGAS PODEM LER PASSANDO OS DEDOS SOBRE PÁGINAS COBERTAS POR GRUPOS DE SALIÊNCIAS QUE REPRESENTAM LETRAS (BRAILLE).

MUITOS SENSORES DIFERENTES PODEM SER ENCONTRADOS DENTRO DA PELE. ALGUNS ESTÃO LOCALIZADOS PROFUNDAMENTE NA DERME, ENQUANTO OUTROS ALCANÇAM A EPIDERME. AS FIBRAS NERVOSAS TRANSPORTAM MENSAGENS DOS SENSORES PARA O CÉREBRO. POR EXEMPLO, SE VOCÊ COLOCAR UM CUBO DE GELO NA PALMA DA MÃO, A QUEDA REPENTINA DE TEMPERATURA FAZ COM QUE OS SENSORES DE FRIO ENVIEM MENSAGENS AO SEU CÉREBRO IMEDIATAMENTE.

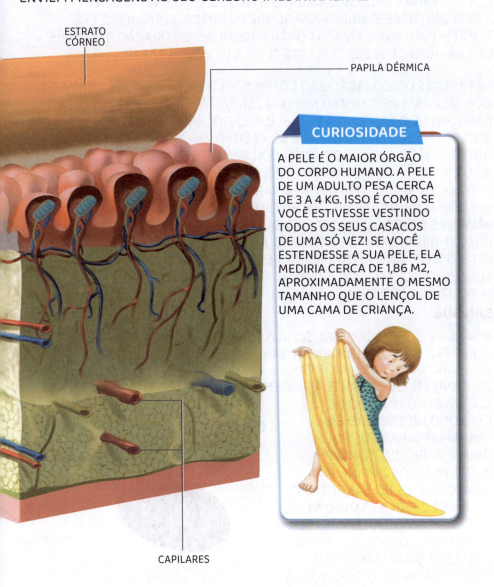

ESTRATO CÓRNEO

PAPILA DÉRMICA

CAPILARES

CURIOSIDADE

A PELE É O MAIOR ÓRGÃO DO CORPO HUMANO. A PELE DE UM ADULTO PESA CERCA DE 3 A 4 KG. ISSO É COMO SE VOCÊ ESTIVESSE VESTINDO TODOS OS SEUS CASACOS DE UMA SÓ VEZ! SE VOCÊ ESTENDESSE A SUA PELE, ELA MEDIRIA CERCA DE 1,86 M2, APROXIMADAMENTE O MESMO TAMANHO QUE O LENÇOL DE UMA CAMA DE CRIANÇA.

CORAÇÃO

A MÁQUINA DE BOMBEAMENTO - O CORAÇÃO

O CORAÇÃO É A BOMBA INTERNA DO CORPO. ELE DESEMPENHA A IMPORTANTE FUNÇÃO DE BOMBEAR SANGUE POR TODO O NOSSO CORPO, FORNECENDO AOS ÓRGÃOS E MÚSCULOS OS NUTRIENTES E OXIGÊNIO NECESSÁRIOS PARA SOBREVIVERMOS. ALÉM DISSO, ELE TAMBÉM PROTEGE O CORPO CONTRA DOENÇAS. O CORAÇÃO BATE MAIS DE 2 BILHÕES DE VEZES DURANTE TODA A VIDA, SEM PARAR.

AS PAREDES DO CORAÇÃO SÃO COMPOSTAS POR MÚSCULOS CARDÍACOS, QUE RELAXAM REPETIDAMENTE (TRAZENDO SANGUE) E SE CONTRAEM (EMPURRANDO SANGUE PARA FORA). O LADO DIREITO DO CORAÇÃO RECEBE SANGUE DAS CÉLULAS E BOMBEIA-O PARA OS PULMÕES PARA OBTER OXIGÊNIO. O LADO ESQUERDO LEVA ESTE SANGUE RICO EM OXIGÊNIO E O DISTRIBUI PELO CORPO. CADA LADO DO CORAÇÃO TEM DUAS CÂMARAS CONECTADAS: UM ÁTRIO SUPERIOR E UM VENTRÍCULO INFERIOR. AS VÁLVULAS DENTRO DO CORAÇÃO GARANTEM UM FLUXO UNIDIRECIONAL DE SANGUE. AO COLOCAR UM ESTETOSCÓPIO NO PEITO DE UMA PESSOA, O MÉDICO CONSEGUE OUVIR O SOM DOS BATIMENTOS CARDÍACOS PRODUZIDOS POR ESSAS VÁLVULAS.

SANGUE

O SANGUE É O FLUIDO VITAL DO NOSSO CORPO. ELE PERCORRE CADA CÉLULA, ENTREGANDO OS NUTRIENTES E O OXIGÊNIO NECESSÁRIOS PARA A SOBREVIVÊNCIA. DURANTE A VIAGEM, ELE COLETA O DIÓXIDO DE CARBONO INDESEJADO E O TRANSPORTA PARA OS PULMÕES, ONDE É EXPELIDO COM A RESPIRAÇÃO. OS 2 PRINCIPAIS COMPONENTES DO SANGUE SÃO PLASMA E CÉLULAS SANGUÍNEAS, QUE SÃO PRODUZIDOS DENTRO DOS NOSSOS OSSOS. O PLASMA É UM LÍQUIDO AMARELO QUE FORNECE ALIMENTO PARA TODAS AS CÉLULAS DO CORPO.

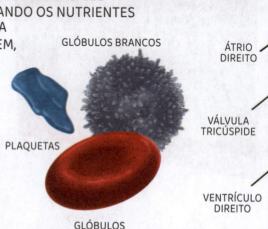

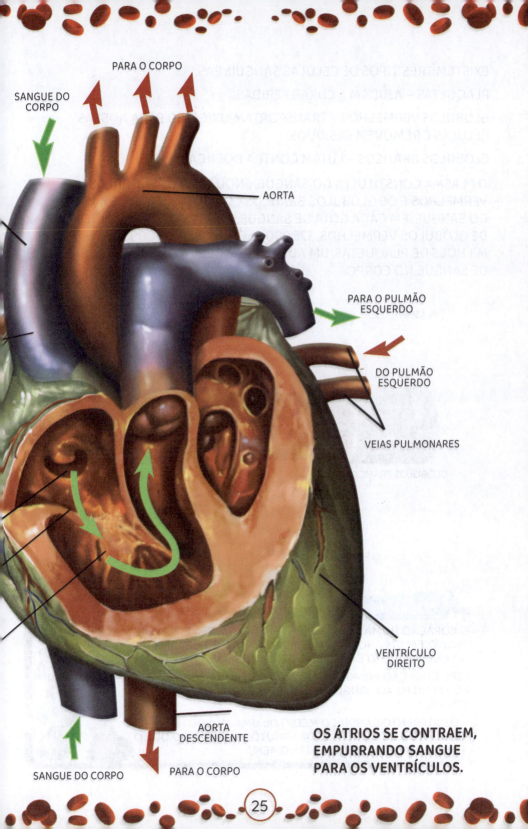

EXISTEM TRÊS TIPOS DE CÉLULAS SANGUÍNEAS:

PLAQUETAS – AJUDAM A CURAR FERIDAS.

GLÓBULOS VERMELHOS – TRANSPORTAM OXIGÊNIO PARA NOSSAS CÉLULAS E REMOVEM RESÍDUOS.

GLÓBULOS BRANCOS – LUTAM CONTRA DOENÇAS.

O PLASMA CONSTITUI 1% DO SANGUE, ENQUANTO OS GLÓBULOS VERMELHOS E OS GLÓBULOS BRANCOS COMPÕEM CERCA DE 44% DO SANGUE. EM CADA GOTA DE SANGUE, HÁ MAIS DE 250 MILHÕES DE GLÓBULOS VERMELHOS, 375.000 GLÓBULOS BRANCOS E 16 MILHÕES DE PLAQUETAS. UM ADULTO TEM CERCA DE 5 A 6 LITROS DE SANGUE NO CORPO.

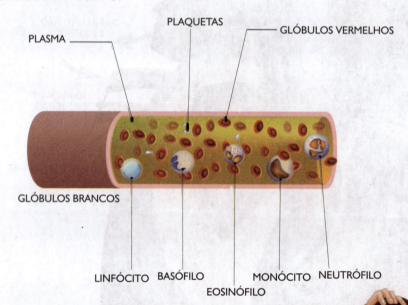

CURIOSIDADE

- O CORAÇÃO HUMANO MÉDIO BATE CERCA DE 75 VEZES POR MINUTO. EM UM ANO, ESSE MESMO CORAÇÃO BOMBEARIA SANGUE SUFICIENTE PARA ENCHER UMA PISCINA OLÍMPICA.

- SEU CORAÇÃO BOMBEIA CERCA DE 5 LITROS DE SANGUE POR MINUTO. AO LONGO DE UM DIA, ISSO SOMA MAIS DE 7.200 LITROS.

- O BATIMENTO CARDÍACO MÉDIO DE UMA MULHER É CERCA DE 8 BATIMENTOS POR MINUTO, MAIS RÁPIDO QUE O BATIMENTO CARDÍACO DE UM HOMEM.

PULMÕES

ÓRGÃOS QUE NOS AJUDAM A RESPIRAR

PRECISAMOS RESPIRAR AR PORQUE ELE CONTÉM OXIGÊNIO. CADA CÉLULA DO NOSSO CORPO PRECISA DE OXIGÊNIO PARA LIBERAR A ENERGIA DOS ALIMENTOS QUE INGERIMOS. ESSA ENERGIA MANTÉM NOSSAS CÉLULAS VIVAS. O OXIGÊNIO É EXTRAÍDO DO AR PELO NOSSO SISTEMA RESPIRATÓRIO (RESPIRAÇÃO), QUE CONSISTE EM: NARIZ, GARGANTA, TRAQUEIA E PULMÕES. OS PULMÕES SÃO OS ÓRGÃOS PRINCIPAIS PELOS QUAIS O OXIGÊNIO É TRANSFERIDO PARA A CORRENTE SANGUÍNEA E LEVADO PARA TODAS AS PARTES DO CORPO.

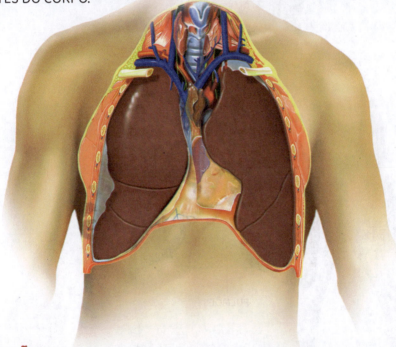

PULMÕES

OS PULMÕES SÃO UM DOS PRINCIPAIS ÓRGÃOS DO CORPO. ELES SÃO RESPONSÁVEIS POR FORNECER OXIGÊNIO AO SANGUE E POR REMOVER O DIÓXIDO DE CARBONO INDESEJADO. PROTEGIDOS PELA CAIXA TORÁCICA, OS PULMÕES OCUPAM A MAIOR PARTE DO ESPAÇO DENTRO DO TÓRAX E SÃO SEPARADOS DO ABDÔMEN POR UMA CAMADA DE MÚSCULO CHAMADA DIAFRAGMA. ELES SÃO FEITOS DE TECIDO ELÁSTICO E PODEM SE EXPANDIR E CONTRAIR. CHEIOS DE PEQUENAS VIAS AÉREAS QUE TERMINAM EM SACOS DE AR, SÃO LEVES E ESPONJOSOS. ESSES SACOS

FORNECEM UMA VASTA ÁREA DE SUPERFÍCIE, O QUE SIGNIFICA QUE O SANGUE QUE PASSA POR ELES PODE ABSORVER A QUANTIDADE MÁXIMA DE OXIGÊNIO NO MENOR TEMPO POSSÍVEL.

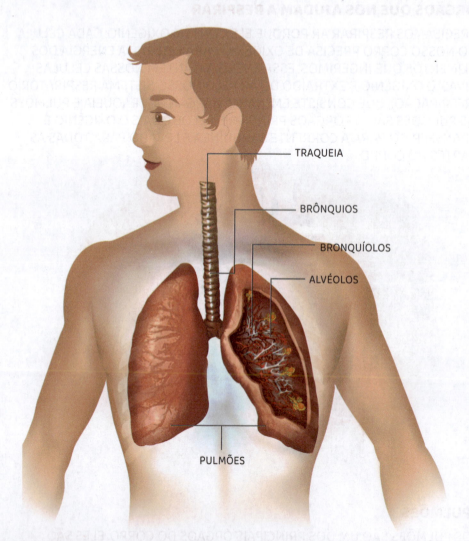

VIAS AÉREAS

AS VIAS AÉREAS DO SISTEMA RESPIRATÓRIO COMEÇAM NAS NARINAS (AS DUAS ABERTURAS NO NARIZ). ESSAS ABERTURAS ESTÃO CONECTADAS A PASSAGENS QUE SE UNEM NA GARGANTA. O AR ENTÃO PASSA PARA A LARINGE (CAIXA DE VOZ) E DESCE PELA TRAQUEIA (OU "TUBO DE VENTO"). A TRAQUEIA SE DIVIDE NA PARTE INFERIOR EM 2 TUBOS BRÔNQUICOS, QUE SE RAMIFICAM PARA DENTRO DOS PULMÕES.

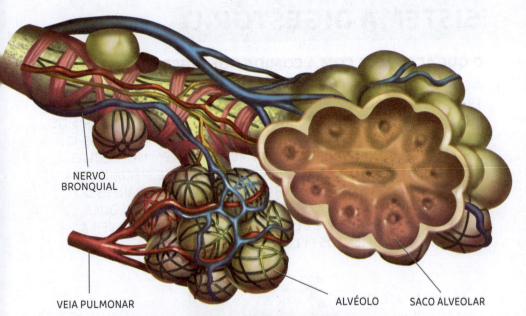

NERVO BRONQUIAL
VEIA PULMONAR
ALVÉOLO
SACO ALVEOLAR

ÁRVORE BRÔNQUICA: A REDE DE VIAS AÉREAS DENTRO DOS PULMÕES É FREQUENTEMENTE CHAMADA DE ÁRVORE BRÔNQUICA. OS 2 PRINCIPAIS TUBOS DE AR (BRÔNQUIOS) SE RAMIFICAM PARA A ESQUERDA E PARA A DIREITA, DIVIDINDO-SE EM RAMOS CADA VEZ MENORES. OS RAMOS MENORES DESSES SÃO CHAMADOS BRONQUÍOLOS.

SACOS AÉREOS: OS BRONQUÍOLOS TERMINAM EM AGLOMERADOS DE ALVÉOLOS (SACOS AÉREOS) QUE POSSUEM APENAS UMA CÉLULA DE ESPESSURA. OS ALVÉOLOS SÃO REVESTIDOS POR PEQUENOS CAPILARES PELOS QUAIS AS CÉLULAS SANGUÍNEAS CAPTAM OXIGÊNIO E LIBERAM DIÓXIDO DE CARBONO.

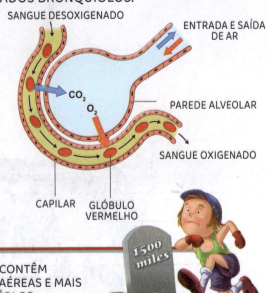

SANGUE DESOXIGENADO
ENTRADA E SAÍDA DE AR
CO_2
O_2
PAREDE ALVEOLAR
SANGUE OXIGENADO
CAPILAR
GLÓBULO VERMELHO

CURIOSIDADE

OS PULMÕES HUMANOS CONTÊM QUASE 2.414 KM DE VIAS AÉREAS E MAIS DE 300 MILHÕES DE ALVÉOLOS.

SISTEMA DIGESTÓRIO

O QUE ACONTECE COM A COMIDA QUE INGERIMOS?

A COMIDA NOS FORNECE A ENERGIA QUE PRECISAMOS PARA TRABALHAR, ESTUDAR E BRINCAR. ELA CONTÉM SUBSTÂNCIAS ÚTEIS CHAMADAS NUTRIENTES. A MAIOR PARTE DA COMIDA QUE INGERIMOS ENTRA NO NOSSO SISTEMA NA FORMA DE GRANDES MOLÉCULAS. O SISTEMA DIGESTÓRIO QUEBRA ESSAS MOLÉCULAS EM MOLÉCULAS MENORES, UTILIZANDO UMA VARIEDADE DE SUCOS ESPECIAIS. ESSA COMIDA DIGERIDA É ENTÃO DISTRIBUÍDA PARA VÁRIAS PARTES DO NOSSO CORPO ATRAVÉS DO SISTEMA CIRCULATÓRIO. QUALQUER ALIMENTO NÃO DIGERIDO É ELIMINADO DO CORPO. VAMOS VER A JORNADA DOS ALIMENTOS PELO NOSSO CORPO.

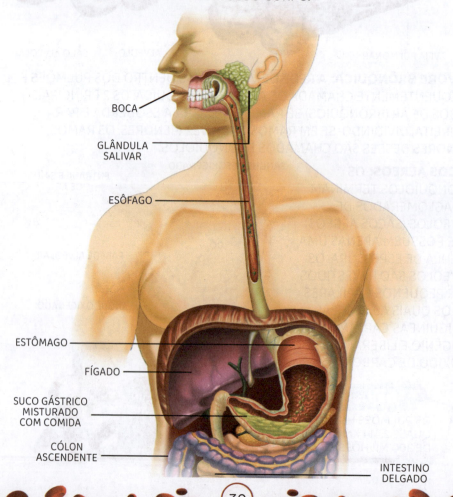

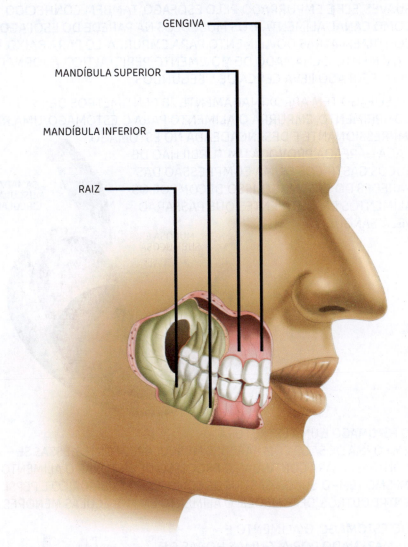

PRIMEIRO, OS NOSSOS DENTES TRITURAM, MORDEM E MASTIGAM O ALIMENTO QUANDO O COLOCAMOS NA BOCA. A MAIORIA DAS PESSOAS TEM UM CONJUNTO DE 32 DENTES. OS DENTES SÃO REVESTIDOS POR UMA SUBSTÂNCIA CHAMADA ESMALTE, QUE É A SUBSTÂNCIA MAIS RESISTENTE NO CORPO HUMANO.

O LÍQUIDO QUE O ALIMENTO ENCONTRA AO ENTRAR NA BOCA É A SALIVA. ELA UMEDECE O ALIMENTO E FACILITA A SUA DECOMPOSIÇÃO E PASSAGEM PELA GARGANTA.

ASSIM QUE O ALIMENTO É QUEBRADO EM PEDAÇOS MENORES E MAIS SUAVES, ELE É EMPURRADO PELO ESÔFAGO, TAMBÉM CONHECIDO COMO CANAL ALIMENTAR. OS MÚSCULOS NA PAREDE DO ESÔFAGO SE CONTRAEM ATRÁS DO ALIMENTO PARA EMPURRÁ-LO PARA BAIXO. ESSE MOVIMENTO É CHAMADO DE MOVIMENTO PERISTÁLTICO. A JORNADA PELO ESÔFAGO LEVA CERCA DE 5 SEGUNDOS.

O ESÔFAGO TEM APROXIMADAMENTE 28 CENTÍMETROS DE COMPRIMENTO, EMPURRA O ALIMENTO PARA O ESTÔMAGO, UMA REAÇÃO IMPRESSIONANTE É DESENCADEADA NO ESTÔMAGO. CADA GARFADA PROVOCA UM TURBILHÃO DE SUCOS GÁSTRICOS E UMA COMPRESSÃO DAS PAREDES DO ESTÔMAGO. ISSO DECOMPÕE OS ALIMENTOS EM NUTRIENTES QUE PASSARÃO PELO SANGUE.

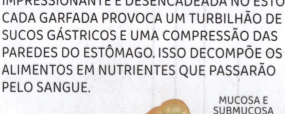

O ESTÔMAGO É UMA ESTRUTURA EM FORMA DE SACO COM PAREDES MUSCULARES FORTES. ESSAS SE CONTRAEM PARA CONTINUAR O PROCESSO DE TRITURAR O ALIMENTO. AO MESMO TEMPO, SUCOS GÁSTRICOS COMO ÁCIDO CLORÍDRICO E PEPSINA, ENTRE OUTROS, DECOMPÕEM O ALIMENTO EM MOLÉCULAS MENORES.

NO ESTÔMAGO, O ALIMENTO É ARMAZENADO POR ALGUMAS HORAS E É MISTURADO E PARCIALMENTE DIGERIDO. A DIGESTÃO PRINCIPAL OCORRE NO INTESTINO DELGADO.

CURIOSIDADE

UM HOMEM DE TAMANHO MÉDIO CONSOME CERCA DE 33 TONELADAS DE COMIDA AO LONGO DE SUA VIDA, O EQUIVALENTE AO PESO DE SEIS ELEFANTES.

SISTEMA CIRCULATÓRIO

VASOS SANGUÍNEOS

OS VASOS SANGUÍNEOS SÃO TUBOS QUE FORMAM UMA EXTENSA REDE, TRANSPORTANDO SANGUE PARA CADA PARTE DO NOSSO CORPO. EXISTEM TRÊS TIPOS DE VASOS SANGUÍNEOS: ARTÉRIAS, VEIAS E CAPILARES. TODAS AS ARTÉRIAS TRANSPORTAM SANGUE RICO EM OXIGÊNIO, COM EXCEÇÃO DA ARTÉRIA PULMONAR, QUE LEVA SANGUE COM BAIXO TEOR DE OXIGÊNIO DO LADO DIREITO DO CORAÇÃO PARA OS PULMÕES. AS VEIAS TRANSPORTAM SANGUE POBRE EM OXIGÊNIO DE DIFERENTES PARTES DO CORPO DE VOLTA PARA O CORAÇÃO. TANTO AS ARTÉRIAS QUANTO AS VEIAS SÃO CONECTADAS POR PEQUENOS VASOS SANGUÍNEOS CHAMADOS CAPILARES.

A CIRCULAÇÃO DO SANGUE NO CORPO OCORRE EM DUAS PARTES.

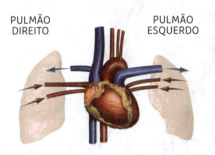

CIRCULAÇÃO PULMONAR

CIRCULAÇÃO PULMONAR:
TRANSPORTA SANGUE DO CORAÇÃO PARA OS PULMÕES, ELIMINANDO O DIÓXIDO DE CARBONO E TRANSPORTANDO OXIGÊNIO DE VOLTA PARA O CORAÇÃO.

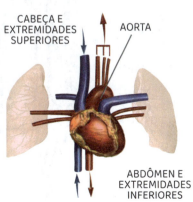

CIRCULAÇÃO SISTÊMICA

CIRCULAÇÃO SISTÊMICA:
TRANSPORTA SANGUE RICO EM OXIGÊNIO PARA VÁRIAS PARTES DO CORPO E COLETA O SANGUE IMPURO DE VOLTA PARA O CORAÇÃO.

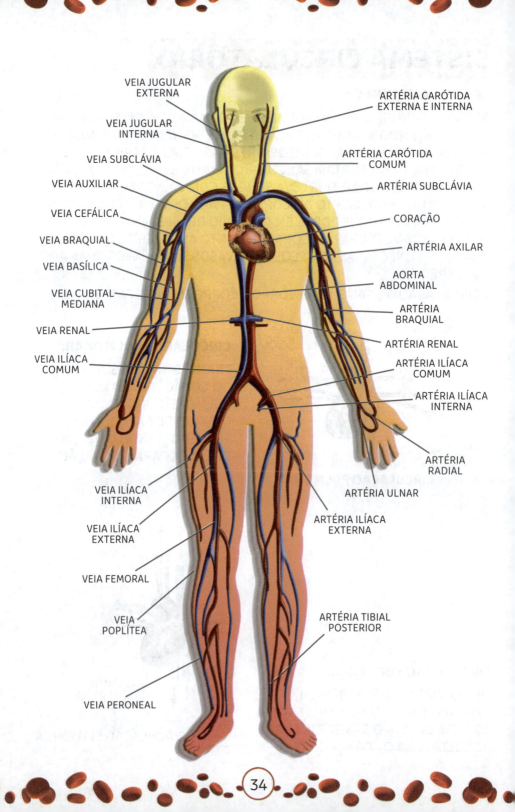

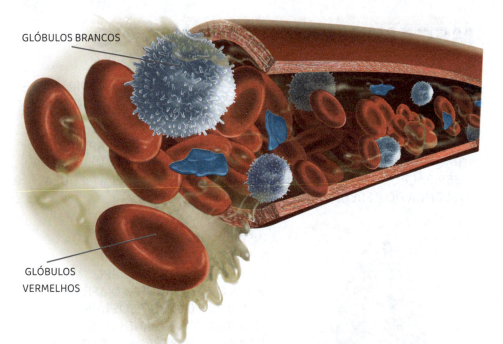

GLÓBULOS BRANCOS

GLÓBULOS VERMELHOS

ARTÉRIAS E VEIAS ESTÃO CONECTADAS POR UMA VASTA REDE DE CAPILARES. AS ARTÉRIAS SE DIVIDEM PARA FORMAR OS CAPILARES, QUE LEVAM O SANGUE PARA PERTO DAS CÉLULAS DO CORPO E DEPOIS SE UNEM PARA FORMAR AS VEIAS.

A MAIOR ARTÉRIA SAI DO LADO ESQUERDO DO CORAÇÃO E SE RAMIFICA EM DIREÇÃO À CABEÇA, BRAÇO, TÓRAX E PERNAS. UMA ARTÉRIA PULMONAR ESPECIAL TRANSPORTA SANGUE COM BAIXO TEOR DE OXIGÊNIO DO CORAÇÃO PARA OS PULMÕES.

AS ARTÉRIAS CARÓTIDAS FORNECEM SANGUE PARA O NOSSO CÉREBRO. AS VEIAS DAS PERNAS E DO ABDÔMEN DESEMBOCAM EM UMA ÚNICA VEIA GRANDE QUE SEGUE EM DIREÇÃO AO CORAÇÃO. OUTRA VEIA GRANDE TRANSPORTA SANGUE DA CABEÇA, TÓRAX E BRAÇOS. VEIAS PULMONARES ESPECIAIS TRANSPORTAM SANGUE RICO EM OXIGÊNIO DOS PULMÕES PARA O LADO ESQUERDO DO CORAÇÃO.

CURIOSIDADE

VOCÊ JÁ SE PERGUNTOU O QUE É AQUILO QUE VOCÊ SENTE QUANDO COLOCA A MÃO NO PUNHO? É O SEU PULSO. VOCÊ PODE SABER A RAPIDEZ COM QUE SEU CORAÇÃO ESTÁ BATENDO OU BOMBEANDO SANGUE AO VERIFICAR O SEU PULSO.

MECANISMO RESPIRATÓRIO

O MECANISMO RESPIRATÓRIO ESTÁ RELACIONADO COM A INSPIRAÇÃO E EXPIRAÇÃO DO AR. O CORPO UTILIZA OXIGÊNIO DO AR INALADO E LIBERA DIÓXIDO DE CARBONO COM O AR EXALADO.

VÁRIOS ÓRGÃOS DO CORPO, COMO A CAVIDADE NASAL, A LARINGE, A TRAQUEIA, OS BRÔNQUIOS, OS ALVÉOLOS E OS PULMÕES AUXILIAM NA RESPIRAÇÃO. A RESPIRAÇÃO NORMAL É CONTROLADA PELA MEDULA OBLONGA DO CÉREBRO.

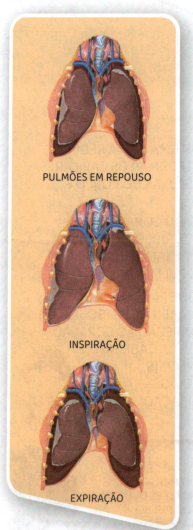

PULMÕES EM REPOUSO

INSPIRAÇÃO

EXPIRAÇÃO

INSPIRAÇÃO

A INSPIRAÇÃO ESTÁ RELACIONADA COM A INALAÇÃO DO AR PARA DENTRO DO CORPO. O CORPO INSPIRA O AR QUANDO O DIAFRAGMA E OS MÚSCULOS INTERCOSTAIS SE CONTRAEM E EXPANDEM OS PULMÕES. ESSA EXPANSÃO REDUZ A PRESSÃO DO AR DENTRO DOS PULMÕES EM COMPARAÇÃO COM O AR EXTERNO. COMO RESULTADO, O AR DE FORA FLUI PARA OS PULMÕES.

EXPIRAÇÃO

A EXPIRAÇÃO ESTÁ RELACIONADA À EXALAÇÃO DO AR DO CORPO. O CORPO EXPIRA O AR QUANDO O DIAFRAGMA E OS MÚSCULOS INTERCOSTAIS RELAXAM, O QUE RELAXA OS PULMÕES E DIMINUI SEU VOLUME. A DIMINUIÇÃO DO VOLUME AUMENTA A PRESSÃO DO AR DENTRO DOS PULMÕES EM COMPARAÇÃO COM O AR EXTERNO, E FAZ COM QUE O AR NOS PULMÕES SEJA LANÇADO PARA FORA DO NOSSO CORPO.

O AR DESCE PELA TRAQUEIA

DIAFRAGMA

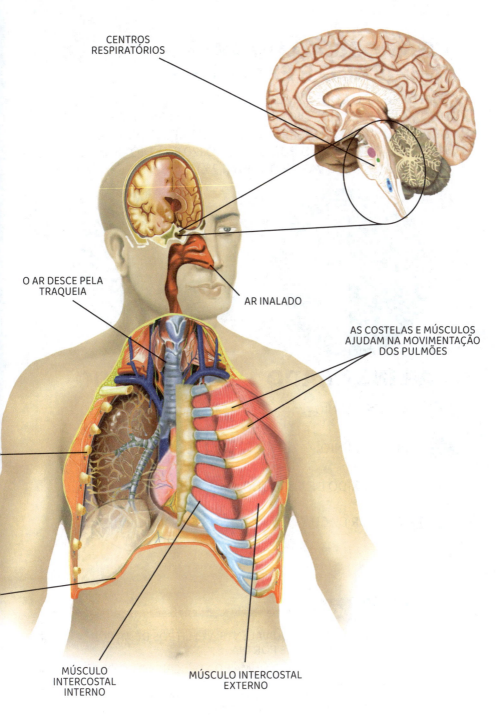

ÓRGÃOS QUE AJUDAM NA RESPIRAÇÃO

COMPOSIÇÃO DO AR INSPIRADO E EXPIRADO

O AR EXPIRADO CONTÉM CERCA DE 78% DE NITROGÊNIO, 15,3% DE OXIGÊNIO, 4,2% DE DIÓXIDO DE CARBONO E 6,1% DE VAPOR DE ÁGUA. 78% DO AR INSPIRADO CONTÉM NITROGÊNIO. O RESTANTE É COMPOSTO POR OXIGÊNIO (20,8%), DIÓXIDO DE CARBONO (0,04%) E VAPOR D'ÁGUA (1,2%).

AR INSPIRADO
- 78% NITROGÊNIO
- 20,8% OXIGÊNIO
- 0,04% DIÓXIDO DE CARBONO
- 1,2% VAPOR D'ÁGUA

AR EXPIRADO
- 78% NITROGÊNIO
- 15,3% OXIGÊNIO
- 4,2% DIÓXIDO DE CARBONO
- 6,1% VAPOR DE ÁGUA

CURIOSIDADE

- A PESSOA MÉDIA INSPIRA O EQUIVALENTE A 13 LITROS DE AR POR MINUTO E RESPIRA 17.000 VEZES POR DIA.

- "RESPIRAR AR" NA VERDADE NÃO É UMA BOA DESCRIÇÃO DO QUE ACONTECE QUANDO RESPIRAMOS. O AR É COMPOSTO DE QUASE 79% DE NITROGÊNIO, 21% DE OXIGÊNIO E PEQUENAS QUANTIDADES DE ELEMENTOS COMO HÉLIO, DIÓXIDO DE CARBONO E HIDROGÊNIO.

INTESTINO E FÍGADO

DEPOIS DE SAIR DO ESTÔMAGO, O ALIMENTO DECOMPOSTO ENTRA NO INTESTINO DELGADO. NÓS TEMOS 2 INTESTINOS: UM DELGADO E OUTRO GROSSO. JUNTO COM O FÍGADO ELES COMPLETAM O PROCESSO DE DIGESTÃO. A DIGESTÃO COMEÇA NO INTESTINO DELGADO, ONDE OS NUTRIENTES SÃO ABSORVIDOS PELA CORRENTE SANGUÍNEA E DISTRIBUÍDOS PELO FÍGADO E POR TODO O CORPO. RESTOS ÚTEIS, COMO ÁGUA, SÃO ABSORVIDOS NO INTESTINO GROSSO. OS RESÍDUOS SÃO ENTÃO ELIMINADOS DO CORPO. VAMOS VER COMO FUNCIONAM ESSES ÓRGÃOS.

INTESTINO DELGADO

O INTESTINO DELGADO É UM TUBO LONGO E ESTREITO COM CERCA DE 6 METROS DE COMPRIMENTO. É CHAMADO DE DELGADO DEVIDO À SUA ESTREITEZA. LÁ, AS MOLÉCULAS DOS ALIMENTOS SÃO AINDA MAIS DECOMPOSTAS POR MAIS SUCOS DIGESTÓRIOS. ESSE PROCESSO CONTINUA ATÉ QUE OS NUTRIENTES DIGERIDOS ESTEJAM PEQUENOS O SUFICIENTE PARA PASSAR PELO REVESTIMENTO DO TUBO. OS NUTRIENTES PENETRAM NO SANGUE QUE FLUI ATRAVÉS DO REVESTIMENTO. A MAIORIA DELES É TRANSPORTADA PARA O FÍGADO, ONDE É PROCESSADA, ARMAZENADA E DISTRIBUÍDA PARA VÁRIAS PARTES DO CORPO.

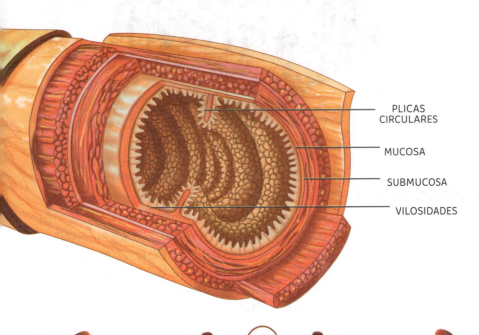

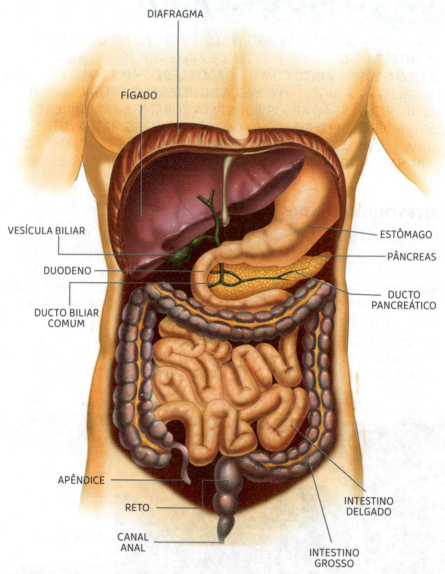

INTESTINO GROSSO

AS MOLÉCULAS DOS ALIMENTOS QUE NÃO SÃO ABSORVIDAS NO INTESTINO DELGADO PASSAM PARA O INTESTINO GROSSO. AS BACTÉRIAS PRESENTES NESTE INTESTINO MATAM QUAISQUER SUBSTÂNCIAS POTENCIALMENTE NOCIVAS. A COMIDA NÃO É DIGERIDA AQUI, MAS A ÁGUA É ABSORVIDA PELA CORRENTE SANGUÍNEA. O MATERIAL RESTANTE CHAMADO DE FEZES É ELIMINADO DO CORPO ATRAVÉS DO ÂNUS.

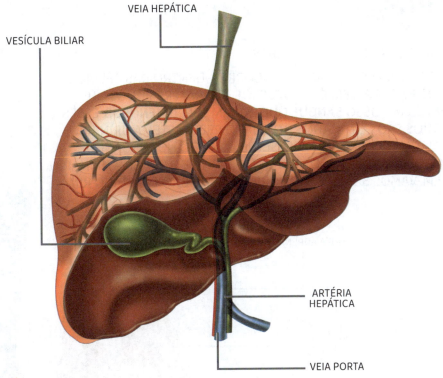

FÍGADO

É O MAIOR ÓRGÃO DO CORPO, QUE REALIZA MAIS DE 500 TAREFAS. UMA DE SUAS FUNÇÕES É PROCESSAR OS NUTRIENTES DO SANGUE PROVENIENTES DO INTESTINO DELGADO. QUANDO O SANGUE TEM O EQUILÍBRIO ADEQUADO DE NUTRIENTES, ELE É DISTRIBUÍDO PARA O RESTANTE DO CORPO. VOCÊ FICARÁ SURPRESO AO SABER QUE O FÍGADO É O ÚNICO ÓRGÃO QUE PODE VOLTAR A CRESCER (SE REGENERAR), MESMO QUE SEJA REDUZIDO À METADE DO SEU TAMANHO.

CURIOSIDADE

O FÍGADO HUMANO ADULTO É O SEGUNDO MAIOR ÓRGÃO DO CORPO HUMANO, PESANDO ENTRE 1 E 2,5 KG.

O RIM

JOGANDO FORA OS RESÍDUOS

MUITOS PROCESSOS QUÍMICOS OCORREM DENTRO DAS CÉLULAS DO NOSSO CORPO. ESSES PROCESSOS LIBERAM RESÍDUOS OU TOXINAS EM NOSSO SANGUE QUE PODEM SER VENENOSOS. ESSES RESÍDUOS SÃO ELIMINADOS DO CORPO PELO SISTEMA URINÁRIO, QUE FILTRA RESÍDUOS E EXCESSO DE ÁGUA DO NOSSO SANGUE PARA PRODUZIR URINA. O PRINCIPAL ÓRGÃO DO SISTEMA URINÁRIO É O RIM. VAMOS SABER TUDO SOBRE ESSE ÓRGÃO CHAMADO RIM.

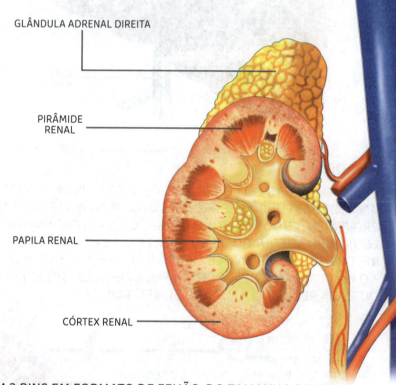

OS RINS

O CORPO TEM 2 RINS EM FORMATO DE FEIJÃO, DO TAMANHO DE UM PUNHO. ESSES RINS ESTÃO LOCALIZADOS NO MEIO DA PARTE DE TRÁS DO NOSSO CORPO. ELES DESEMPENHAM DUAS FUNÇÕES PRINCIPAIS. PRIMEIRO, ELES ANALISAM O SANGUE E REMOVEM QUAISQUER VENENOS NOCIVOS. EM SEGUNDO LUGAR, ELES CONTROLAM A QUANTIDADE DE ÁGUA NO CORPO PARA MANTER O SEU NÍVEL CONSTANTE. CERCA DE 20%

DO SANGUE BOMBEADO DO CORAÇÃO VAI DIRETAMENTE PARA OS RINS. ELES FILTRAM ESSE SANGUE E RETIRAM QUAISQUER RESÍDUOS TÓXICOS E ÁGUA. ISSO É EXPELIDO COMO UM LÍQUIDO AQUOSO E AMARELADO CHAMADO URINA. O SANGUE LIMPO É ENTÃO RECICLADO.

DENTRO DE UM RIM

O RIM TEM 3 PARTES PRINCIPAIS: A CAMADA EXTERNA CHAMADA CÓRTEX, A REGIÃO INTERNA, CONHECIDA COMO MEDULA, E A CÂMARA CENTRAL, CHAMADA DE PELVE. O SANGUE ENTRA E É FILTRADO POR UNIDADES DE FILTRAGEM CHAMADAS NÉFRONS. OS RESÍDUOS PRESENTES NO SANGUE (COMO ÁGUA E TOXINAS) FLUEM ATRAVÉS DA MEDULA EM DIREÇÃO À PÉLVIS NA FORMA DE URINA. A PARTIR DAÍ, ELE ESCORRE PARA A BEXIGA URINÁRIA.

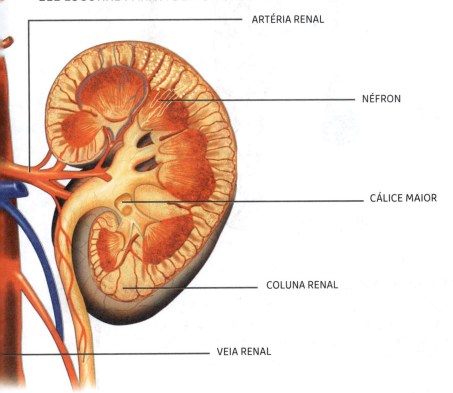

ARTÉRIA RENAL
NÉFRON
CÁLICE MAIOR
COLUNA RENAL
VEIA RENAL

NÉFRONS

OS NÉFRONS SÃO AS UNIDADES DE FILTRAGEM DOS RINS. CADA UM CONTÉM UMA BOLA COMPACTA DE VASOS SANGUÍNEOS E UM TUBO LONGO, FINO E SINUOSO.

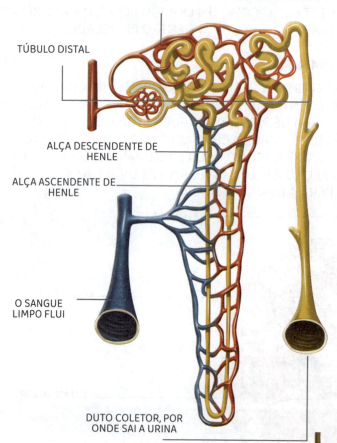

URETERES E BEXIGA URINÁRIA

OS TUBOS QUE CONECTAM A PELVE E A BEXIGA SÃO CHAMADOS DE URETERES. A BEXIGA URINÁRIA É UM ÓRGÃO OCO COM PAREDES MUSCULARES QUE PODE SE EXPANDIR PARA ARMAZENAR URINA.

CURIOSIDADE

OS NÉFRONS LIMPAM O SANGUE DO CORPO HUMANO EM CERCA DE 45 MINUTOS E ENVIAM CERCA DE 6 XÍCARAS DE URINA PARA A BEXIGA TODOS OS DIAS.

SISTEMA ESQUELÉTICO

A ESTRUTURA ÓSSEA

DÊ UMA ESPIADA NA PRÓXIMA PÁGINA E VEJA COMO É O NOSSO ESQUELETO. NOSSA, ASSUSTADOR, NÃO É MESMO? É ASSIM QUE SOMOS SEM A NOSSA COBERTURA MUSCULAR. O ESQUELETO É UMA ESTRUTURA ÓSSEA QUE SUSTENTA O NOSSO CORPO. ELE É COMPOSTO POR 206 OSSOS, CARTILAGEM FLEXÍVEL E LIGAMENTOS RESISTENTES. O ESQUELETO PROTEGE TODOS OS ÓRGÃOS IMPORTANTES DO NOSSO CORPO E NOS AJUDA A NOS MOVIMENTARMOS, FORNECENDO SUPORTE AOS NOSSOS MÚSCULOS.

O NÚCLEO CENTRAL DO ESQUELETO É FORMADO PELO CRÂNIO, COLUNA VERTEBRAL E COSTELAS. OS OSSOS LONGOS DOS BRAÇOS SE JUNTAM À ESTRUTURA PRINCIPAL NO OMBRO E OS OSSOS DAS PERNAS SE UNEM AOS QUADRIS.

OSSO ESTRIBO

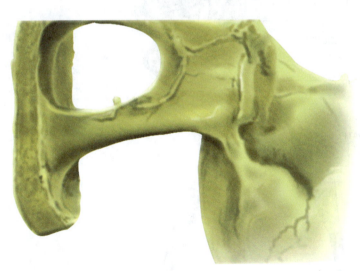

O MENOR OSSO, COM CERCA DE 5 MM DE COMPRIMENTO, É O ESTRIBO, LOCALIZADO NO FUNDO DO NOSSO OUVIDO.

OSSOS: SE VOCÊ PENSA QUE OS OSSOS NÃO TÊM VIDA, ESTÁ ENGANADO. UM QUARTO DE UM OSSO É COMPOSTO POR ÁGUA E ESTÁ REPLETO DE VASOS SANGUÍNEOS E NERVOS. ELES TÊM A CAPACIDADE DE SE REGENERAR CASO SE QUEBREM.

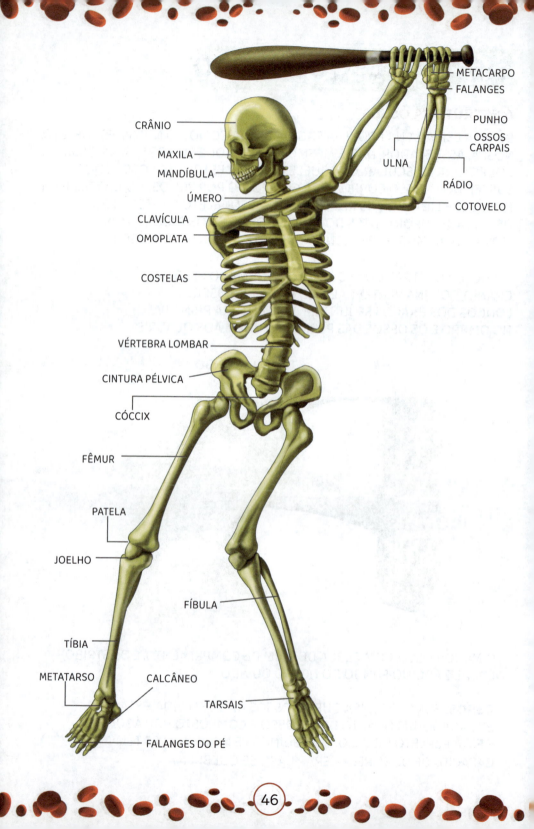

O TECIDO ÓSSEO CONTÉM 2 INGREDIENTES FUNDAMENTAIS: SAIS MINERAIS PARA FORNECER AOS OSSOS RESISTÊNCIA E UMA PROTEÍNA CHAMADA COLÁGENO PARA DAR-LHES FLEXIBILIDADE.

LIGAMENTOS: SÃO TECIDOS FIBROSOS RESISTENTES QUE UNEM OS OSSOS E LHES PROPORCIONAM ESTABILIDADE.

CARTILAGEM: A CARTILAGEM REVESTE AS EXTREMIDADES DOS OSSOS, PERMITINDO QUE DESLIZEM UM SOBRE O OUTRO SEM SE DANIFICAREM.

ARTICULAÇÕES: O LUGAR ONDE 2 OSSOS SE ENCONTRAM É CHAMADO DE ARTICULAÇÃO. SEM ARTICULAÇÕES, O ESQUELETO SERIA RÍGIDO. AS ARTICULAÇÕES NOS AJUDAM A NOS MOVER DE DIFERENTES MANEIRAS. A MAIOR ARTICULAÇÃO DO NOSSO CORPO É A DO JOELHO. A CARTILAGEM ATUA AQUI COMO UM AMORTECEDOR DURANTE O EXERCÍCIO OU CORRIDA.

ARTICULAÇÃO DO JOELHO

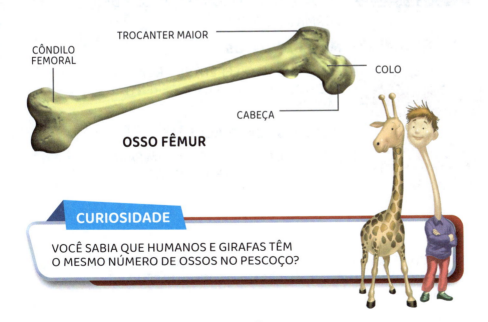

OSSO FÊMUR

CURIOSIDADE

VOCÊ SABIA QUE HUMANOS E GIRAFAS TÊM O MESMO NÚMERO DE OSSOS NO PESCOÇO?

SISTEMA MUSCULAR

FORÇA MUSCULAR

O CORPO HUMANO POSSUI CERCA DE 640 MÚSCULOS. ELES REPRESENTAM CERCA DE ⅖ DO NOSSO PESO CORPORAL, UTILIZAM CERCA DE 20% DA NOSSA ENERGIA E, O MAIS IMPORTANTE, CONTROLAM A FORMA COMO NOS MOVIMENTAMOS. DISPOSTOS EM BANDAS LOGO ABAIXO DA SUPERFÍCIE DA PELE, OS MÚSCULOS TRABALHAM JUNTOS O TEMPO TODO. QUER ESTEJAMOS BRINCANDO, LENDO, CAMINHANDO OU ESCREVENDO, ALGUNS MÚSCULOS ESTÃO SEMPRE TRABALHANDO. QUANTO MAIS UM MÚSCULO TRABALHA, MAIS FORTE ELE SE TORNA. POR CAUSA DISSO, AS PESSOAS QUE PRATICAM EXERCÍCIOS REGULARMENTE NA ACADEMIA TÊM UM TÔNUS MUSCULAR MUITO MAIS DEFINIDO DO QUE AS PESSOAS QUE NÃO PRATICAM EXERCÍCIOS.

ORBICULAR

FLEXORES DO ANTEBRAÇO

TIPOS DE MÚSCULOS

MÚSCULOS ESQUELÉTICOS

ELES MANTÊM OS OSSOS UNIDOS E DÃO FORMA AO CORPO.

MÚSCULOS LISOS

ELES AJUDAM DIFERENTES ÓRGÃOS E TECIDOS A REALIZAREM DIFERENTES TAREFAS.

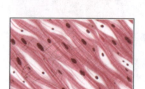

MÚSCULOS CARDÍACOS

ELES SE CONTRAEM E RELAXAM PARA FAZER O CORAÇÃO FUNCIONAR.

O MÚSCULO MAIS LONGO DO NOSSO CORPO É O MÚSCULO SARTÓRIO. ELE COMEÇA NO QUADRIL E SE ESTENDE ATÉ O JOELHO.

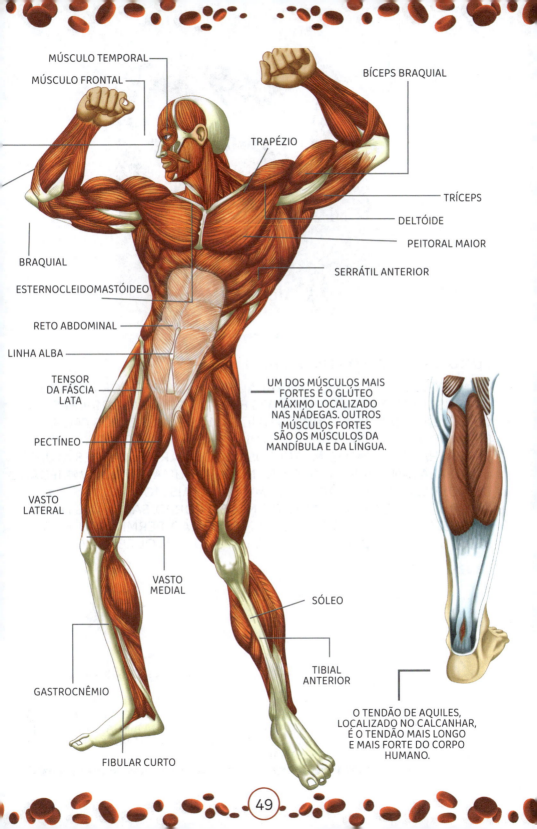

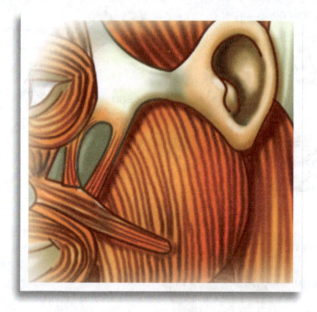

COMO OS MÚSCULOS TRABALHAM

OS MÚSCULOS GERALMENTE TRABALHAM EM PARES. POR EXEMPLO, UM MÚSCULO, O BÍCEPS, DOBRA OS BRAÇOS E OUTRO, O TRÍCEPS, OS ESTICA. QUANDO SORRIMOS UTILIZAMOS 17 MÚSCULOS FACIAIS E QUANDO FRANZIMOS A TESTA UTILIZAMOS 43 MÚSCULOS. TRABALHANDO JUNTOS, MÚSCULOS, OSSOS E ARTICULAÇÕES ATUAM COMO ALAVANCAS, PROPORCIONANDO-NOS UMA GRANDE VARIEDADE DE MOVIMENTOS. AS MÃOS PODEM FAZER MAIS MOVIMENTOS DO QUE QUALQUER OUTRA PARTE DO NOSSO CORPO. SABE, MAIS DE 30 MÚSCULOS UNEM OS 27 OSSOS DA NOSSA MÃO, PERMITINDO-NOS PEGAR ALGO TÃO DELICADO COMO UM OVO, SEM QUEBRÁ-LO.

CURIOSIDADE

MANTENHA O BRAÇO DIREITO À SUA FRENTE COM A PALMA PARA CIMA. AGORA, COM A MÃO ESQUERDA, APERTE SUAVEMENTE O BRAÇO DIREITO. VOCÊ SENTE UM MÚSCULO? NÃO? AGORA, COM A MÃO ESQUERDA AINDA NO BRAÇO DIREITO, FECHE O PUNHO DIREITO E DOBRE O BRAÇO DIREITO. VOCÊ SENTIU O MÚSCULO? ESTE MÚSCULO É CHAMADO DE BÍCEPS.

SISTEMA ENDÓCRINO

O CONTROLE QUÍMICO DO NOSSO CORPO

O SISTEMA ENDÓCRINO OU HORMONAL AJUDA A CONTROLAR UMA SÉRIE DE ATIVIDADES QUE OCORREM DENTRO DO NOSSO CORPO, DESDE O CRESCIMENTO E DESENVOLVIMENTO ATÉ O HUMOR, DIGESTÃO ETC. ESSAS GLÂNDULAS POSSUEM HORMÔNIOS, MENSAGEIROS QUÍMICOS QUE TRANSFEREM INFORMAÇÕES E INSTRUÇÕES DE UM CONJUNTO DE CÉLULAS PARA OUTRO. OS HORMÔNIOS SÃO LIBERADOS NA CORRENTE SANGUÍNEA, MAS CADA TIPO DE HORMÔNIO AFETA APENAS UM TIPO ESPECÍFICO DE CÉLULAS.

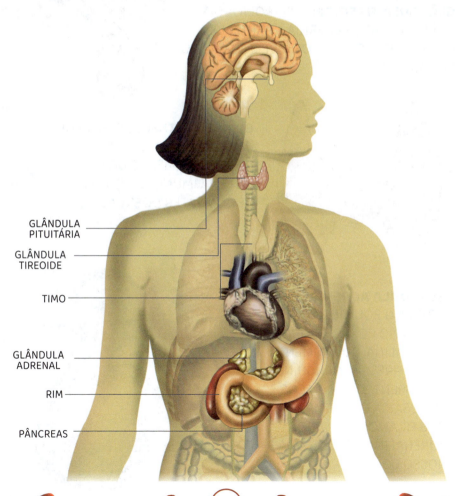

- GLÂNDULA PITUITÁRIA
- GLÂNDULA TIREOIDE
- TIMO
- GLÂNDULA ADRENAL
- RIM
- PÂNCREAS

FUNÇÃO

AS GLÂNDULAS ENDÓCRINAS SÃO ESPECIALIZADAS NA PRODUÇÃO DE HORMÔNIOS. OS HORMÔNIOS REGULAM VÁRIOS PROCESSOS, COMO CONTROLAR O CRESCIMENTO E DESENVOLVIMENTO DO CORPO, ATIVIDADES METABÓLICAS, REPRODUÇÃO E OUTRAS FUNÇÕES CORPORAIS.

GLÂNDULA PITUITÁRIA: ELA LIBERA UM HORMÔNIO DE CRESCIMENTO QUE ESTIMULA O DESENVOLVIMENTO DOS OSSOS.

GLÂNDULA TIREOIDE: CONTROLA A TAXA DE PRODUÇÃO DE ENERGIA A PARTIR DOS NUTRIENTES E REGULA OS NÍVEIS DE CÁLCIO NO SANGUE.

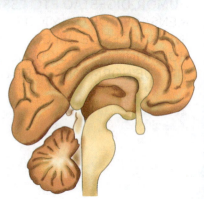

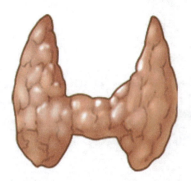

GLÂNDULA TIMO: DESEMPENHA UM PAPEL IMPORTANTE NO DESENVOLVIMENTO DO NOSSO SISTEMA IMUNOLÓGICO (A CAPACIDADE DE COMBATER DOENÇAS).

GLÂNDULA ADRENAL: REGULA O EQUILÍBRIO DE SAL E ÁGUA NO CORPO. PRODUZ ADRENALINA, QUE AUMENTA NOSSA PRESSÃO SANGUÍNEA E BATIMENTOS CARDÍACOS. VOCÊ SABIA QUE SEMPRE QUE FICAMOS ANIMADOS, ADRENALINA É PRODUZIDA EM NOSSO CORPO?

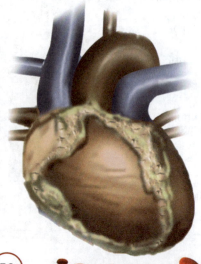

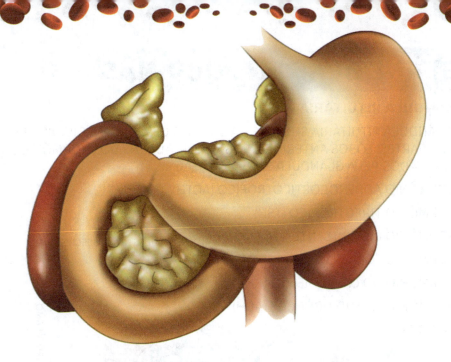

PÂNCREAS: O PÂNCREAS SECRETA 2 HORMÔNIOS CHAMADOS INSULINA E GLUCAGON. ELES AJUDAM A REGULAR A QUANTIDADE DE GLICOSE NO SANGUE. A FALTA DESSES HORMÔNIOS PODE LEVAR UMA PESSOA A TER DIABETES.

TIPOS DE HORMÔNIOS

OS HORMÔNIOS PODEM SER DIVIDIDOS EM 3 CATEGORIAS PRINCIPAIS, COM BASE EM SUA ESTRUTURA QUÍMICA:

- HORMÔNIOS ESTEROIDES
- HORMÔNIOS AMÍNICOS
- HORMÔNIOS PEPTÍDICOS

CURIOSIDADE

- JÁ SE PERGUNTOU O QUE A QUÍMICA TEM A VER COM O SEU CORPO? O CORPO HUMANO PRODUZ SUAS PRÓPRIAS SUBSTÂNCIAS QUÍMICAS E AS UTILIZA PARA CONTROLAR CERTAS FUNÇÕES, E É O SISTEMA ENDÓCRINO QUE AS COORDENA!
- SUA GLÂNDULA PITUITÁRIA É UMA GLÂNDULA DO TAMANHO DE UMA ERVILHA NA BASE DO CÉREBRO, ATRÁS DA PONTE DO NARIZ E LOGO ABAIXO DO HIPOTÁLAMO. ELA É COMPOSTA POR 2 LOBOS: O LOBO POSTERIOR E O LOBO ANTERIOR

GLÂNDULAS ENDÓCRINAS

GLÂNDULA PITUITÁRIA

A GLÂNDULA PITUITÁRIA SITUA-SE NA BASE DO CÉREBRO E É DIVIDIDA EM DUAS PARTES: LOBOS ANTERIOR E POSTERIOR. ALGUNS DOS HORMÔNIOS SECRETADOS PELA GLÂNDULA SÃO:

- HORMÔNIO ADRENOCORTICOTRÓFICO (ACTH)
- HORMÔNIO TIREOTRÓPICO (TSH)
- HORMÔNIO LUTEINIZANTE (LH)
- HORMÔNIO FOLÍCULO-ESTIMULANTE (FSH)
- HORMÔNIO DO CRESCIMENTO (GH)
- HORMÔNIOS ANTIDIURÉTICOS (ADH)
- OCITOCINA
- PROLACTINA

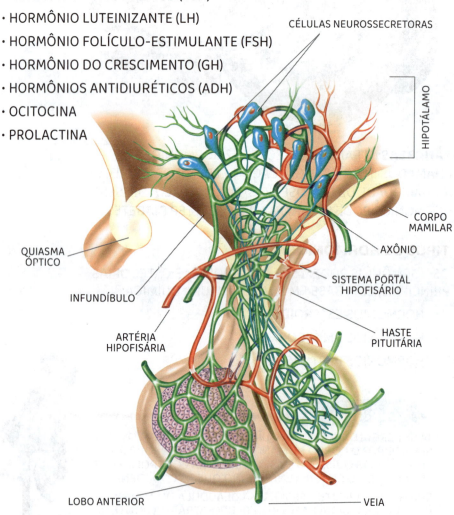

CORTE TRANSVERSAL DA GLÂNDULA PITUITÁRIA

GÔNADAS

AS GÔNADAS SECRETAM HORMÔNIOS SEXUAIS. AS GÔNADAS FEMININAS SÃO OS OVÁRIOS, QUE SECRETAM ESTROGÊNIO E PROGESTERONA. AS GÔNADAS MASCULINAS SÃO OS TESTÍCULOS, QUE SECRETAM TESTOSTERONA.

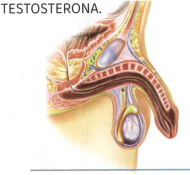

GLÂNDULAS ADRENAIS

AS GLÂNDULAS ADRENAIS SITUAM-SE NA PARTE SUPERIOR DOS RINS E TÊM DUAS PARTES DISTINTAS. ELAS PRODUZEM CORTISOL, ALDOSTERONA E ADRENALINA.

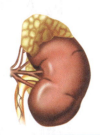

O PÂNCREAS

O PÂNCREAS SECRETA INSULINA, GLUCAGON E SOMATOSTATINA.

HIPOTÁLAMO

A GLÂNDULA HIPOTÁLAMO SITUA-SE NO INTERIOR DO CÉREBRO E CONTROLA A GLÂNDULA PITUITÁRIA. ALGUNS DOS HORMÔNIOS HIPOTALÂMICOS SÃO:

HORMÔNIO LIBERADOR DE TIREOTROFINA (TRH)

HORMÔNIO LIBERADOR DE CORTICOTROFINA (CRH)

HORMÔNIO LIBERADOR DE GONADOTROFINA (GNRH)

HORMÔNIO LIBERADOR DO HORMÔNIO DO CRESCIMENTO (GHRH)

GLÂNDULA TIREOIDE

A GLÂNDULA TIREOIDE SITUA-SE NO PESCOÇO. ELA SECRETA OS HORMÔNIOS TIROXINA E TRI-IODOTIRONINA.

GLÂNDULAS PARATIREOIDES

AS GLÂNDULAS PARATIREOIDES SÃO QUATRO PEQUENAS GLÂNDULAS SITUADAS ATRÁS DA GLÂNDULA TIREOIDE. ESSAS GLÂNDULAS SECRETAM O HORMÔNIO PARATORMÔNIO.

GLÂNDULA PINEAL

A GLÂNDULA PINEAL SITUA-SE NO MEIO DO CÉREBRO E SECRETA MELATONINA.

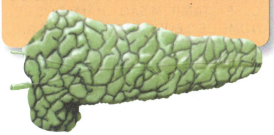

SISTEMA LINFÁTICO/IMUNOLÓGICO

O MECANISMO DE DEFESA

NOSSOS CORPOS ESTÃO CONSTANTEMENTE EXPOSTOS A AMEAÇAS DE GERMES, VÍRUS E BACTÉRIAS NOCIVAS DO MUNDO EXTERIOR. ESSES GERMES PODEM ENTRAR EM NOSSO CORPO, NOS INFECTAR E CAUSAR DOENÇAS SÉRIAS. PARA EVITAR QUE ISSO ACONTEÇA, NOSSO CORPO POSSUI SEU PRÓPRIO MECANISMO DE DEFESA. NOSSA PELE É O PRIMEIRO ESCUDO. SE ALGUNS GERMES CONSEGUIREM QUEBRAR ESSA BARREIRA, NOSSO SISTEMA IMUNOLÓGICO TENTARÁ DETECTÁ-LOS E ELIMINÁ-LOS O MAIS RÁPIDO POSSÍVEL.

QUAIS SÃO AS PARTES DO NOSSO SISTEMA IMUNOLÓGICO?

LINFA: A LINFA É UM LÍQUIDO TRANSPARENTE QUE PERCORRE NOSSO CORPO, BANHANDO AS CÉLULAS DO CORPO COM ÁGUA E NUTRIENTES. SUA FUNÇÃO TAMBÉM É DETECTAR E REMOVER GERMES PREJUDICIAIS.

GLÓBULOS BRANCOS: COMO VOCÊ SABE, OS GLÓBULOS BRANCOS SÃO UMA PARTE DO NOSSO SANGUE. ELES SÃO PRODUZIDOS NA MEDULA ÓSSEA. TAMBÉM SÃO CHAMADOS PELO NOME DE "LEUCÓCITOS" E CIRCULAM LIVREMENTE PELOS TECIDOS DO CORPO. ELES COMBATEM E MATAM QUAISQUER GERMES PREJUDICIAIS QUE INVADEM NOSSO SISTEMA.

GLÓBULOS BRANCOS

COMO FUNCIONA O SISTEMA IMUNOLÓGICO?

PEGAREMOS UM EXEMPLO SIMPLES. VAMOS VER O QUE ACONTECE COM UM CORTE NA PELE.

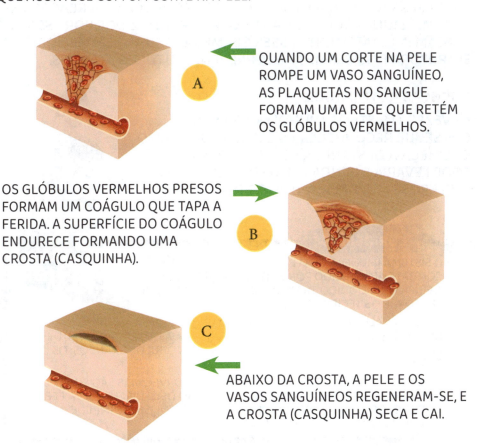

A — QUANDO UM CORTE NA PELE ROMPE UM VASO SANGUÍNEO, AS PLAQUETAS NO SANGUE FORMAM UMA REDE QUE RETÉM OS GLÓBULOS VERMELHOS.

B — OS GLÓBULOS VERMELHOS PRESOS FORMAM UM COÁGULO QUE TAPA A FERIDA. A SUPERFÍCIE DO COÁGULO ENDURECE FORMANDO UMA CROSTA (CASQUINHA).

C — ABAIXO DA CROSTA, A PELE E OS VASOS SANGUÍNEOS REGENERAM-SE, E A CROSTA (CASQUINHA) SECA E CAI.

SE ESTIVER COM UMA FARPA NO DEDO, A PELE PODE FICAR INFLAMADA E PODE HAVER ALGUM PUS NA FERIDA. ESTE É UM SINAL DE QUE O SISTEMA IMUNOLÓGICO ESTÁ FAZENDO SEU TRABALHO.

LINFA E GORDURA

O FLUIDO CHAMADO LINFA, QUE FLUI NOS VASOS LINFÁTICOS, ABSORVE A GORDURA DO INTESTINO. A LINFA MISTURADA COM A GORDURA É CHAMADA DE QUILO. ESSAS GORDURAS SÃO TRANSPORTADAS PARA O SANGUE.

O QUE FAZEMOS ADICIONALMENTE
PARA NOS PROTEGERMOS DE DOENÇAS?

NÓS NOS VACINAMOS PARA NOS PROTEGER DE ALGUMAS DOENÇAS. SOMOS INJETADOS COM ALGUNS GERMES ENFRAQUECIDOS QUE CAUSAM UMA DOENÇA ESPECÍFICA. ISSO PROVOCA UMA REAÇÃO DO SISTEMA IMUNOLÓGICO. OS ANTICORPOS PRODUZIDOS POR ESSA AÇÃO ATACAM IMEDIATAMENTE ESSES GERMES. ELES TAMBÉM MEMORIZAM A ESTRUTURA DOS GERMES PARA PREVENIR FUTUROS ATAQUES.

DOENÇAS AUTOIMUNES

ÀS VEZES, O SISTEMA IMUNOLÓGICO NÃO CONSEGUE RECONHECER AS CÉLULAS DO CORPO E COMEÇA A DESTRUÍ-LAS. ESSE SINTOMA PODE LEVAR A DOENÇAS AUTOIMUNES, COMO ESCLEROSE MÚLTIPLA, ARTRITE E DIABETES.

CURIOSIDADE

- O SISTEMA IMUNOLÓGICO É UM COMPLEXO SISTEMA DE COMBATE ABASTECIDO POR 5 LITROS DE SANGUE E LINFA. A LINFA É UM LÍQUIDO TRANSPARENTE E INCOLOR QUE PERCORRE OS TECIDOS DO CORPO.
- COMO CAVALEIROS BRANCOS MATANDO UM DRAGÃO, OS GLÓBULOS BRANCOS SE LANÇAM À BATALHA A QUALQUER SINAL DE PROBLEMA. EXISTEM 2 TIPOS DIFERENTES DE GLÓBULOS BRANCOS: OS FAGÓCITOS E OS LINFÓCITOS.
- TER FEBRE E INFLAMAÇÃO PODE SER DESAGRADÁVEL, MAS SÃO SINAIS DE QUE O SEU CORPO ESTÁ FAZENDO O TRABALHO DELE DIREITINHO. A FEBRE LIBERA GLÓBULOS BRANCOS, AUMENTA O METABOLISMO E IMPEDE A MULTIPLICAÇÃO DE CERTOS ORGANISMOS.

SISTEMA REPRODUTIVO

COMEÇO DE UMA NOVA VIDA

UMA DAS FUNÇÕES MAIS IMPORTANTES DA VIDA É A REPRODUÇÃO. CASO CONTRÁRIO, EM CERCA DE 100 ANOS A RAÇA HUMANA PODERÁ DEIXAR DE EXISTIR. SE UM ESPERMATOZOIDE PRODUZIDO POR UM HOMEM SE FUNDE (FERTILIZA) COM UM ÓVULO DENTRO DE UMA MULHER, UMA NOVA VIDA É FORMADA. O ÓVULO FERTILIZADO SE DIVIDE PARA PRODUZIR UMA BOLA OCA DE CÉLULAS QUE SE INSTALAM NO ÚTERO. NOS PRÓXIMOS NOVE MESES, ESSA BOLA DE CÉLULAS SE TRANSFORMARÁ EM UM BEBÊ.

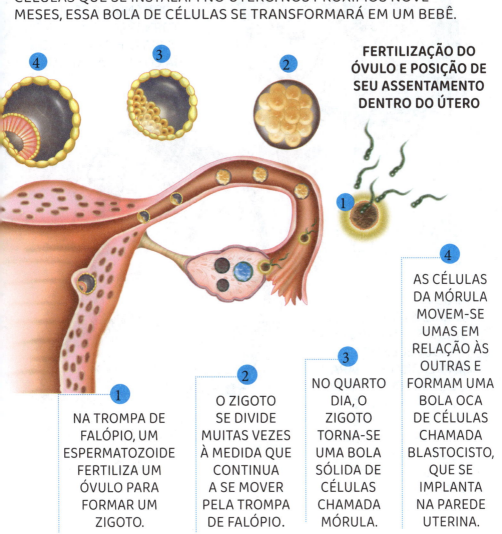

FERTILIZAÇÃO DO ÓVULO E POSIÇÃO DE SEU ASSENTAMENTO DENTRO DO ÚTERO

1. NA TROMPA DE FALÓPIO, UM ESPERMATOZOIDE FERTILIZA UM ÓVULO PARA FORMAR UM ZIGOTO.

2. O ZIGOTO SE DIVIDE MUITAS VEZES À MEDIDA QUE CONTINUA A SE MOVER PELA TROMPA DE FALÓPIO.

3. NO QUARTO DIA, O ZIGOTO TORNA-SE UMA BOLA SÓLIDA DE CÉLULAS CHAMADA MÓRULA.

4. AS CÉLULAS DA MÓRULA MOVEM-SE UMAS EM RELAÇÃO ÀS OUTRAS E FORMAM UMA BOLA OCA DE CÉLULAS CHAMADA BLASTOCISTO, QUE SE IMPLANTA NA PAREDE UTERINA.

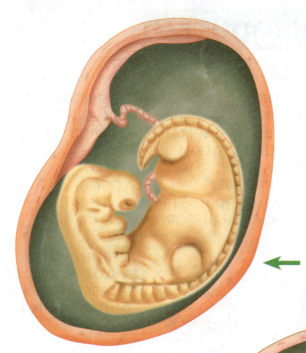

APÓS CINCO SEMANAS, O BEBÊ TEM APROXIMADAMENTE O TAMANHO DE UMA SEMENTE DE MAÇÃ. ELE TEM UMA CAUDA QUE LOGO DESAPARECERÁ. BOTÕES ESTÃO SE FORMANDO, QUE SE TORNARÃO BRAÇOS E PERNAS, E O CORAÇÃO JÁ COMEÇA A BATER.

APÓS TRINTA E DUAS SEMANAS, TODOS OS ÓRGÃOS INTERNOS ESTÃO AMADURECENDO PARA SE PREPARAREM PARA A VIDA FORA DO ÚTERO. COMO O TAMANHO DO BEBÊ AUMENTOU CONSIDERAVELMENTE, HÁ MENOS ESPAÇO PARA SE MOVIMENTAR DENTRO DO ÚTERO.

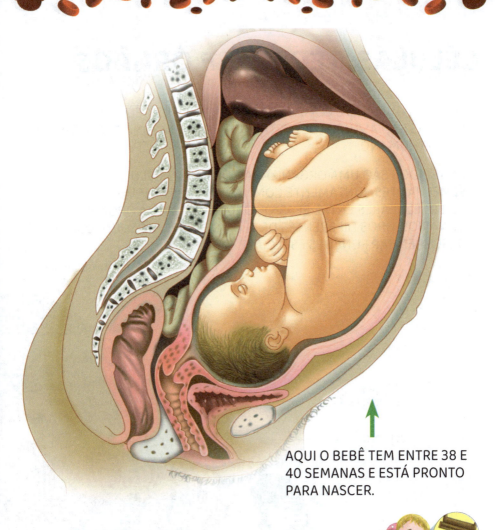

AQUI O BEBÊ TEM ENTRE 38 E 40 SEMANAS E ESTÁ PRONTO PARA NASCER.

CURIOSIDADE

- DURANTE A REPRODUÇÃO, AS CÉLULAS SEXUAIS MASCULINAS E FEMININAS, TAMBÉM CHAMADAS DE GAMETAS, SE UNEM PARA PRODUZIR UM BEBÊ.
- A ESTRUTURA FORMADA COMO RESULTADO DESSA FUSÃO É CHAMADA DE ZIGOTO.
- O ÚTERO É ONDE O FETO SE IMPLANTA E CRESCE POR 40 SEMANAS OU 280 DIAS.
- O CANAL VAGINAL, PARTE DO TRATO REPRODUTOR FEMININO, É UM ÓRGÃO MUSCULAR QUE TEM APROXIMADAMENTE 10 CENTÍMETROS DE COMPRIMENTO.

CÉLULAS, TECIDOS E ÓRGÃOS

O CORPO HUMANO É COMPOSTO POR BILHÕES DE CÉLULAS. AS CÉLULAS SÃO AS UNIDADES ESTRUTURAIS E FUNCIONAIS BÁSICAS DO CORPO HUMANO.

OS TECIDOS SÃO UMA ORGANIZAÇÃO DE VÁRIAS CÉLULAS SEMELHANTES, JUNTAMENTE COM VÁRIAS SUBSTÂNCIAS INTERCELULARES ENTRE ELAS. OS ÓRGÃOS SÃO UMA ORGANIZAÇÃO DE VÁRIOS TIPOS DIFERENTES DE TECIDOS DISPOSTOS JUNTOS PARA DESEMPENHAR FUNÇÕES ESPECIAIS.

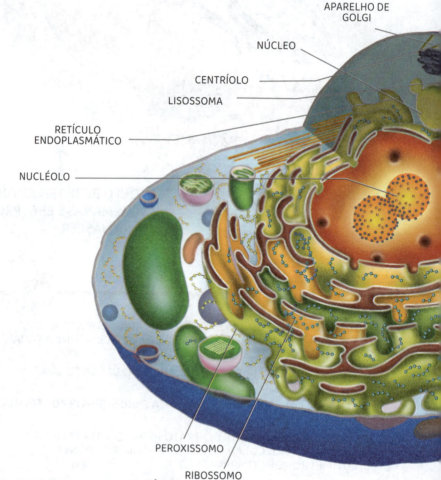

CORTE TRANSVERSAL DE UMA CÉLULA

TECIDOS EPITELIAIS

TECIDOS CONJUNTIVOS

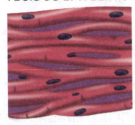
TECIDOS MUSCULARES

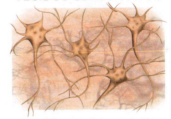
TECIDOS NERVOSOS

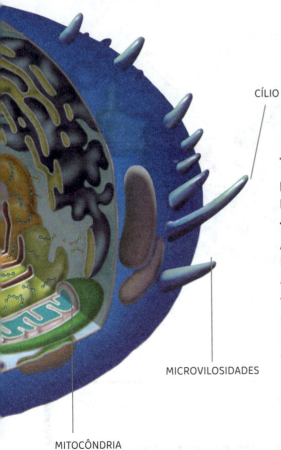

CÍLIO

MICROVILOSIDADES

MITOCÔNDRIA

TIPOS DE TECIDOS

EXISTEM QUATRO TIPOS BÁSICOS DE TECIDOS NO CORPO HUMANO:

TECIDOS EPITELIAIS COBREM AS SUPERFÍCIES DOS ÓRGÃOS E SERVEM PARA PROTEÇÃO E ABSORÇÃO.

TECIDOS CONJUNTIVOS MANTÊM OS OSSOS, MÚSCULOS E OUTRAS PARTES DO CORPO UNIDOS.

TECIDOS MUSCULARES SÃO ENCONTRADOS NOS MÚSCULOS.

TECIDOS NERVOSOS SÃO ENCONTRADOS NO CÉREBRO, MEDULA ESPINHAL E SISTEMA NERVOSO PERIFÉRICO.

ÓRGÃOS HUMANOS

OS ÓRGÃOS HUMANOS INCLUEM CORAÇÃO, PULMÕES, CÉREBRO, OLHOS, ESTÔMAGO, BAÇO, PÂNCREAS, RINS, FÍGADO, INTESTINOS, PELE, ÚTERO E BEXIGA. A PELE É O MAIOR ÓRGÃO DO CORPO HUMANO.

ORGANELAS CELULARES

EXISTEM CERCA DE 210 TIPOS DIFERENTES DE CÉLULAS NO CORPO HUMANO. AS CÉLULAS HUMANAS SÃO COMPOSTAS POR VÁRIAS ORGANELAS MENORES, COMO NÚCLEO, RETÍCULO ENDOPLASMÁTICO, COMPLEXO DE GOLGI, LISOSSOMOS E MITOCÔNDRIAS.

CURIOSIDADE

O TECIDO CONJUNTIVO (TC) É ENCONTRADO PELO CORPO TODO. ELE POSSUI 3 COMPONENTES PRINCIPAIS, SENDO: CÉLULAS, FIBRAS E MATRIZ EXTRACELULAR.

SISTEMAS DO CORPO

OS SISTEMAS DO CORPO SÃO OS COMPONENTES MAIS COMPLEXOS DO CORPO HUMANO. ELES SÃO UMA ORGANIZAÇÃO DE VÁRIOS ÓRGÃOS QUE DESEMPENHAM FUNÇÕES COMPLEXAS PARA O NOSSO CORPO.

OS PRINCIPAIS SISTEMAS DO CORPO INCLUEM: SISTEMA CIRCULATÓRIO, SISTEMA DIGESTÓRIO, SISTEMA ENDÓCRINO, SISTEMA IMUNOLÓGICO, SISTEMA TEGUMENTAR, SISTEMA LINFÁTICO, SISTEMA MUSCULAR, SISTEMA NERVOSO, SISTEMA REPRODUTOR, SISTEMA RESPIRATÓRIO, SISTEMA ESQUELÉTICO E SISTEMA URINÁRIO.

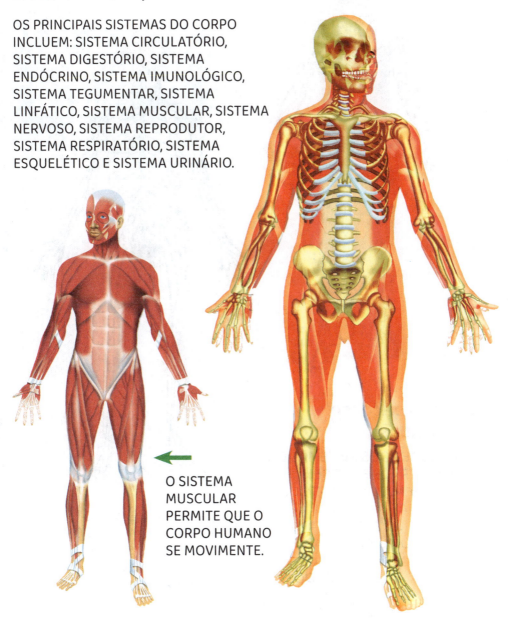

O SISTEMA MUSCULAR PERMITE QUE O CORPO HUMANO SE MOVIMENTE.

DIFERENTES SISTEMAS DO CORPO HUMANO

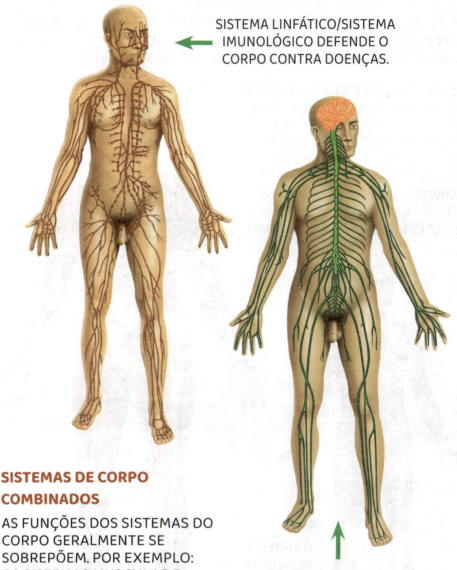

SISTEMA LINFÁTICO/SISTEMA IMUNOLÓGICO DEFENDE O CORPO CONTRA DOENÇAS.

SISTEMA NERVOSO TRANSPORTA MENSAGENS DO CORPO PARA O CÉREBRO E DO CÉREBRO PARA O CORPO.

SISTEMAS DE CORPO COMBINADOS

AS FUNÇÕES DOS SISTEMAS DO CORPO GERALMENTE SE SOBREPÕEM. POR EXEMPLO: OS SISTEMAS MUSCULAR E ESQUELÉTICO FUNCIONAM JUNTOS. COMO RESULTADO, AMBOS ÀS VEZES SÃO COMBINADOS E ESTUDADOS NO ÂMBITO DO SISTEMA MUSCULOESQUELÉTICO.

SISTEMA CIRCULATÓRIO MOVE SUBSTÂNCIAS DE E PARA AS CÉLULAS DO CORPO.

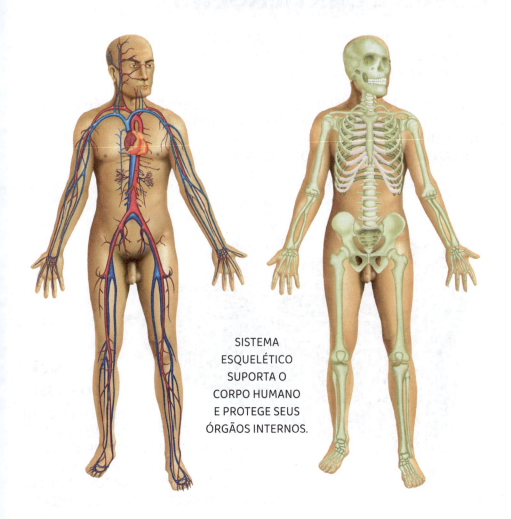

SISTEMA ESQUELÉTICO SUPORTA O CORPO HUMANO E PROTEGE SEUS ÓRGÃOS INTERNOS.

PRINCIPAIS SISTEMAS DO CORPO

SISTEMA DIGESTÓRIO DIGERE OS ALIMENTOS E EXTRAI ENERGIA E NUTRIENTES DELES.

SISTEMA RESPIRATÓRIO CONTROLA A TROCA GASOSA NO CORPO HUMANO.

SISTEMA ENDÓCRINO CONTROLA A SECREÇÃO DE HORMÔNIOS DAS GLÂNDULAS ENDÓCRINAS.

OSSOS E CARTILAGENS

OSSOS SÃO TECIDOS CONJUNTIVOS ENDOESQUELÉTICOS DUROS. ELES SUPORTAM AS ESTRUTURAS DO CORPO E PROTEGEM OS ÓRGÃOS INTERNOS.

AS CARTILAGENS SÃO TECIDOS CONJUNTIVOS DENSOS. ELAS SÃO FEITAS DE CÉLULAS CHAMADAS CONDRÓCITOS. A CARTILAGEM PODE SER ENCONTRADA NAS ARTICULAÇÕES, CAIXA TORÁCICA, OUVIDO, NARIZ, GARGANTA E ENTRE OS DISCOS INTERVERTEBRAIS.

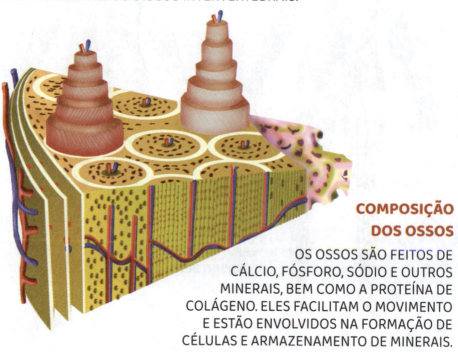

COMPOSIÇÃO DOS OSSOS

OS OSSOS SÃO FEITOS DE CÁLCIO, FÓSFORO, SÓDIO E OUTROS MINERAIS, BEM COMO A PROTEÍNA DE COLÁGENO. ELES FACILITAM O MOVIMENTO E ESTÃO ENVOLVIDOS NA FORMAÇÃO DE CÉLULAS E ARMAZENAMENTO DE MINERAIS.

TIPOS DE TECIDOS ÓSSEOS

EXISTEM 2 TIPOS DE TECIDOS ÓSSEOS: COMPACTOS E ESPONJOSOS. ELES DIFEREM EM DENSIDADE. A MAIORIA DOS OSSOS CONTÉM AMBOS OS TIPOS DE TECIDOS. O OSSO COMPACTO É DENSO E DURO E FORMA A PARTE EXTERNA PROTETORA DE TODOS OS OSSOS. O OSSO ESPONJOSO É ENCONTRADO DENTRO DO OSSO COMPACTO E É MUITO POROSO.

CORTE TRANSVERSAL DE UM OSSO

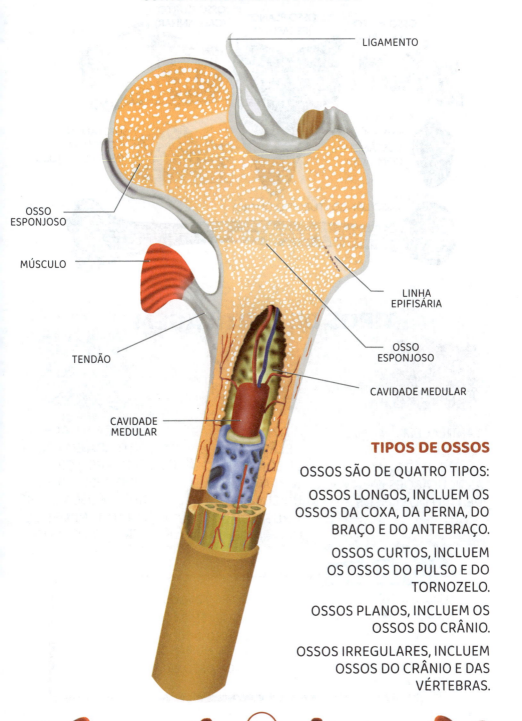

TIPOS DE OSSOS

OSSOS SÃO DE QUATRO TIPOS:

OSSOS LONGOS, INCLUEM OS OSSOS DA COXA, DA PERNA, DO BRAÇO E DO ANTEBRAÇO.

OSSOS CURTOS, INCLUEM OS OSSOS DO PULSO E DO TORNOZELO.

OSSOS PLANOS, INCLUEM OS OSSOS DO CRÂNIO.

OSSOS IRREGULARES, INCLUEM OSSOS DO CRÂNIO E DAS VÉRTEBRAS.

TIPOS DE OSSOS

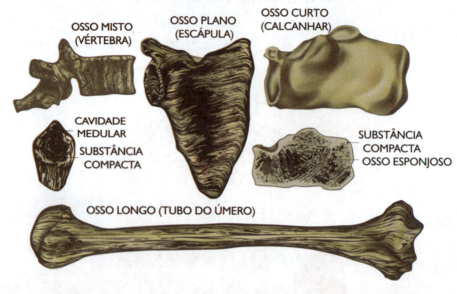

TIPOS DE CARTILAGEM

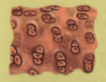

CARTILAGEM HIALINA É ENCONTRADA NAS ARTICULAÇÕES E DENTRO DOS OSSOS.

CARTILAGEM ELÁSTICA É ENCONTRADA NO PAVILHÃO AURICULAR E EM TUBOS, COMO A LARINGE.

FIBROCARTILAGEM É ENCONTRADA EM ÁREAS QUE REQUEREM GRANDE SUPORTE OU FORÇA, COMO EM LOCAIS QUE CONECTAM TENDÕES OU LIGAMENTOS AOS OSSOS.

CURIOSIDADE

O ESQUELETO HUMANO É CONSTITUÍDO POR 206 OSSOS.

A MÃO HUMANA, INCLUINDO O PULSO, CONTÉM 54 OSSOS.

O FÊMUR, TAMBÉM CONHECIDO COMO OSSO DA COXA, É O OSSO MAIS LONGO E MAIS FORTE DO ESQUELETO HUMANO.

O ESTRIBO, NO OUVIDO MÉDIO, É O MENOR OSSO E O MAIS LEVE DO ESQUELETO HUMANO.

ARTICULAÇÕES E LIGAMENTOS

ARTICULAÇÃO É A ÁREA ONDE 2 OSSOS SE ENCONTRAM. ELAS SÃO ESSENCIAIS PARA MANTER O SISTEMA ESQUELÉTICO UNIDO.

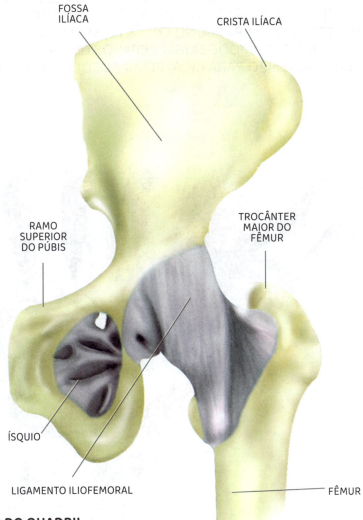

ARTICULAÇÃO DO QUADRIL

OS LIGAMENTOS SÃO BANDAS FIBROSAS FEITAS DE COLÁGENO. ELES MANTÊM AS ARTICULAÇÕES ESTÁVEIS E PERMITEM FLEXIBILIDADE E MOVIMENTO. OS LIGAMENTOS TAMBÉM SÃO ENCONTRADOS EM MUITOS OUTROS ÓRGÃOS, COMO O ÚTERO, A BEXIGA, O FÍGADO E O DIAFRAGMA.

LESÃO LIGAMENTAR

OS LIGAMENTOS, ESPECIALMENTE AQUELES ENCONTRADOS NA ARTICULAÇÃO DO TORNOZELO E JOELHO, PODEM SER DANIFICADOS DEVIDO À ENTORSE EXCESSIVA OU ESTRESSE NOS JOELHOS E ARTICULAÇÕES. PEQUENAS LESÕES NOS LIGAMENTOS PODEM SER TRATADAS COM GELO, BANDAGENS E, ÀS VEZES, FISIOTERAPIA. NO ENTANTO, SE O LIGAMENTO ESTIVER ROMPIDO, PODE EXIGIR REPAROS CIRÚRGICOS OU PRECISA DE TEMPO PARA CICATRIZAR ADEQUADAMENTE.

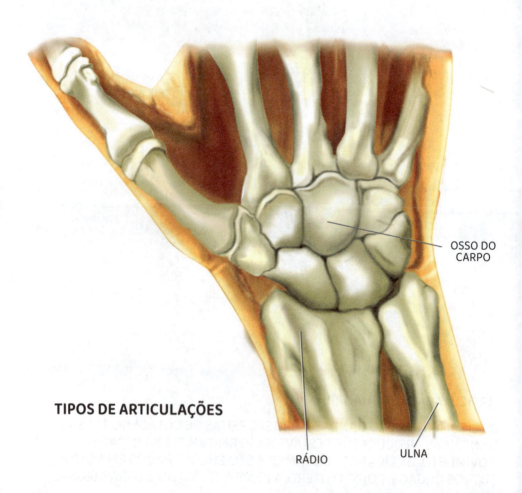

TIPOS DE ARTICULAÇÕES

TIPOS DE ARTICULAÇÕES COM BASE NA COMPOSIÇÃO

AS ARTICULAÇÕES SÃO DE TRÊS TIPOS: FIBROSAS, CARTILAGINOSAS E SINOVIAIS.

AS ARTICULAÇÕES FIBROSAS CONECTAM OS OSSOS SEM PERMITIR NENHUM MOVIMENTO. ELAS CONECTAM OS OSSOS DO CRÂNIO E DA PELVE.

AS ARTICULAÇÕES CARTILAGINOSAS CONECTAM OS OSSOS, QUE SÃO FIXADOS POR CARTILAGEM. PERMITEM POUCOS MOVIMENTOS.

AS ARTICULAÇÕES SINOVIAIS PERMITEM MAIOR MOVIMENTO E SÃO PREENCHIDAS COM LÍQUIDO SINOVIAL.

TIPOS DE ARTICULAÇÕES COM BASE NO MOVIMENTO

COM BASE NO MOVIMENTO, AS ARTICULAÇÕES SÃO DIVIDIDAS EM 6 TIPOS.

AS ARTICULAÇÕES DESLIZANTES OU PLANAS PERMITEM UM MOVIMENTO DESLIZANTE LIMITADO.

AS ARTICULAÇÕES ESFEROIDES PERMITEM MOVIMENTOS PARA FRENTE E PARA TRÁS E PARA CIMA E PARA BAIXO.

AS ARTICULAÇÕES SELARES PERMITEM MOVIMENTOS SEMELHANTES ÀS ARTICULAÇÕES ESFÉRICAS.

AS ARTICULAÇÕES ELIPSOIDAIS PERMITEM O MOVIMENTO EM DUAS DIREÇÕES.

AS ARTICULAÇÕES EM PIVÔ PERMITEM MOVIMENTOS DE ROTAÇÃO.

AS ARTICULAÇÕES EM DOBRADIÇAS PERMITEM MOVIMENTOS LIMITADOS, COMO DOBRAR E ENDIREITAR.

NERVOS

NERVOS SÃO LONGOS FEIXES DE FIBRAS NERVOSAS SEMELHANTES A CABOS. ELES TRANSMITEM E COMUNICAM MENSAGENS ENTRE O SISTEMA NERVOSO CENTRAL E OUTRAS PARTES DO CORPO.

OS NERVOS SÃO AGRUPADOS DE ACORDO COM O LOCAL DE ORIGEM. NERVOS QUE SE ORIGINAM DO CÉREBRO SÃO CONHECIDOS COMO NERVOS CRANIANOS. NERVOS QUE SE ORIGINAM DA MEDULA ESPINHAL SÃO CONHECIDOS COMO NERVOS ESPINHAIS.

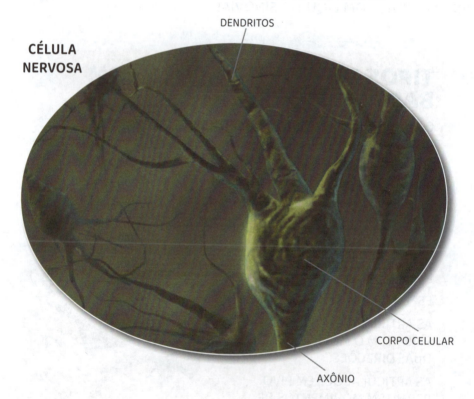

CÉLULA NERVOSA — DENDRITOS — CORPO CELULAR — AXÔNIO

NERVOS CRANIANOS

EXISTEM 12 PARES DE NERVOS CRANIANOS. ESSES NERVOS LEVAM INFORMAÇÕES DOS ÓRGÃOS DOS SENTIDOS ATÉ O CÉREBRO. ELES TAMBÉM ESTÃO CONECTADOS A ÓRGÃOS INTERNOS, COMO O CORAÇÃO E OS PULMÕES. OS NERVOS CRANIANOS SÃO DIVIDIDOS EM TRÊS GRUPOS: NERVOS SENSORIAIS, MOTORES E MISTOS.

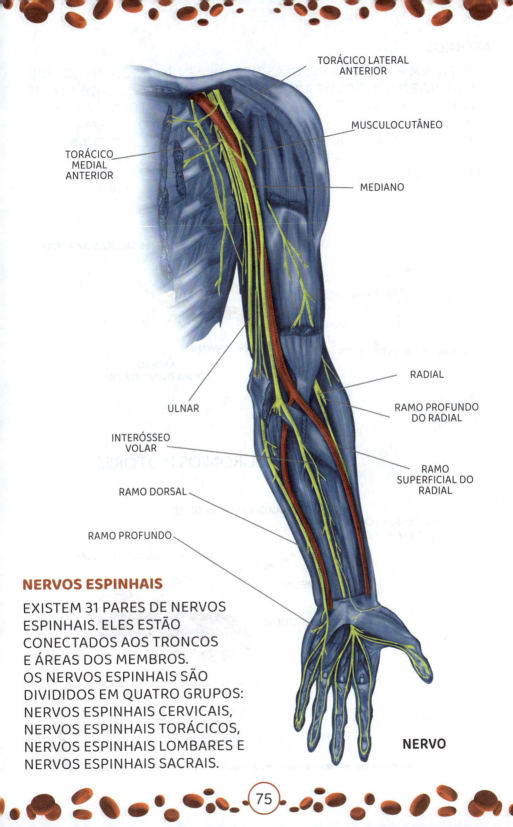

NERVOS ESPINHAIS

EXISTEM 31 PARES DE NERVOS ESPINHAIS. ELES ESTÃO CONECTADOS AOS TRONCOS E ÁREAS DOS MEMBROS. OS NERVOS ESPINHAIS SÃO DIVIDIDOS EM QUATRO GRUPOS: NERVOS ESPINHAIS CERVICAIS, NERVOS ESPINHAIS TORÁCICOS, NERVOS ESPINHAIS LOMBARES E NERVOS ESPINHAIS SACRAIS.

AXÔNIOS

ELES FAZEM PARTE DAS CÉLULAS NERVOSAS. UM ÚNICO NERVO PODE TER VÁRIOS MILHARES DE AXÔNIOS. ESSES AXÔNIOS SÃO DE 2 TIPOS: SENSORIAIS E MOTORES. OS AXÔNIOS SENSORIAIS TRANSPORTAM MENSAGENS DE OUTRAS PARTES DO CORPO PARA O SISTEMA NERVOSO CENTRAL, TAIS COMO: PELE, MÚSCULOS E ARTICULAÇÕES. OS AXÔNIOS MOTORES TRANSPORTAM MENSAGENS DO SISTEMA NERVOSO CENTRAL PARA OS MÚSCULOS.

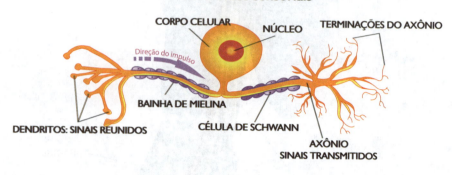

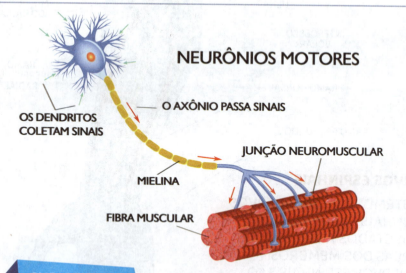

CURIOSIDADE

O CORPO POSSUI SEU PRÓPRIO SISTEMA NERVOSO QUE CONTROLA EXCLUSIVAMENTE O INTESTINO. O SISTEMA NERVOSO ENTÉRICO REGULA AUTOMATICAMENTE OS MOVIMENTOS INTESTINAIS COMO PARTE DO PROCESSO DIGESTÓRIO.

SISTEMA NERVOSO

O SISTEMA NERVOSO É O SISTEMA DE INFORMAÇÃO DO CORPO. ELE COLETA, ARMAZENA E ANALISA TODAS AS INFORMAÇÕES RECEBIDAS PELO CORPO.

O SISTEMA NERVOSO É O SISTEMA DE CONTROLE DO CORPO. ELE É DIVIDIDO EM DUAS PARTES: O SISTEMA NERVOSO CENTRAL E PERIFÉRICO. TODO O SISTEMA NERVOSO É FORMADO POR TECIDOS NERVOSOS.

SISTEMA NERVOSO CENTRAL

O SISTEMA NERVOSO CENTRAL É A PARTE MAIS IMPORTANTE DO SISTEMA NERVOSO E É COMPOSTO PELO CÉREBRO, MEDULA ESPINHAL E NERVOS. ELE CONTÉM MILHÕES DE CÉLULAS NERVOSAS CONHECIDAS COMO NEURÔNIOS. O SISTEMA NERVOSO CENTRAL COLETA E ANALISA TODAS AS INFORMAÇÕES DO CORPO E CONTROLA AS FUNÇÕES VOLUNTÁRIAS DO CORPO.

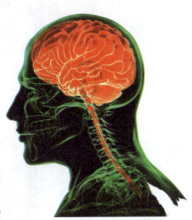

SISTEMA NERVOSO PERIFÉRICO

O SISTEMA NERVOSO PERIFÉRICO É A PARTE DO SISTEMA NERVOSO QUE CONTROLA A AÇÃO DOS MEMBROS E OUTROS ÓRGÃOS QUE PERMANECEM FORA DO CONTROLE DO SISTEMA NERVOSO CENTRAL. ELE É DIVIDIDO EM DUAS PARTES: O SISTEMA NERVOSO SOMÁTICO E AUTÔNOMO.

SISTEMA NERVOSO AUTÔNOMO

O SISTEMA NERVOSO AUTÔNOMO CONTROLA ÓRGÃOS, COMO O CORAÇÃO, O ESTÔMAGO E OS INTESTINOS, E REGULA AS FUNÇÕES INVOLUNTÁRIAS DO CORPO.

SISTEMA NERVOSO SOMÁTICO

O SISTEMA NERVOSO SOMÁTICO ESTÁ ASSOCIADO À AÇÃO DOS MÚSCULOS ESQUELÉTICOS E CONDUZ MENSAGENS ENTRE O SISTEMA NERVOSO CENTRAL E OS MÚSCULOS ESQUELÉTICOS.

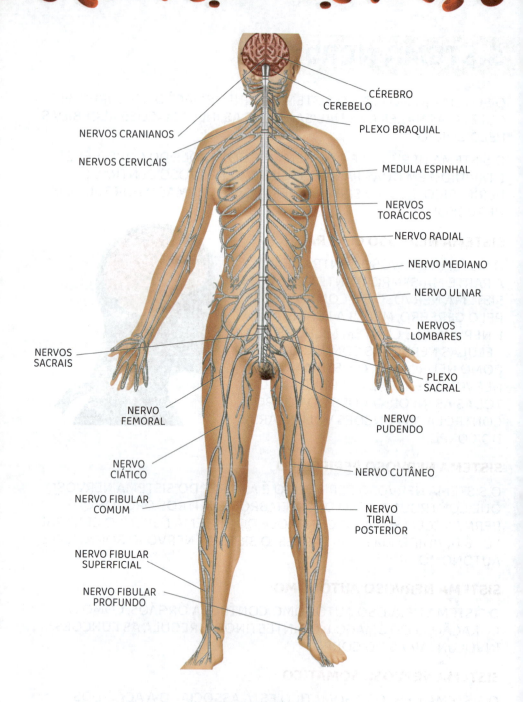

ESÔFAGO E ESTÔMAGO

O ESÔFAGO É UM TUBO MUSCULAR QUE LIGA A BOCA AO ESTÔMAGO. O ESTÔMAGO É UM ÓRGÃO MUSCULAR OCO.

O ESTÔMAGO FICA ENTRE O ESÔFAGO E O INTESTINO DELGADO. A COMIDA PASSA DA BOCA PARA O ESTÔMAGO ATRAVÉS DO ESÔFAGO.

MOVIMENTO DOS ALIMENTOS ATRAVÉS DO ESTÔMAGO

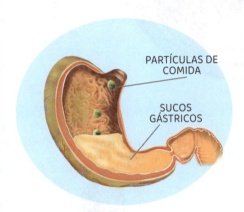

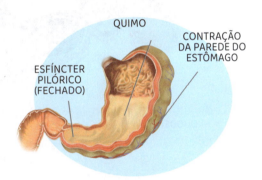

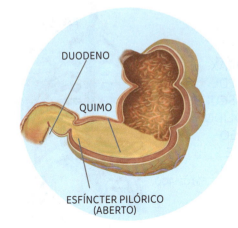

FUNÇÕES DO ESTÔMAGO

O ESTÔMAGO DIGERE OS ALIMENTOS ENGOLIDOS E OS LÍQUIDOS RECEBIDOS DO ESÔFAGO. É A PARTE MAIS LARGA DO SISTEMA DIGESTÓRIO. ASSIM QUE O ALIMENTO ENTRA NO ESTÔMAGO, AS ENZIMAS AGEM SOBRE ELE E QUEBRAM AS PROTEÍNAS. ENTÃO, OS SUCOS GÁSTRICOS AGEM GRADUALMENTE SOBRE ELE. A COMIDA ENTÃO DEIXA O ESTÔMAGO COMO UM MATERIAL SEMILÍQUIDO E VAI PARA O INTESTINO DELGADO. O ESTÔMAGO TAMBÉM ATUA COMO UM RESERVATÓRIO, ARMAZENANDO ALIMENTOS POR UM TEMPO CURTO E DIGERINDO-OS POR UM TEMPO PROLONGADO.

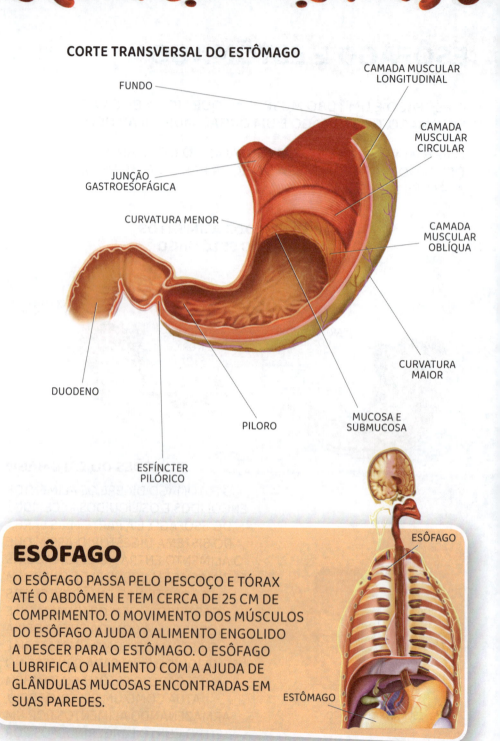

ESÔFAGO

O ESÔFAGO PASSA PELO PESCOÇO E TÓRAX ATÉ O ABDÔMEN E TEM CERCA DE 25 CM DE COMPRIMENTO. O MOVIMENTO DOS MÚSCULOS DO ESÔFAGO AJUDA O ALIMENTO ENGOLIDO A DESCER PARA O ESTÔMAGO. O ESÔFAGO LUBRIFICA O ALIMENTO COM A AJUDA DE GLÂNDULAS MUCOSAS ENCONTRADAS EM SUAS PAREDES.

FÍGADO

O FÍGADO É O MAIOR ÓRGÃO INTERNO DO CORPO, SITUADO À DIREITA DO ESTÔMAGO, E QUE DESEMPENHA UM PAPEL IMPORTANTE NO METABOLISMO.

O FÍGADO É COMPOSTO PRINCIPALMENTE DE CÉLULAS HEPÁTICAS. ESTAS SÃO CÉLULAS ESPECIALIZADAS QUE REALIZAM PROCESSOS QUÍMICOS.

FUNÇÕES DO FÍGADO

AS FUNÇÕES PRIMÁRIAS DO FÍGADO SÃO:

- METABOLISMO DE GORDURAS, PROTEÍNAS E CARBOIDRATOS
- PRODUÇÃO E EXCREÇÃO DE BILE
- DESINTOXICAÇÃO E PURIFICAÇÃO DO SANGUE
- ATIVAÇÃO DE ENZIMAS
- SÍNTESE DE PROTEÍNAS PLASMÁTICAS, COMO ALBUMINA E FATORES DE COAGULAÇÃO
- EXCREÇÃO DE BILIRRUBINA, COLESTEROL, HORMÔNIOS E DROGAS
- ARMAZENAMENTO DE GLICOGÊNIO, VITAMINAS E MINERAIS.

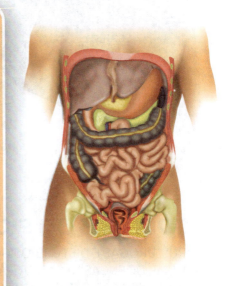

CIRROSE DO FÍGADO

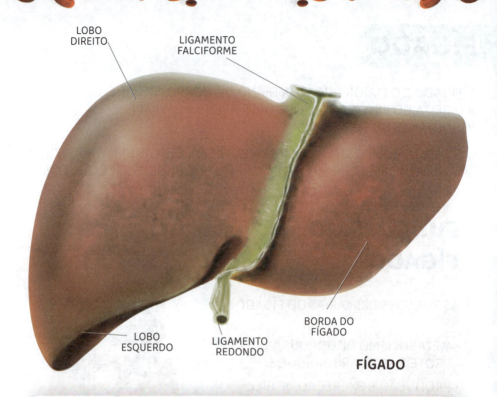

FÍGADO

DOENÇAS DO FÍGADO

VÍRUS, DROGAS E DISTÚRBIOS GENÉTICOS PODEM CAUSAR DOENÇAS HEPÁTICAS. AS DOENÇAS HEPÁTICAS COMUNS SÃO:

CIRROSE: ALTERAÇÃO IRREVERSÍVEL DO TECIDO HEPÁTICO NORMAL. A CIRROSE DESTRÓI AS CÉLULAS E IMPEDE O FUNCIONAMENTO NORMAL DO FÍGADO.

ICTERÍCIA: AMARELAMENTO DA PELE, DO BRANCO DOS OLHOS E DAS MEMBRANAS MUCOSAS. A ICTERÍCIA É CAUSADA POR UM AUMENTO NO NÍVEL DE BILIRRUBINA, UM PIGMENTO BILIAR NO SANGUE.

HEPATITE: INFLAMAÇÃO DO FÍGADO. A HEPATITE PODE RESULTAR DE UMA VARIEDADE DE CAUSAS, TANTO INFECCIOSAS COMO NÃO INFECCIOSAS.

FÍGADO SAUDÁVEL

PÂNCREAS E VESÍCULA BILIAR

O PÂNCREAS É UM ÓRGÃO DOS SISTEMAS DIGESTÓRIO E ENDÓCRINO. ELE TEM A FORMA DE UMA PISTOLA E ESTÁ SITUADO ATRÁS DO ESTÔMAGO E ACIMA DOS INTESTINOS.

A VESÍCULA BILIAR É UM ÓRGÃO DO SISTEMA DIGESTÓRIO. É UM SACO MUSCULAR EM FORMA DE PERA, LOCALIZADO PERTO DO DUODENO.

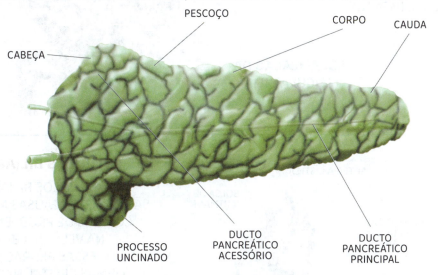

ESTRUTURA DO PÂNCREAS

FUNÇÃO DO PÂNCREAS

O PÂNCREAS LIBERA ENZIMAS E HORMÔNIOS. AS ENZIMAS AJUDAM NA DIGESTÃO DOS ALIMENTOS E OS HORMÔNIOS CONTROLAM O NÍVEL DE AÇÚCAR NO SANGUE.

ENZIMAS

AS ENZIMAS SECRETADAS PELO PÂNCREAS FLUEM PARA O INTESTINO DELGADO. ESSAS ENZIMAS AJUDAM A DIGERIR PROTEÍNAS, GORDURAS E AMIDO NOS ALIMENTOS.

HORMÔNIOS

A INSULINA E OS GLUCAGONS SÃO 2 HORMÔNIOS PRODUZIDOS PELO PÂNCREAS. ESSES HORMÔNIOS REGULAM OS NÍVEIS DE AÇÚCAR NO CORPO.

VESÍCULA BILIAR

A VESÍCULA BILIAR ARMAZENA E CONCENTRA A BILE, PRODUZIDA NO FÍGADO. A BILE AJUDA A DECOMPOR AS GORDURAS PRESENTES NOS ALIMENTOS.

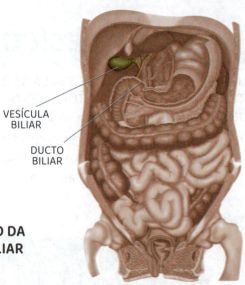

LOCALIZAÇÃO DA VESÍCULA BILIAR

(VESÍCULA BILIAR — DUCTO BILIAR)

CÁLCULOS BILIARES

OS CÁLCULOS BILIARES SÃO UMA DAS CAUSAS MAIS COMUNS DE PROBLEMAS NA VESÍCULA BILIAR. ESSAS PEDRAS SÃO FORMAS CRISTALINAS DE COLESTEROL, PIGMENTO BILIAR E SAIS DE CÁLCIO.

CORTE TRANSVERSAL DA VESÍCULA BILIAR CONTENDO CÁLCULOS BILIARES

(ARTÉRIA CÍSTICA — BOLSA DE HARTMANN — PESCOÇO DA VESÍCULA BILIAR — PEDRAS DE COLESTEROL — CORPO — FUNDO (BASE DE UM ÓRGÃO))

CURIOSIDADE

A VESÍCULA BILIAR É UMA PEQUENA BOLSA EM FORMATO DE PERA, COM CERCA DE 7 A 15 CM DE COMPRIMENTO.

SANGUE

O SANGUE É UM FLUIDO QUE TRANSPORTA OXIGÊNIO E NUTRIENTES PARA OS TECIDOS DO CORPO E REMOVE OS RESÍDUOS DELES. O SANGUE CONSISTE EM PLASMA, UM LÍQUIDO AQUOSO E TRÊS CÉLULAS ESPECIALIZADAS.

AS CÉLULAS SANGUÍNEAS ESPECIALIZADAS SÃO: GLÓBULOS VERMELHOS, GLÓBULOS BRANCOS E PLAQUETAS. OS GLÓBULOS VERMELHOS TRANSPORTAM OXIGÊNIO POR TODO O CORPO, OS GLÓBULOS BRANCOS PROTEGEM O CORPO DE DOENÇAS E AS PLAQUETAS AJUDAM NA COAGULAÇÃO DO SANGUE.

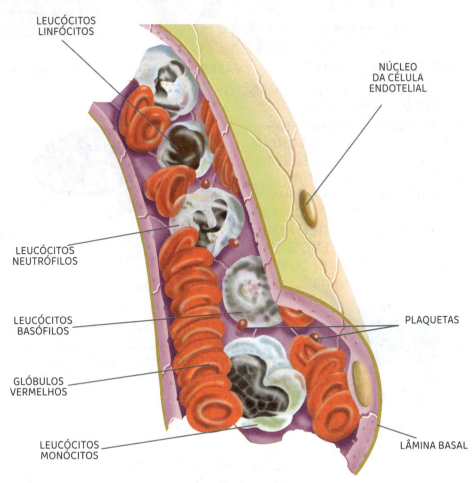

CÉLULAS SANGUÍNEAS ESPECIALIZADAS

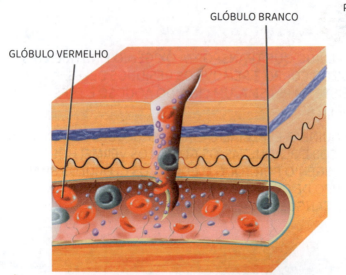

GLÓBULOS VERMELHOS

MAIS DE 40% DO SANGUE É COMPOSTO POR GLÓBULOS VERMELHOS, QUE TAMBÉM SÃO CONHECIDOS COMO ERITRÓCITOS. ELES CONTÊM HEMOGLOBINA, UMA MOLÉCULA ESPECIAL QUE TRANSPORTA OXIGÊNIO E DÁ AO SANGUE SUA COR AVERMELHADA. MOLÉCULAS DE HEMOGLOBINA CONTÊM FERRO. CADA MOLÉCULA DE HEMOGLOBINA PODE TRANSPORTAR ATÉ QUATRO MOLÉCULAS DE OXIGÊNIO.

FASES DA COAGULAÇÃO DO SANGUE

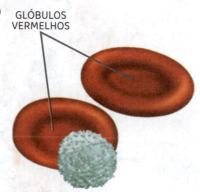

GLÓBULOS BRANCOS

OS GLÓBULOS BRANCOS OU LEUCÓCITOS SÃO CÉLULAS SANGUÍNEAS ESPECIALIZADAS QUE LUTAM CONTRA DOENÇAS. EXISTEM CINCO TIPOS DE GLÓBULOS BRANCOS: NEUTRÓFILOS, EOSINÓFILOS, BASÓFILOS, MONÓCITOS E LINFÓCITOS. OS NEUTRÓFILOS COMBATEM AS BACTÉRIAS, ENQUANTO OS EOSINÓFILOS COMBATEM AS REAÇÕES ALÉRGICAS. OS LINFÓCITOS DESEMPENHAM O PAPEL MAIS IMPORTANTE NO SISTEMA IMUNOLÓGICO DO CORPO. OS MONÓCITOS MATAM AS BACTÉRIAS INVASORAS.

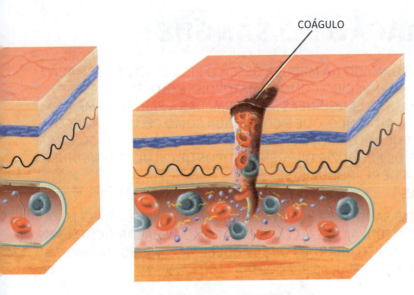

PLAQUETAS E PLASMA

AS PLAQUETAS SANGUÍNEAS SÃO CÉLULAS QUE AJUDAM O SANGUE A COAGULAR. ELAS TAMBÉM SÃO CHAMADAS DE TROMBÓCITOS. A ÁGUA COMPREENDE 90% DO PLASMA SANGUÍNEO. O RESTO DO PLASMA INCLUI PROTEÍNAS, ENZIMAS, AGENTES DE COAGULAÇÃO E PROTEÍNAS QUE TRANSPORTAM HORMÔNIOS, VITAMINAS E COLESTEROL.

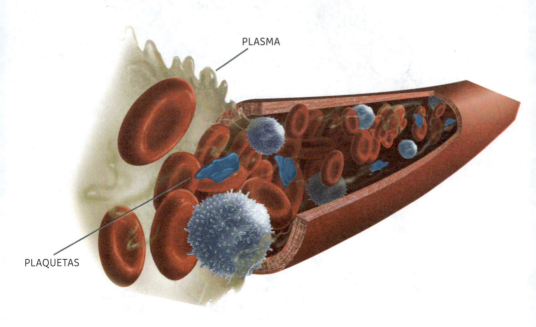

FORMAÇÃO DO SANGUE

O SANGUE É FORMADO NA MEDULA ÓSSEA. O PROCESSO DE FORMAÇÃO DO SANGUE É CONHECIDO COMO HEMATOPOIESE OU HEMOPOESE. TODAS AS CÉLULAS SANGUÍNEAS SÃO FORMADAS A PARTIR DO MESMO TIPO DE CÉLULA-TRONCO, QUE É CONHECIDA COMO CÉLULA-TRONCO HEMATOPOIÉTICA PLURIPOTENTE. ESSA CÉLULA-TRONCO NÃO SÓ TEM A CAPACIDADE DE PRODUZIR DIFERENTES TIPOS DE CÉLULAS SANGUÍNEAS, MAS TAMBÉM DE REPRODUZIR-SE.

PLAQUETAS

AS PLAQUETAS SANGUÍNEAS SÃO FORMADAS A PARTIR DE UMA CÉLULA ESPECIAL NA MEDULA ÓSSEA, CONHECIDA COMO MEGACARIÓCITO. SÃO CÉLULAS MUITO GRANDES QUE SE QUEBRAM EM SUBSTÂNCIAS MENORES PARA FORMAR AS PLAQUETAS.

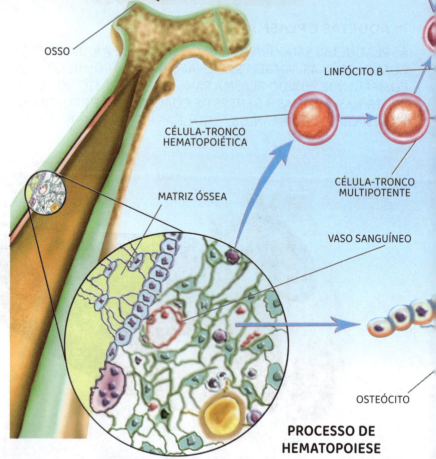

PROCESSO DE HEMATOPOIESE

MEDULA VERMELHA E AMARELA

A MEDULA ÓSSEA QUE TEM A CAPACIDADE DE PRODUZIR CÉLULAS SANGUÍNEAS É CONHECIDA COMO MEDULA ÓSSEA VERMELHA. A MEDULA ÓSSEA QUE PERDE A CAPACIDADE DE PRODUZIR CÉLULAS SANGUÍNEAS É CONHECIDA COMO MEDULA ÓSSEA AMARELA.

OSSOS PRODUTORES DE SANGUE

AS CÉLULAS SANGUÍNEAS SÃO FORMADAS NA MEDULA ÓSSEA. DURANTE A INFÂNCIA, QUASE TODOS OS OSSOS DO CORPO PRODUZEM SANGUE. COM A IDADE, A CAPACIDADE DE PRODUÇÃO DE SANGUE DOS OSSOS DIMINUI E APENAS OS OSSOS DA COLUNA, ESTERNO, COSTELAS, PELVE E PEQUENAS PARTES DO BRAÇO E DA PERNA PRODUZEM SANGUE.

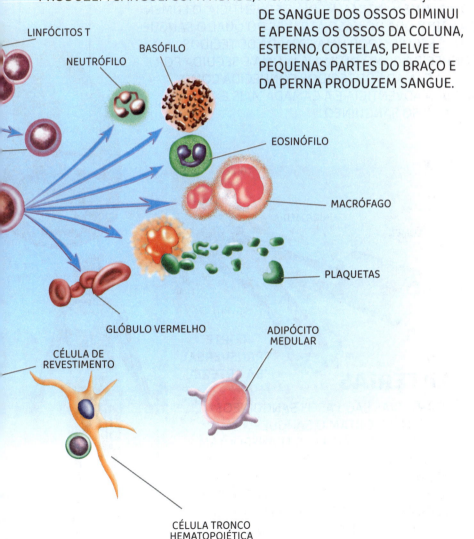

VASOS SANGUÍNEOS

OS VASOS SANGUÍNEOS SÃO CANAIS SEMELHANTES A TUBOS QUE CIRCULAM O SANGUE DE E PARA TODAS AS PARTES DO CORPO. HÁ QUATRO TIPOS PRINCIPAIS DE VASOS SANGUÍNEOS: ARTÉRIAS, VEIAS, CAPILARES E SINUSOIDES.

UM VASO SANGUÍNEO É DIVIDIDO EM VÁRIAS PARTES, COMO LÚMEN, ÍNTIMA, MÉDIA E ADVENTÍCIA. O LÚMEN É A PARTE OCA DO VASO ATRAVÉS DO QUAL O SANGUE FLUI. É SEGUIDO POR UMA CAMADA DE TECIDOS CONHECIDA COMO ÍNTIMA. A ÍNTIMA É SEGUIDA POR OUTRA CAMADA DE TECIDOS CONHECIDA COMO MÉDIA. A ADVENTÍCIA É A CAMADA MAIS EXTERNA DE UM VASO SANGUÍNEO.

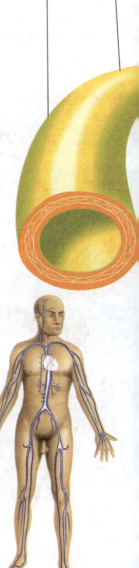

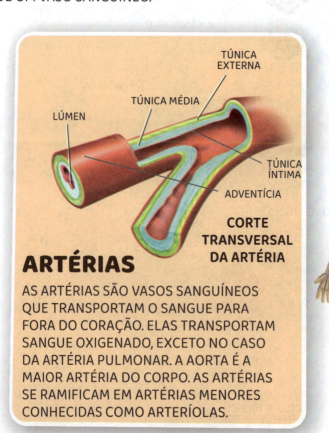

ARTÉRIAS

AS ARTÉRIAS SÃO VASOS SANGUÍNEOS QUE TRANSPORTAM O SANGUE PARA FORA DO CORAÇÃO. ELAS TRANSPORTAM SANGUE OXIGENADO, EXCETO NO CASO DA ARTÉRIA PULMONAR. A AORTA É A MAIOR ARTÉRIA DO CORPO. AS ARTÉRIAS SE RAMIFICAM EM ARTÉRIAS MENORES CONHECIDAS COMO ARTERÍOLAS.

VEIAS

AS VEIAS SÃO VASOS SANGUÍNEOS QUE TRANSPORTAM SANGUE PARA O CORAÇÃO. ELAS TRANSPORTAM SANGUE DESOXIGENADO, EXCETO NO CASO DA VEIA PULMONAR. A VEIA CAVA É A MAIOR VEIA DO CORPO. AS VÊNULAS SÃO RAMOS MENORES DAS VEIAS.

VASOS SANGUÍNEOS

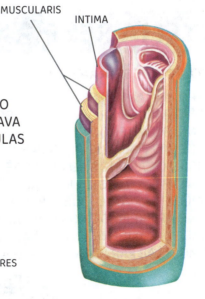

MUSCULARIS
INTIMA

CAPILARES

CORTE TRANSVERSAL DA VEIA

CAPILARES

OS CAPILARES SÃO PEQUENOS VASOS SANGUÍNEOS ENCONTRADOS NOS TECIDOS DO CORPO. ELES TRANSPORTAM O SANGUE ENTRE AS ARTÉRIAS E VEIAS. ESSES VASOS SÃO EXTREMAMENTE PEQUENOS, COM CERCA DE 5 A 10 MICRÔMETROS DE DIÂMETRO.

VÊNULAS
VEIA

SINUSOIDES

SINUSOIDES SÃO PEQUENOS VASOS SANGUÍNEOS ENCONTRADOS NO FÍGADO, BAÇO E MEDULA ÓSSEA. ELES FUNCIONAM DA MESMA MANEIRA QUE OS CAPILARES. ELES TAMBÉM SÃO EXTREMAMENTE PEQUENOS, COM CERCA DE 30 A 40 MICRÔMETROS DE DIÂMETRO.

SISTEMA RESPIRATÓRIO

COMO NÓS RESPIRAMOS?

O CORPO HUMANO NECESSITA DE UM SUPRIMENTO CONSTANTE DE OXIGÊNIO PARA SOBREVIVER. QUANDO RESPIRAMOS, OBTEMOS 21% DE OXIGÊNIO DO AR, ENQUANTO ELE É TRANSPORTADO PARA OS PULMÕES ATRAVÉS DAS VIAS RESPIRATÓRIAS. DE LÁ, ELE É TRANSFERIDO PARA O SANGUE. O SANGUE RICO EM OXIGÊNIO É ENTÃO BOMBEADO PELO CORAÇÃO PARA O RESTO DO CORPO. QUANDO EXPIRAMOS, ELIMINAMOS DIÓXIDO DE CARBONO, QUE SERIA PREJUDICIAL SE PERMANECESSE NO CORPO. O AR EXPIRADO CONTÉM 100 VEZES MAIS DIÓXIDO DE CARBONO E METADE DO OXIGÊNIO DO AR INALADO. CADA VEZ QUE RESPIRAMOS, MOVEMOS O AR PARA DENTRO E PARA FORA DE NOSSOS PULMÕES. NO

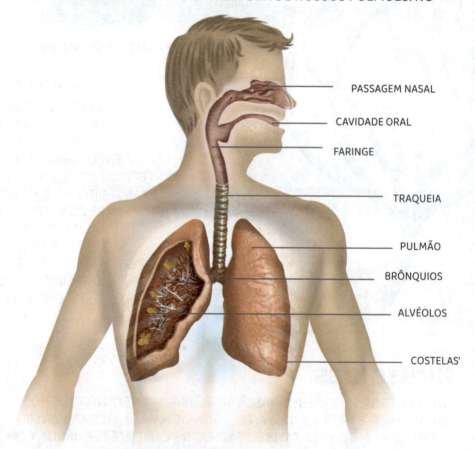

CAMINHO DO AR DA NARINA ATÉ OS PULMÕES

ENTANTO, NOSSOS PULMÕES NÃO PODEM SE MOVIMENTAR SOZINHOS. A RESPIRAÇÃO DEPENDE DE NOSSAS COSTELAS E DIAFRAGMA, POIS ELES FAZEM COM QUE NOSSOS PULMÕES ASPIREM E LIBEREM O AR ATRAVÉS DO NARIZ E DA BOCA.

QUANDO ESTAMOS EM REPOUSO, NORMALMENTE RESPIRAMOS PELO NARIZ. O ESPAÇO INTERNO É QUENTE, ÚMIDO E COBERTO POR MUCO PEGAJOSO. À MEDIDA QUE O AR ENTRA, GERMES NOCIVOS SÃO CAPTURADOS PELO MUCO. O AR DESCE PELA GARGANTA E PELA TRAQUEIA. LÁ TAMBÉM UMA ABA DE PELE (EPIGLOTE) ESTÁ POSICIONADA PARA IMPEDIR QUE ALIMENTOS PASSEM PARA A TRAQUEIA QUANDO ENGOLIMOS.

INSPIRANDO: PARA INSPIRAR, OS MÚSCULOS ENTRE NOSSAS COSTELAS PUXAM AS COSTELAS PARA CIMA E PARA FORA, E NOSSO DIAFRAGMA EMPURRA PARA BAIXO. ISSO ABRE MAIS ESPAÇO EM NOSSO PEITO E O AR É SUGADO PARA OS NOSSOS PULMÕES.

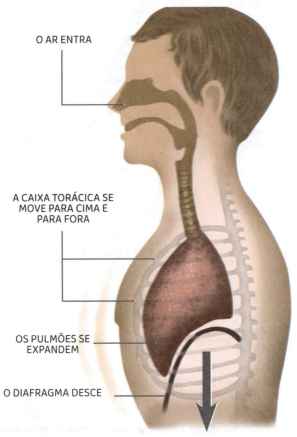

EXPIRANDO: QUANDO EXPIRAMOS, OS MÚSCULOS DAS COSTELAS SE MOVEM PARA BAIXO, E NOSSO DIAFRAGMA SE ELEVA. O ESPAÇO EM NOSSO PEITO DIMINUI, E O AR É COMPRIMIDO PARA FORA DOS NOSSOS PULMÕES.

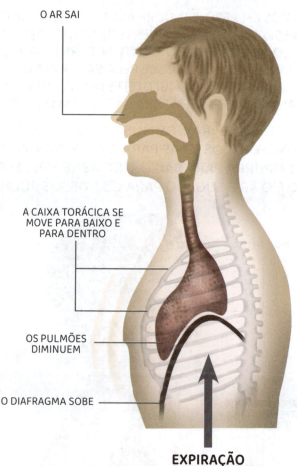

CURIOSIDADE

AS PLANTAS SÃO NOSSAS PARCEIRAS NA RESPIRAÇÃO. NÓS INSPIRAMOS OXIGÊNIO E LIBERAMOS DIÓXIDO DE CARBONO, E AS PLANTAS ABSORVEM DIÓXIDO DE CARBONO E LIBERAM OXIGÊNIO PARA QUE POSSAMOS RESPIRÁ-LO.

SISTEMA URINÁRIO

O SISTEMA URINÁRIO CONSISTE EM 2 RINS, 2 URETERES, A BEXIGA E A URETRA. OS RINS EM FORMA DE FEIJÃO ESTÃO EM AMBOS OS LADOS DA ESPINHA DORSAL, ATRÁS DO ESTÔMAGO.

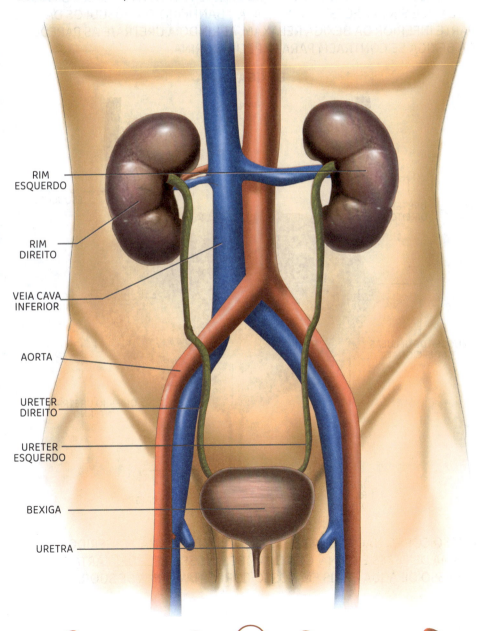

O PRINCIPAL ÓRGÃO DESSE SISTEMA, O RIM, NOS AJUDA DAS SEGUINTES MANEIRAS: MANTÉM CONSTANTE O VOLUME DE ÁGUA NO CORPO; REGULA A PRESSÃO SANGUÍNEA DO CORPO E ESTIMULA A PRODUÇÃO DE CÉLULAS SANGUÍNEAS; MANTÉM O NÍVEL DE CÁLCIO DO CORPO.

A URINA PASSA CONSTANTEMENTE DOS RINS PARA A BEXIGA. QUANDO A BEXIGA ESTÁ CHEIA, SINAIS NERVOSOS SÃO ENVIADOS AO CÉREBRO PARA QUE VOCÊ SINTA NECESSIDADE DE IR AO BANHEIRO. OS MÚSCULOS DA PARTE INFERIOR DA BEXIGA RELAXAM, ABRINDO A URETRA, E AS PAREDES DA BEXIGA SE CONTRAEM PARA EXPELIR A URINA.

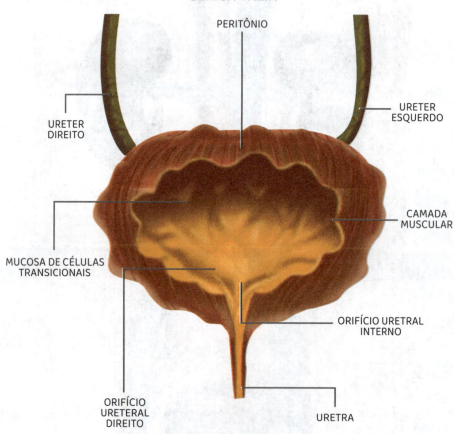

NOSSO CORPO NÃO APENAS DESCARTA ALIMENTOS NÃO DIGERIDOS NA FORMA DE FEZES E URINA, COMO TAMBÉM NOSSA PELE DESCARTA O EXCESSO DE ÁGUA E SAIS EM NOSSO CORPO NA FORMA DE SUOR.

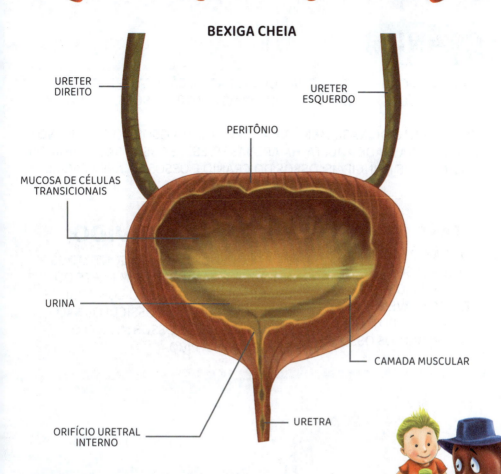

CURIOSIDADE

A MAIORIA DAS PESSOAS TEM 2 RINS - ELES FICAM SOB AS COSTELAS E ACIMA DA CINTURA (NA PARTE DE TRÁS), UM DE CADA LADO DO CORPO.

- OS RINS TÊM FORMATO DE FEIJÃO E TÊM CERCA DE 10 A 12 CM DE COMPRIMENTO (APROXIMADAMENTE DO TAMANHO DE UM PUNHO CERRADO).

- OS RINS FILTRAM CERCA DE 180 LITROS DE SANGUE TODOS OS DIAS, CONTROLAM A PRODUÇÃO DE GLÓBULOS VERMELHOS E LIBERAM HORMÔNIOS QUE REGULAM A PRESSÃO SANGUÍNEA.

- OS RINS TAMBÉM PRODUZEM URINA, REMOVENDO PRODUTOS RESIDUAIS DO CORPO.

- OS RINS AJUDAM A MANTER OS OSSOS FORTES E SAUDÁVEIS AO AUXILIAR NA PRODUÇÃO DE UMA FORMA ATIVA DE VITAMINA D.

- A DOENÇA RENAL É COMUM, PODE AFETAR QUALQUER PESSOA E NÃO TEM CURA.

CRÂNIO

O CRÂNIO FORNECE ESTRUTURA GERAL PARA A CABEÇA E PROTEGE O CÉREBRO E OUTROS ÓRGÃOS SENSORIAIS CONTRA LESÕES.

NO MOMENTO DO NASCIMENTO, HÁ CERCA DE 45 OSSOS NO CRÂNIO. NO ENTANTO, NA IDADE ADULTA, HÁ APENAS 29. ESSES OSSOS SÃO DIVIDIDOS EM 2 GRUPOS PRINCIPAIS: OSSOS DO CRÂNIO E OSSOS DA ÁREA FACIAL.

CRÂNIO

O CRÂNIO É FORMADO POR 8 OSSOS. ESSES OSSOS SÃO RESPONSÁVEIS POR MANTER E PROTEGER O CÉREBRO. OS OSSOS

OSSOS NO OUVIDO

OS 3 PEQUENOS OSSOS ENCONTRADOS NO OUVIDO TAMBÉM FAZEM PARTE DO CRÂNIO. ESSES OSSOS SÃO CONHECIDOS COMO OSSÍCULOS. OS OSSÍCULOS SÃO FORMADOS PELOS OSSOS MARTELO, BIGORNA E ESTRIBO.

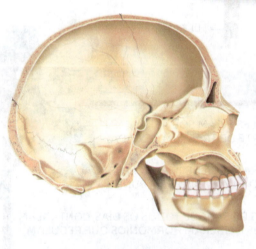

DO CRÂNIO INCLUEM: OSSO FRONTAL, OSSOS PARIETAIS, OSSOS TEMPORAIS, OSSO ETMOIDE ETC.

O OSSO FRONTAL FORMA A TESTA, A ÓRBITA SUPERIOR DOS OLHOS E A PARTE FRONTAL DO CRÂNIO.

OS OSSOS PARIETAIS, EM NÚMERO DE DOIS, FORMAM O TOPO E AS PORÇÕES LATERAIS DO CRÂNIO.

OS OSSOS TEMPORAIS, EM NÚMERO DE DOIS, FORMAM A PARTE INFERIOR E CENTRAL DO CRÂNIO.

O OSSO ETMOIDE FORMA A ÁREA ENTRE OS OLHOS.

ÁREA FACIAL

A ÁREA FACIAL É COMPOSTA POR 14 OSSOS. ESSES OSSOS FORMAM AS ÁREAS DOS MAXILARES, BOCHECHAS E NARIZ. OS OSSOS DA ÁREA FACIAL INCLUEM A MANDÍBULA, A MAXILA, O ZIGOMÁTICO, OS OSSOS LACRIMAIS, O VÔMER E OS OSSOS NASAIS.

- MANDÍBULA É O OSSO DO MAXILAR INFERIOR. É O ÚNICO OSSO DO CRÂNIO QUE PODE SE MOVER.

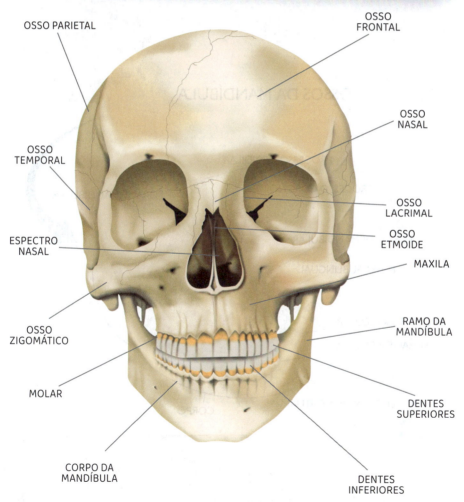

OSSOS DO CRÂNIO

- MAXILA OU MANDÍBULA SUPERIOR É FEITA DE 2 OSSOS.
- ZIGOMÁTICOS SÃO UM CONJUNTO DE 2 OSSOS QUE FORMAM AS ÁREAS MAIS ALTAS DA BOCHECHA.
- OSSOS LACRIMAIS SÃO 2 OSSOS QUE FORMAM O CANTO INTERNO DE AMBOS OS OLHOS.
- O VÔMER E OS OSSOS NASAIS FORMAM O NARIZ.

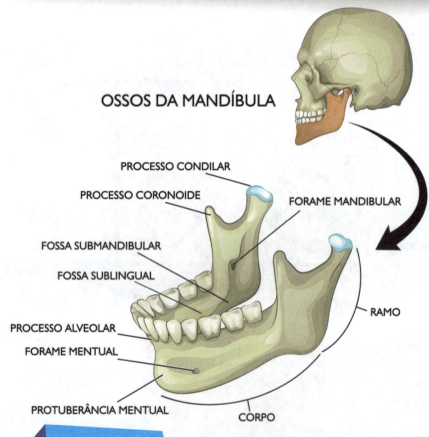

OSSOS DA MANDÍBULA

CURIOSIDADE

TOQUE A ÁREA DO SEU ROSTO BEM NA FRENTE DO OUVIDO. AGORA, ABRA E FECHE A BOCA E SENTIRÁ O SEU MAXILAR INFERIOR SE MOVENDO. QUANDO VOCÊ ABRE E FECHA A BOCA, ESTÁ USANDO SUA ARTICULAÇÃO TEMPOROMANDIBULAR.

MANDÍBULA

A MANDÍBULA É COMPOSTA POR DUAS ESTRUTURAS ÓSSEAS OPOSTAS QUE FORMAM A ESTRUTURA DA BOCA: MANDÍBULA SUPERIOR E INFERIOR.

O MAXILAR SUPERIOR É CONHECIDO COMO MAXILA E O INFERIOR, COMO MANDÍBULA. O MAXILAR SUPERIOR É FIXO, ENQUANTO O INFERIOR PODE SE MOVER. OS DENTES ESTÃO LIGADOS ÀS MANDÍBULAS. SUA PRINCIPAL FUNÇÃO É MASTIGAR OS ALIMENTOS.

A MANDÍBULA SUPERIOR

A MANDÍBULA SUPERIOR, OU MAXILA, ESTÁ LIGADA AOS OSSOS NASAIS, OSSOS DA CAVIDADE OCULAR E OSSOS NO CÉU DA BOCA. A PARTE INFERIOR DA MANDÍBULA SUPERIOR CONTÉM OS DENTES SUPERIORES.

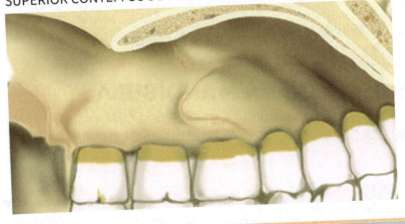

A MANDÍBULA INFERIOR

O MAXILAR INFERIOR, OU MANDÍBULA, TEM UM ARCO HORIZONTAL E DUAS PORÇÕES VERTICAIS CHAMADAS RAMOS. A PORÇÃO DO ARCO HORIZONTAL DA MANDÍBULA CONTÉM OS DENTES, VASOS SANGUÍNEOS E NERVOS. A PORÇÃO CENTRAL DESSE ARCO FORMA O QUEIXO. OS RAMOS SEGURAM OS MÚSCULOS QUE SÃO IMPORTANTES PARA A MASTIGAÇÃO.

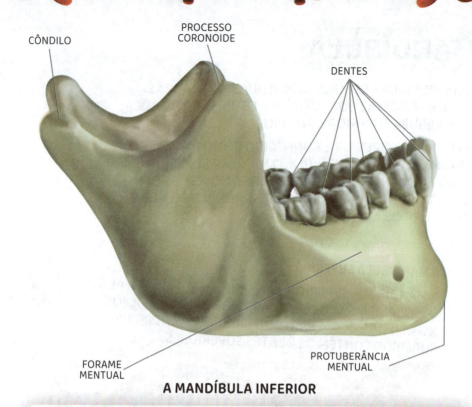

A MANDÍBULA INFERIOR

MÚSCULOS NA MANDÍBULA

O MOVIMENTO DA MANDÍBULA É REALIZADO COM A AJUDA DE VÁRIOS MÚSCULOS CONHECIDOS COMO MÚSCULOS DA MASTIGAÇÃO.

CURIOSIDADE

O OSSO DA MANDÍBULA É O ÚNICO OSSO EM NOSSO CORPO COM ARTICULAÇÃO DUPLA. SUA FUNÇÃO É REGULADA POR UM SISTEMA NEUROMUSCULAR MUITO SENSÍVEL E COMPLEXO.

- A POSIÇÃO E O TAMANHO DA MANDÍBULA INFERIOR DESEMPENHAM UM PAPEL IMPORTANTE NO VOLUME DA NOSSA VIA AÉREA.

- OBESIDADE, IDADE E UMA MANDÍBULA INFERIOR RETRAÍDA SÃO FATORES ASSOCIADOS AO RONCO E À APNEIA DO SONO.

- DENTES SAUDÁVEIS MANTÊM A DIMENSÃO VERTICAL ADEQUADA ENTRE AS MANDÍBULAS SUPERIOR E INFERIOR.

- A MAIORIA DOS ATLETAS DE SUCESSO E MODELOS TÊM MANDÍBULAS DEVIDAMENTE DESENVOLVIDAS.

OMBRO

O OMBRO É A ARTICULAÇÃO ONDE 3 OSSOS SE ENCONTRAM: A CLAVÍCULA, A OMOPLATA OU ESCÁPULA E O OSSO DA PARTE SUPERIOR DO BRAÇO OU ÚMERO.

A ARTICULAÇÃO DO OMBRO É COMPOSTA POR 2 ARTICULAÇÕES PRINCIPAIS: A ARTICULAÇÃO ACROMIOCLAVICULAR E A ARTICULAÇÃO GLENOUMERAL. OS OSSOS DA ARTICULAÇÃO DO OMBRO SÃO UNIDOS COM A AJUDA DE MÚSCULOS, TENDÕES E LIGAMENTOS.

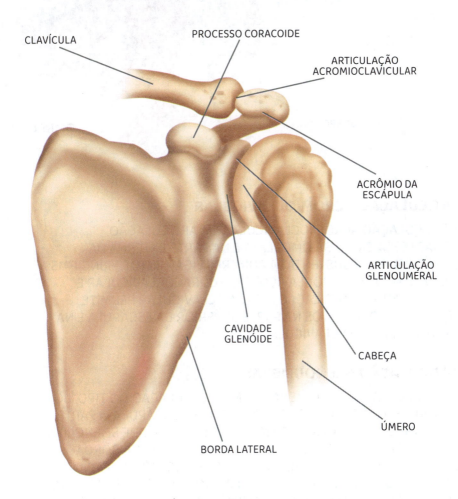

ARTICULAÇÃO DO OMBRO

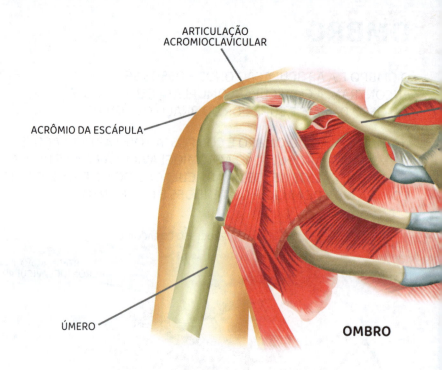

OMBRO

ARTICULAÇÃO ACROMIOCLAVICULAR

A ARTICULAÇÃO ACROMIOCLAVICULAR É A ARTICULAÇÃO NA PARTE SUPERIOR DA OMOPLATA E NA PARTE EXTERNA DA CLAVÍCULA. ELA É SUSTENTADA POR TRÊS LIGAMENTOS PRINCIPAIS: O LIGAMENTO ACROMIOCLAVICULAR, O CORACOCLAVICULAR E O CAPSULAR. A ARTICULAÇÃO ACROMIOCLAVICULAR PERMITE PEQUENOS MOVIMENTOS NA PARTE SUPERIOR DA ESCÁPULA E NA PARTE EXTERNA DA CLAVÍCULA.

ARTICULAÇÃO GLENOUMERAL

A ARTICULAÇÃO GLENOUMERAL É UMA ARTICULAÇÃO DO TIPO "BOLA E SOQUETE" (ESFEROIDE), ENTRE O ÚMERO E A ESCÁPULA. A PARTE SUPERIOR DO OSSO ÚMERO É EM FORMA DE BOLA, QUE SE ENCAIXA NA CAVIDADE GLENOIDE EM FORMA DE ENCAIXE OU NA BORDA EXTERNA DA ESCÁPULA. A ARTICULAÇÃO GLENOUMERAL FACILITA O MOVIMENTO PARA FRENTE E PARA TRÁS DO OMBRO. O MOVIMENTO DESSA ARTICULAÇÃO É AUXILIADO PELA CARTILAGEM ARTICULAR.

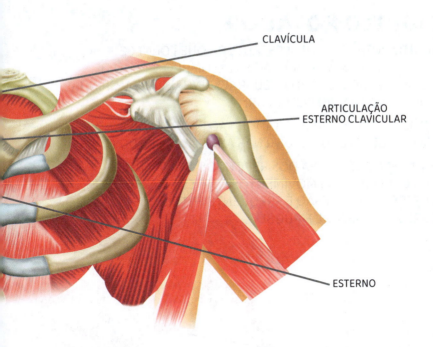

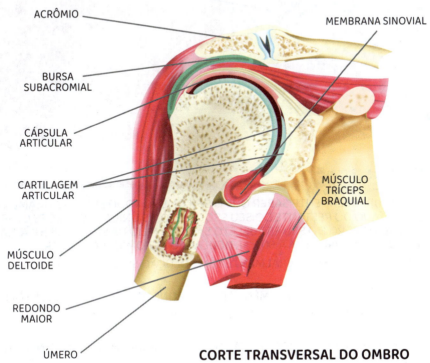

CORTE TRANSVERSAL DO OMBRO

MANGUITO ROTADOR

O MANGUITO ROTADOR É UMA ESTRUTURA QUE FORNECE MOBILIDADE E FORÇA À ARTICULAÇÃO DO OMBRO. É FEITO DE TENDÕES E QUATRO MÚSCULOS: SUPRAESPINHAL, INFRAESPINHAL, REDONDO MENOR E SUBESCAPULAR.

OS TENDÕES DO MANGUITO ROTADOR SÃO PROPENSOS A DESGASTE E PODEM CAUSAR DOR NAS ARTICULAÇÕES DO OMBRO.

ISSO ACONTECE POR CAUSA DOS REPETIDOS MOVIMENTOS ACIMA DA CABEÇA E DOS MOVIMENTOS FORTES DE TRAÇÃO DO OMBRO. ESSE TIPO DE LESÃO É FREQUENTE ENTRE ATLETAS, COMO JOGADORES DE BEISEBOL E RÚGBI.

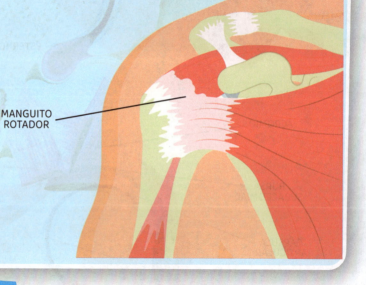

MANGUITO ROTADOR

CURIOSIDADE

PODE SER SURPREENDENTE SABER QUE O SEU OMBRO TODO ESTÁ PRATICAMENTE DESCONECTADO DO RESTANTE DO SEU ESQUELETO. AS ÚNICAS CONEXÕES ÓSSEAS ENTRE O SEU OMBRO E O SEU ESQUELETO SÃO POR MEIO DA SUA CLAVÍCULA. NA PONTA DO SEU OMBRO ESTÁ A SUA ARTICULAÇÃO ACROMIOCLAVICULAR.

- PROBLEMAS NO OMBRO GERALMENTE TÊM SOLUÇÃO SE IDENTIFICADOS PRECOCEMENTE.

- O MANGUITO ROTADOR GERALMENTE É O RESPONSÁVEL PELAS DORES NO OMBRO.

- UMA NOITE DE SONO MAL DORMIDA OU AGITADA PODE AGRAVAR A DOR NO OMBRO.

- EXERCITAR OS OMBROS PODE TER TANTO EFEITOS POSITIVOS QUANTO NEGATIVOS SOBRE ELES.

CAIXA TORÁCICA

ESTRUTURA SEMELHANTE A UMA GAIOLA, A CAIXA TORÁCICA É FEITA DE 12 PARES DE OSSOS DAS COSTELAS. ELA SE ENCONTRA NA ÁREA TORÁCICA, A ÁREA ENTRE A CABEÇA E O ABDÔMEN.

A CAIXA TORÁCICA ENVOLVE A CAVIDADE TORÁCICA E PROTEGE O CORAÇÃO, OS PULMÕES, O ESTÔMAGO, O BAÇO E OS RINS CONTRA LESÕES. ELA TAMBÉM AJUDA NA RESPIRAÇÃO, EXPANDINDO-SE, O QUE PERMITE QUE OS PULMÕES SE EXPANDAM E RELAXEM.

OSSOS DA COSTELA

A CAIXA TORÁCICA É FEITA DE 3 TIPOS DE OSSOS OU COSTELAS: COSTELAS VERDADEIRAS, COSTELAS FALSAS E COSTELAS FLUTUANTES.

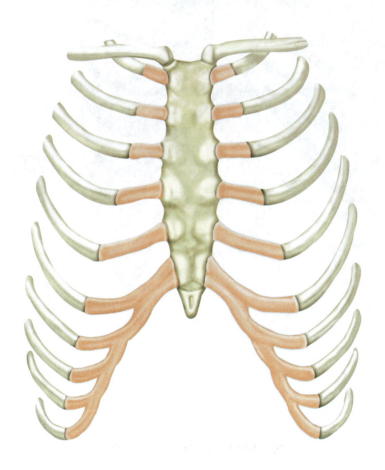

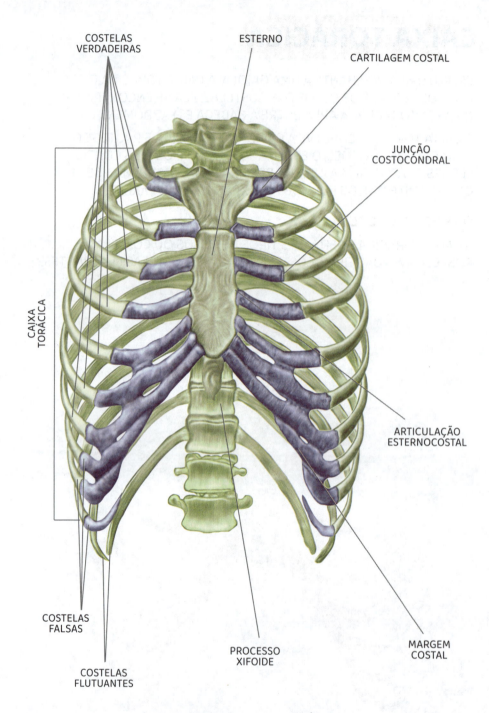

ESTRUTURA DA CAIXA TORÁCICA

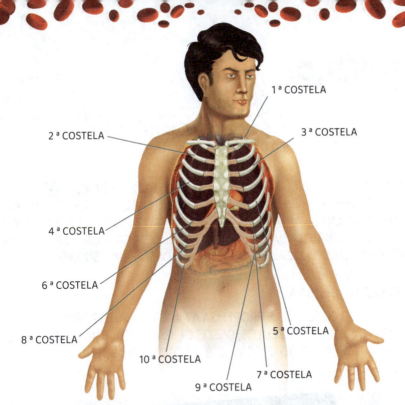

COSTELAS VERDADEIRAS: OS PRIMEIROS SETE PARES DE COSTELAS SÃO CONHECIDOS COMO COSTELAS VERDADEIRAS. ESSAS COSTELAS ESTÃO CONECTADAS AO ESTERNO, O OSSO DO PEITO, NA FRENTE, E À COLUNA NAS COSTAS.

COSTELAS FALSAS: OS TRÊS PARES DE OSSOS SEGUINTES SÃO CHAMADOS DE COSTELAS FALSAS. ELAS SÃO MAIS CURTAS DO QUE AS COSTELAS VERDADEIRAS E ESTÃO PRESAS À COSTELA VERDADEIRA MAIS BAIXA NA FRENTE E À COLUNA VERTEBRAL ATRÁS.

COSTELAS FLUTUANTES: OS 2 ÚLTIMOS PARES DE COSTELAS SÃO CONHECIDAS COMO COSTELAS FLUTUANTES. ESSES OSSOS SÃO OS MENORES DE TODAS AS COSTELAS E ESTÃO CONECTADOS APENAS À COLUNA VERTEBRAL NAS COSTAS.

COSTELAS TÍPICAS E ATÍPICAS

AS COSTELAS DA 3ª À 9ª SÃO CONHECIDAS COMO COSTELAS TÍPICAS, PORQUE TÊM A MESMA ESTRUTURA. TODAS ESSAS COSTELAS TÊM UMA CABEÇA SEPARADA EM DUAS FACETAS COMO UMA CRISTA. SUA SUPERFÍCIE INTERNA POSSUI SULCOS QUE PROTEGEM O NERVO E OS VASOS. A 1ª, 2ª, 10ª E 12ª COSTELAS SÃO CONHECIDAS COMO COSTELAS ATÍPICAS PORQUE TODAS POSSUEM ESTRUTURAS DIFERENTES.

COTOVELO

O COTOVELO É UMA ARTICULAÇÃO ENTRE O OSSO DO BRAÇO, OU O ÚMERO, E OS OSSOS DO ANTEBRAÇO, A ULNA E O RÁDIO. A ARTICULAÇÃO DO COTOVELO PERMITE O MOVIMENTO EM APENAS UMA DIREÇÃO.

A ARTICULAÇÃO DO COTOVELO É FORTALECIDA E ESTABILIZADA POR VÁRIOS LIGAMENTOS. ESSES LIGAMENTOS INCLUEM O COLATERAL ULNAR, O COLATERAL RADIAL E OS LIGAMENTOS ANULARES. A ARTICULAÇÃO É PROTEGIDA POR UMA ÚNICA CÁPSULA E LUBRIFICADA POR UMA ÚNICA BURSA GRANDE. BURSA É UMA BOLSA CHEIA DE FLUIDO, LOCALIZADA ENTRE UM OSSO E UM TENDÃO.

COTOVELO DE TENISTA

A ARTICULAÇÃO DO COTOVELO É PROPENSA A MUITAS LESÕES PORQUE ENVOLVE O MOVIMENTO DE VÁRIOS MÚSCULOS, OSSOS E LIGAMENTOS. UMA DAS LESÕES COMUNS DA ARTICULAÇÃO DO COTOVELO É O COTOVELO DE TENISTA, OU EPICONDILITE LATERAL.

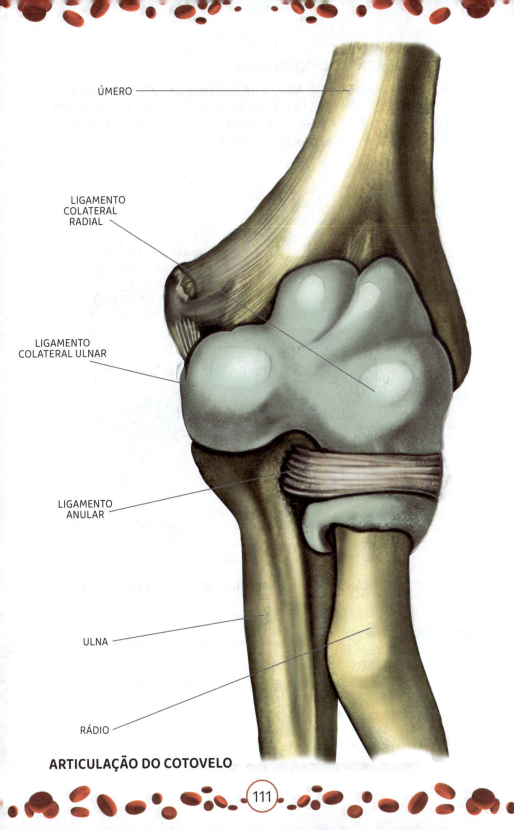

ARTICULAÇÃO DO COTOVELO

A ARTICULAÇÃO DO COTOVELO É NA VERDADE UM CONJUNTO DE 3 ARTICULAÇÕES. A TRÓCLEA DO ÚMERO UNE-SE À ULNA, E O CAPÍTULO DO ÚMERO UNE-SE À CABEÇA DO RÁDIO. A TERCEIRA ARTICULAÇÃO É A ARTICULAÇÃO RADIOULNAR SUPERIOR.

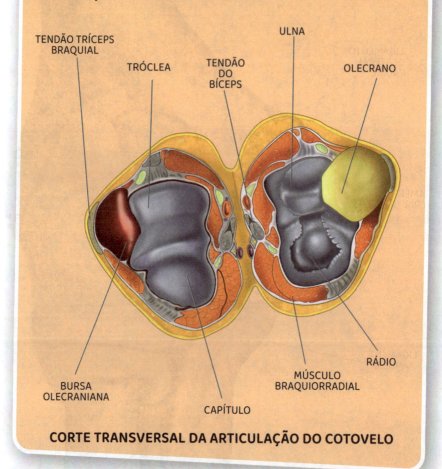

CORTE TRANSVERSAL DA ARTICULAÇÃO DO COTOVELO

CURIOSIDADE

OS PRINCIPAIS MÚSCULOS QUE CONTROLAM SEU COTOVELO SÃO O BÍCEPS E O TRÍCEPS.

- O COTOVELO DE TENISTA É UMA DAS LESÕES MAIS COMUNS NO COTOVELO QUE OS CIRURGIÕES ORTOPÉDICOS COSTUMAM OBSERVAR.

- A DISTÂNCIA ENTRE O SEU PULSO E O SEU COTOVELO É APROXIMADAMENTE O COMPRIMENTO DO SEU PÉ.

- OS PRINCIPAIS MÚSCULOS QUE CONTROLAM SEU COTOVELO SÃO O BÍCEPS E O TRÍCEPS.

QUADRIL

O QUADRIL É A ÁREA ABAIXO DA CINTURA E ACIMA DA COXA. ELE SUPORTA O PESO DO CORPO, TANTO QUANDO O CORPO ESTÁ PARADO QUANTO EM MOVIMENTO.

EXISTEM 4 COMPONENTES PRINCIPAIS DO QUADRIL: OSSOS E UMA ARTICULAÇÃO ESFÉRICA, CARTILAGEM, LIGAMENTOS E MÚSCULOS. A ARTICULAÇÃO DO QUADRIL É LUBRIFICADA PELO LÍQUIDO SINOVIAL, QUE REDUZ O ATRITO NA ARTICULAÇÃO E PERMITE MOVIMENTOS FÁCEIS.

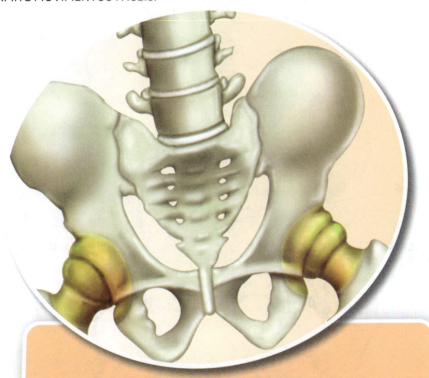

OSSOS E ARTICULAÇÕES

A ARTICULAÇÃO DO QUADRIL É ONDE 2 OSSOS, O OSSO DA COXA OU FÊMUR E A PELVE, SE ENCONTRAM. ESSES OSSOS FORMAM UMA ARTICULAÇÃO DO TIPO "BOLA E SOQUETE" (ESFEROIDE). A PELVE TEM UMA CAVIDADE, OU ACETÁBULO, DENTRO DA QUAL SE ENCAIXA A CABEÇA DO FÊMUR, QUE TEM O FORMATO DE UMA BOLA.

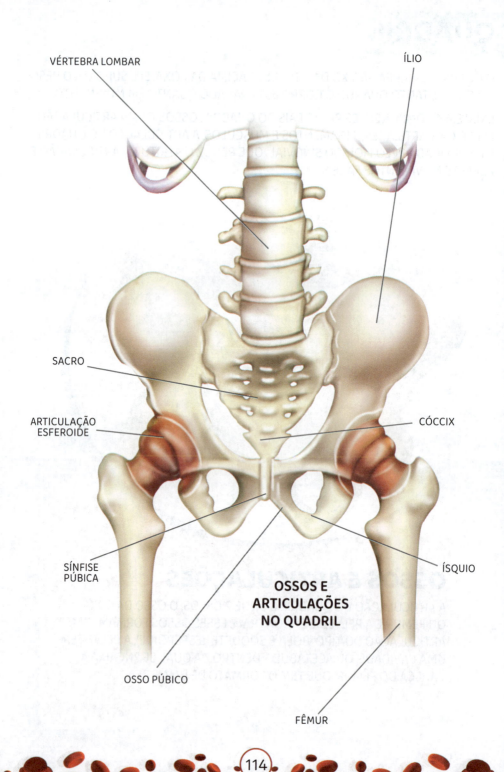

OSSOS E ARTICULAÇÕES NO QUADRIL

LIGAMENTOS

HÁ 3 LIGAMENTOS PRINCIPAIS ENCONTRADOS NO QUADRIL: O LIGAMENTO ILIOFEMORAL, O LIGAMENTO PUBOFEMORAL E O LIGAMENTO ISQUIOFEMORAL. O LIGAMENTO ILIOFEMORAL É CONSIDERADO O LIGAMENTO MAIS RESISTENTE DO CORPO HUMANO.

QUADRIL FEMININO E MASCULINO

A ESTRUTURA DO QUADRIL É DIFERENTE EM HOMENS E MULHERES. OS QUADRIS FEMININOS SÃO MAIS LARGOS QUE OS MASCULINOS. OS FÊMURES NAS MULHERES SÃO BEM SEPARADOS PARA PERMITIR A PASSAGEM DO BEBÊ DURANTE O PARTO.

ANATOMIA DA PELVE

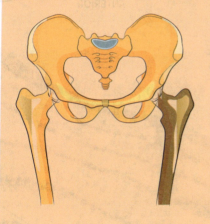 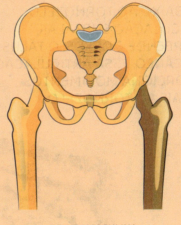

PELVE FEMININA — PELVE MASCULINA

CURIOSIDADE

EXISTE UM GRANDE ESPAÇO ENTRE OS OSSOS DO QUADRIL.
- HÁ UMA CAVIDADE EM CADA OSSO DO QUADRIL.
- CADA OSSO DO QUADRIL É, NA VERDADE, COMPOSTO POR 3 OSSOS.
- O QUADRIL É UMA ARTICULAÇÃO ESFÉRICA. A CAVIDADE É A PARTE DO OSSO DO QUADRIL CHAMADA ACETÁBULO, E A CABEÇA DO FÊMUR É A ESFERA. A CARTILAGEM ARTICULAR COBRE TANTO A ESFERA QUANTO A CAVIDADE E ATUA NA REDUÇÃO DO ATRITO PARA UM MOVIMENTO ARTICULAR SUAVE.

TORNOZELO

É UMA ARTICULAÇÃO SINOVIAL EM DOBRADIÇA QUE PERMITE FLEXÃO E EXTENSÃO DO PÉ, FORMADA PELA UNIÃO DA ARTICULAÇÃO SUBTALAR E A ARTICULAÇÃO VERDADEIRA DO TORNOZELO.

A ARTICULAÇÃO VERDADEIRA DO TORNOZELO É COMPOSTA POR TRÊS OSSOS: A TÍBIA, A FÍBULA E O TÁLUS. ESSA ARTICULAÇÃO DÁ MOVIMENTO PARA CIMA E PARA BAIXO AO TORNOZELO. A ARTICULAÇÃO SUBTALAR COMPREENDE 2 OSSOS: O TÁLUS E O CALCÂNEO. ESSA ARTICULAÇÃO PROPORCIONA MOVIMENTOS LATERAIS AO TORNOZELO.

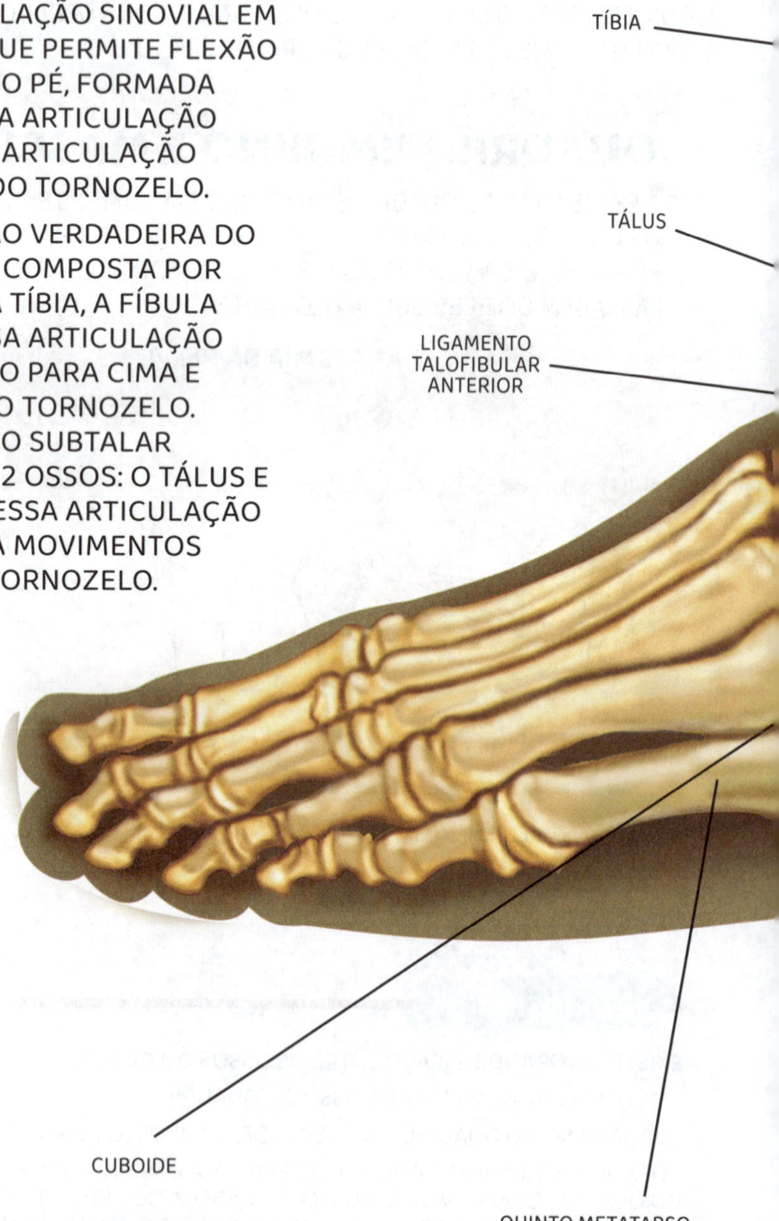

TÍBIA

TÁLUS

LIGAMENTO TALOFIBULAR ANTERIOR

CUBOIDE

QUINTO METATARSO

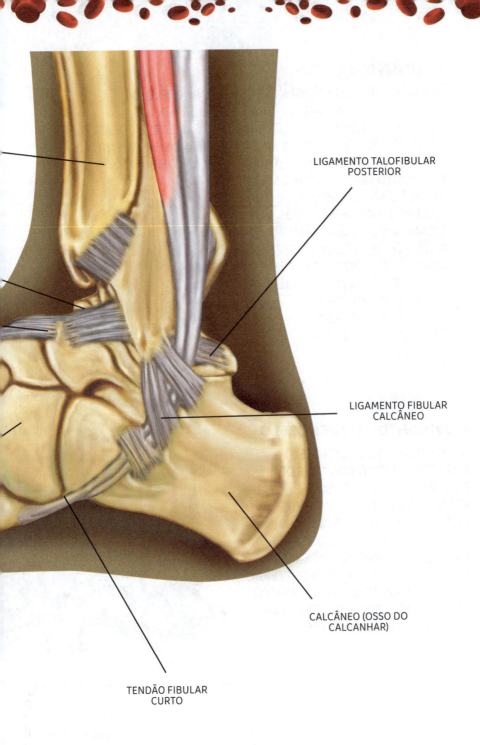

OSSOS E LIGAMENTOS NA ARTICULAÇÃO DO TORNOZELO

LIGAMENTOS

EXISTEM 2 GRUPOS DE LIGAMENTOS NO TORNOZELO: OS LIGAMENTOS COLATERAIS LATERAIS E OS LIGAMENTOS COLATERAIS MEDIAIS, OU DELTOIDES. OS LIGAMENTOS COLATERAIS LATERAIS SÃO UM GRUPO DE CINCO LIGAMENTOS: LIGAMENTO TALOFIBULAR ANTERIOR, LIGAMENTO CALCANEOFIBULAR, LIGAMENTO TALOCALCÂNEO, LIGAMENTO TALOCALCÂNEO POSTERIOR E LIGAMENTO TALOFIBULAR POSTERIOR. OS LIGAMENTOS MEDIAIS SÃO UM GRUPO DE QUATRO LIGAMENTOS: LIGAMENTO TIBIONAVICULAR, LIGAMENTO CALCANEOTIBIAL, LIGAMENTO TALOTIBIAL ANTERIOR E LIGAMENTO TALOTIBIAL POSTERIOR.

MOVIMENTO DO TORNOZELO

A ARTICULAÇÃO DO TORNOZELO FORNECE 2 TIPOS DIFERENTES DE MOVIMENTOS: DORSIFLEXÃO E FLEXÃO PLANTAR. O MOVIMENTO DE DORSIFLEXÃO PERMITE QUE O TORNOZELO MOVA OS DEDOS PARA CIMA, QUANDO APOIADO APENAS NO CALCANHAR. O MOVIMENTO DE FLEXÃO PLANTAR PERMITE QUE O TORNOZELO MOVA OS DEDOS DOS PÉS PARA BAIXO, AO FICAR NA PONTA DOS PÉS.

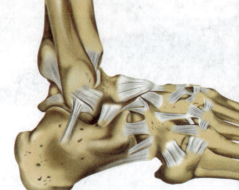

CURIOSIDADE

UMA BAILARINA DE 52 KG, COM ALINHAMENTO INCORRETO DOS PÉS PODE TRANSFERIR 18KG PARA O LADO DO TORNOZELO, O TORNANDO MAIS VULNERÁVEL PARA UMA ENTORSE. ENQUANTO DANÇA, ESSAS FORÇAS PODEM AUMENTAR ATÉ 10 VEZES O VALOR DO SEU PESO.

JOELHO

O JOELHO É A MAIOR ARTICULAÇÃO DO CORPO QUE UNE OS OSSOS FÊMUR E TÍBIA. É UMA ARTICULAÇÃO SINOVIAL COBERTA POR UMA TAMPA, CONHECIDA COMO RÓTULA OU PATELA.

A ARTICULAÇÃO DO JOELHO É COMPOSTA POR 2 ARTICULAÇÕES SEPARADAS: ARTICULAÇÃO FEMOROPATELAR E ARTICULAÇÃO FEMOROTIBIAL. A ARTICULAÇÃO FEMOROPATELAR UNE A FRENTE DO FÊMUR COM O OSSO SESAMOIDE E A PATELA. A ARTICULAÇÃO FEMOROTIBIAL UNE O FÊMUR COM A TÍBIA.

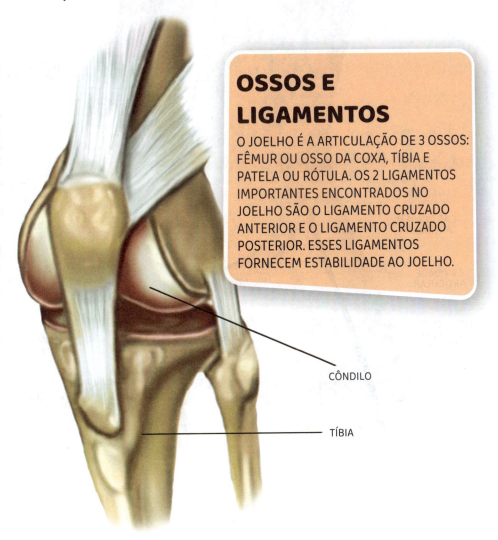

OSSOS E LIGAMENTOS

O JOELHO É A ARTICULAÇÃO DE 3 OSSOS: FÊMUR OU OSSO DA COXA, TÍBIA E PATELA OU RÓTULA. OS 2 LIGAMENTOS IMPORTANTES ENCONTRADOS NO JOELHO SÃO O LIGAMENTO CRUZADO ANTERIOR E O LIGAMENTO CRUZADO POSTERIOR. ESSES LIGAMENTOS FORNECEM ESTABILIDADE AO JOELHO.

CÔNDILO

TÍBIA

CORTE TRANSVERSAL DO JOELHO

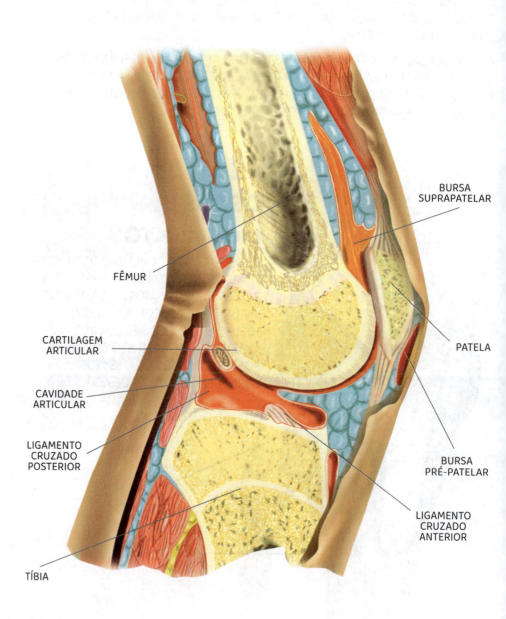

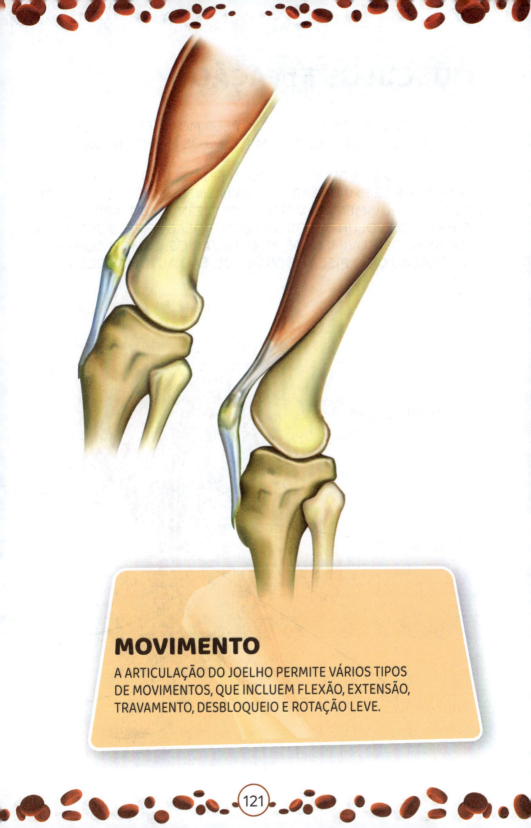

MOVIMENTO

A ARTICULAÇÃO DO JOELHO PERMITE VÁRIOS TIPOS DE MOVIMENTOS, QUE INCLUEM FLEXÃO, EXTENSÃO, TRAVAMENTO, DESBLOQUEIO E ROTAÇÃO LEVE.

MÚSCULOS EM AÇÃO

OS MÚSCULOS SÃO RESPONSÁVEIS PELO MOVIMENTO DE VÁRIAS PARTES DO CORPO E AJUDAM EM TODOS OS MOVIMENTOS.

OS MÚSCULOS SÓ PODEM PUXAR, OU SEJA, ELES NÃO TÊM A CAPACIDADE DE EMPURRAR. OS MOVIMENTOS MUSCULARES SÃO DE 2 TIPOS: MOVIMENTOS VOLUNTÁRIOS E INVOLUNTÁRIOS. OS MOVIMENTOS VOLUNTÁRIOS SÃO CONTROLADOS PELO SER HUMANO, ENQUANTO OS MOVIMENTOS INVOLUNTÁRIOS, COMO A CONTRAÇÃO DO CORAÇÃO OU O PISCAR DOS OLHOS, SÃO AUTOMÁTICOS.

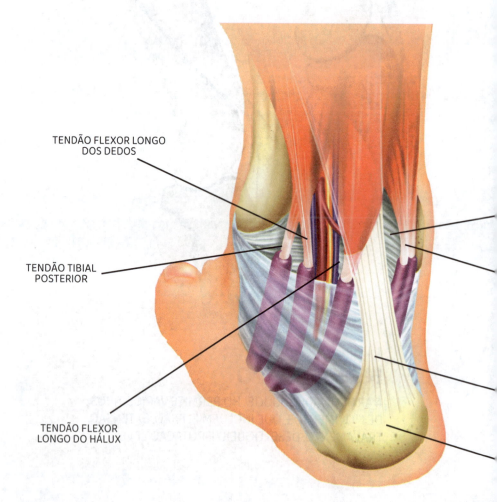

MOVIMENTO PRODUZIDO PELOS MÚSCULOS

OS MÚSCULOS PRODUZEM MOVIMENTO DOBRANDO OS OSSOS NAS ARTICULAÇÕES MÓVEIS. ELES FAZEM ISSO COM SUA CAPACIDADE DE CONTRAIR E VOLTAR AO TAMANHO ORIGINAL. A CONTRAÇÃO NOS MÚSCULOS É FEITA PELAS FIBRAS MUSCULARES.

A CONTRAÇÃO ACONTECE QUANDO O NERVO MOTOR, ENCONTRADO NAS FIBRAS MUSCULARES, ENVIA IMPULSOS ELÉTRICOS. ESSES IMPULSOS FAZEM COM QUE AS FIBRAS MUSCULARES DIMINUAM, O QUE PRODUZ O MOVIMENTO. A ENERGIA PARA ESSE MOVIMENTO VEM DA ENERGIA QUÍMICA ARMAZENADA NO CORPO, QUE VEM DOS ALIMENTOS QUE INGERIMOS.

MÚSCULOS EM PARES

PARA PRODUZIR MOVIMENTO NO CORPO, OS MÚSCULOS SEMPRE AGEM E TRABALHAM EM PARES. A CONTRAÇÃO DE UM MÚSCULO OU GRUPO DE MÚSCULOS GERALMENTE É EQUILIBRADA PELO ALONGAMENTO OU RELAXAMENTO DE OUTRO MÚSCULO OU GRUPO DE MÚSCULOS.

TENDÃO FIBULAR CURTO

TENDÃO FIBULAR LONGO

TREMOR

OS MÚSCULOS FORNECEM CALOR AO CORPO COMBINANDO GLICOSE COM OXIGÊNIO. QUANDO A TEMPERATURA CORPORAL CAI ABAIXO DO NORMAL, OS MÚSCULOS COMEÇAM A SE CONTRAIR RAPIDAMENTE PARA COMBINAR MAIS GLICOSE COM OXIGÊNIO. ESSA CONTRAÇÃO RÁPIDA DOS MÚSCULOS É CONHECIDA COMO TREMOR.

TENDÃO DE AQUILES

CALCÂNEO

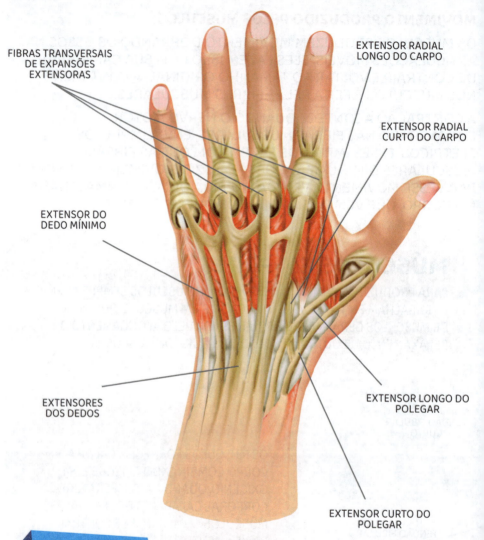

CURIOSIDADE

- O CORPO HUMANO POSSUI APROXIMADAMENTE 600 MÚSCULOS.
- OS 3 PRINCIPAIS TIPOS DE MÚSCULOS SÃO: OS ESQUELÉTICOS, LISOS E CARDÍACOS.
- OS MÚSCULOS SÃO COMPOSTOS POR CÉLULAS ESPECIALIZADAS CHAMADAS FIBRAS MUSCULARES.
- UM DOS MAIORES MÚSCULOS DO CORPO É O GLÚTEO MÁXIMO.
- OS MENORES MÚSCULOS DO CORPO ESTÃO LOCALIZADOS NO OUVIDO INTERNO.
- OS MÚSCULOS SÃO LIGADOS AOS OSSOS POR MEIO DE TENDÕES.
- OS MÚSCULOS COMPÕEM CERCA DE 40% DO PESO TOTAL DO CORPO.

FIBRAS MUSCULARES

FIBRAS MUSCULARES SÃO CÉLULAS MUSCULARES ENCONTRADAS NO CORPO. ESSAS FIBRAS OU CÉLULAS SÃO MAIORES DO QUE A MAIORIA DAS OUTRAS CÉLULAS ENCONTRADAS NO CORPO. AS FIBRAS MUSCULARES TÊM FORMATO CILÍNDRICO E VARIAM DE 1 A 40 MICRÔMETROS DE COMPRIMENTO E CERCA DE 10 A 100 MICRÔMETROS DE DIÂMETRO. EM COMPARAÇÃO, A MAIORIA DAS CÉLULAS DO CORPO TEM CERCA DE 10 MICRÔMETROS DE DIÂMETRO (1 MICRÔMETRO = 0,000001 METRO).

TIPOS DE FIBRAS MUSCULARES

AS FIBRAS MUSCULARES SÃO CLASSIFICADAS EM 2 TIPOS: FIBRAS MUSCULARES TIPO I E TIPO II. AS FIBRAS MUSCULARES DO TIPO I SÃO DE COR VERMELHA E SÃO ENCONTRADAS NAS ÁREAS DO CORPO QUE REQUEREM TRABALHO CONTÍNUO E, PORTANTO, EXIGEM GRANDE QUANTIDADE DE ENERGIA. ESSAS FIBRAS MUSCULARES TÊM MUITAS MITOCÔNDRIAS E MIOGLOBINA, QUE UTILIZAM O OXIGÊNIO COM MAIS EFICIÊNCIA E, PORTANTO, PODEM GERAR MAIS COMBUSTÍVEL (ATP) PARA O TRABALHO CONTÍNUO DESSAS FIBRAS MUSCULARES. AS FIBRAS MUSCULARES DO TIPO II SÃO ENCONTRADAS NAS ÁREAS DO CORPO QUE SÃO UTILIZADAS POR UM CURTO PERÍODO. COMO RESULTADO, ESSAS FIBRAS MUSCULARES TÊM MENOS MITOCÔNDRIAS E MIOGLOBINA E APARECEM BRANCAS.

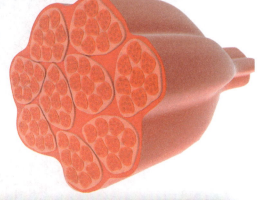

MIOFIBRILA

CADA FIBRA OU CÉLULA MUSCULAR É COMPOSTA DE VÁRIAS MIOFIBRILAS. AS MIOFIBRILAS SÃO PROTEÍNAS DE FORMATO CILÍNDRICO. CADA MIOFIBRILA É COMPOSTA DE VÁRIAS SUBUNIDADES CHAMADAS SARCÔMERO. AS MIOFIBRILAS SÃO ORGANIZADAS EM FEIXES DE FILAMENTOS GROSSOS E FINOS. SEIS FILAMENTOS FINOS ENVOLVEM CADA FILAMENTO GROSSO.

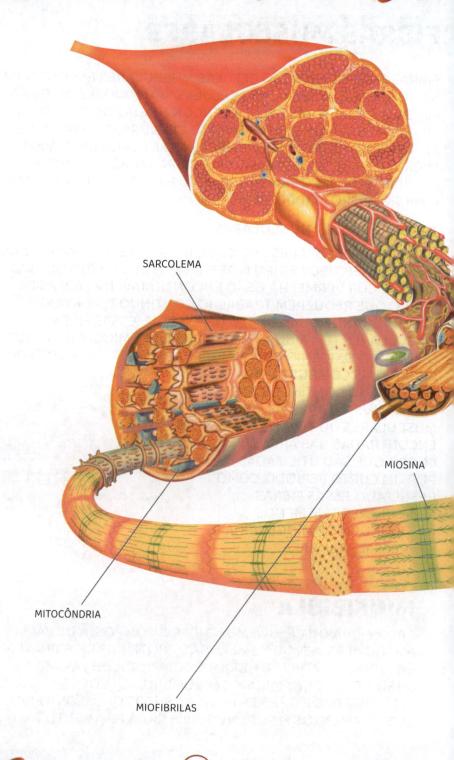

CÁLCIO PARA FIBRAS MUSCULARES

PARA FORNECER MOVIMENTO, AS FIBRAS MUSCULARES REQUEREM GRANDES QUANTIDADES DE CÁLCIO. ESSE CÁLCIO EXTRA É FORNECIDO PELO RETÍCULO SARCOPLASMÁTICO, UM DEPÓSITO ENCONTRADO EM CADA FIBRA MUSCULAR.

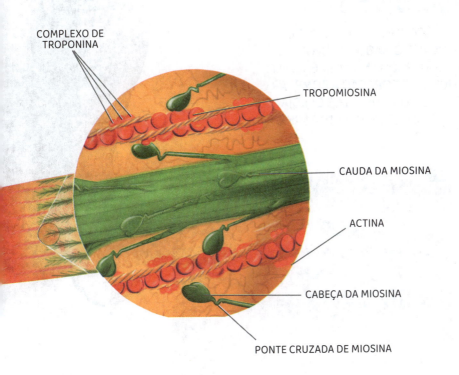

CORTE TRANSVERSAL DA FIBRA MUSCULAR

TIPOS DE MÚSCULOS

O CORPO HUMANO É FORMADO POR DIFERENTES TIPOS DE MÚSCULOS. ESSES MÚSCULOS SÃO DIVIDIDOS EM 3 GRUPOS DIFERENTES, SENDO MÚSCULOS ESQUELÉTICOS, MÚSCULOS CARDÍACOS E MÚSCULOS LISOS. CADA GRUPO DE MÚSCULOS DESEMPENHA UMA FUNÇÃO ESPECÍFICA.

MÚSCULOS CARDÍACOS

OS MÚSCULOS CARDÍACOS, OU MIOCÁRDIO, SÃO MÚSCULOS ENCONTRADOS NO CORAÇÃO. ELES AJUDAM O CORAÇÃO A BOMBEAR O SANGUE. OS MÚSCULOS CARDÍACOS SÃO MÚSCULOS INVOLUNTÁRIOS.

UM HOMEM ALONGANDO SEUS MÚSCULOS

MÚSCULOS LISOS

MÚSCULOS LISOS SÃO MÚSCULOS ENCONTRADOS NO SISTEMA DIGESTÓRIO, VASOS SANGUÍNEOS, BEXIGA, VIAS AÉREAS E ÚTERO. ESSES MÚSCULOS ESTÃO ORGANIZADOS EM CAMADAS. OS MÚSCULOS LISOS TAMBÉM SÃO MÚSCULOS INVOLUNTÁRIOS.

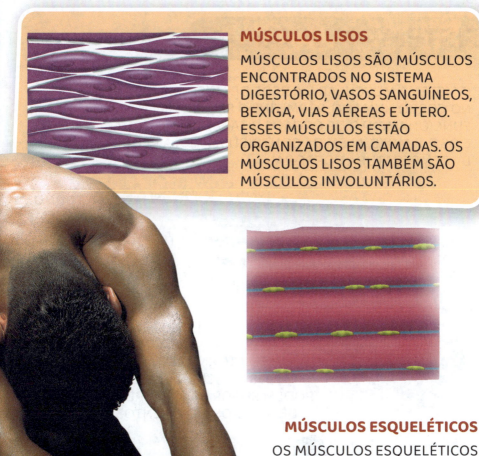

MÚSCULOS ESQUELÉTICOS

OS MÚSCULOS ESQUELÉTICOS SÃO MÚSCULOS QUE ESTÃO LIGADOS AO ESQUELETO. ESSES MÚSCULOS, JUNTAMENTE COM O SISTEMA ESQUELÉTICO, SÃO RESPONSÁVEIS PELO MOVIMENTO DO CORPO. ELES SÃO DESCRITOS COMO MÚSCULOS ESTRIADOS PORQUE APARECEM NA FORMA DE FAIXAS CLARAS E ESCURAS CRUZADAS. ESSAS FAIXAS SÃO CHAMADAS DE ESTRIAS. O MOVIMENTO DOS MÚSCULOS ESQUELÉTICOS PODE SER CONTROLADO VOLUNTARIAMENTE. ELES FORNECEM ENERGIA E FORÇA AO CORPO.

SISTEMA MUSCULAR

O SISTEMA MUSCULAR É A REDE DE MÚSCULOS PRESENTE NO CORPO HUMANO, PERMITINDO SEU MOVIMENTO E O FUNCIONAMENTO DE ÓRGÃOS VITAIS, COMO O CORAÇÃO E OS PULMÕES, ALÉM DE CONTRIBUIR PARA A REGULAÇÃO DA TEMPERATURA CORPORAL.

TENDÕES

OS TENDÕES SÃO TECIDOS CONJUNTIVOS RESISTENTES EM FORMA DE CORDÃO. ELES CONECTAM OS MÚSCULOS AOS OSSOS E SÃO FEITOS DE PROTEÍNA DE COLÁGENO, O QUE OS TORNA AINDA MAIS FORTES QUE OS MÚSCULOS. ELES SÃO FLEXÍVEIS E PODEM SUPORTAR O ESTRESSE CONSTANTE DEVIDO AOS MOVIMENTOS MUSCULARES.

O MAIOR E O MENOR MÚSCULO

O ESTAPÉDIO, MÚSCULO ENCONTRADO NO OUVIDO MÉDIO, É O MENOR MÚSCULO DO SISTEMA MUSCULAR. O SARTÓRIO, MÚSCULO QUE VAI DA CINTURA ATÉ O JOELHO, É O MÚSCULO MAIS LONGO DO SISTEMA MUSCULAR.

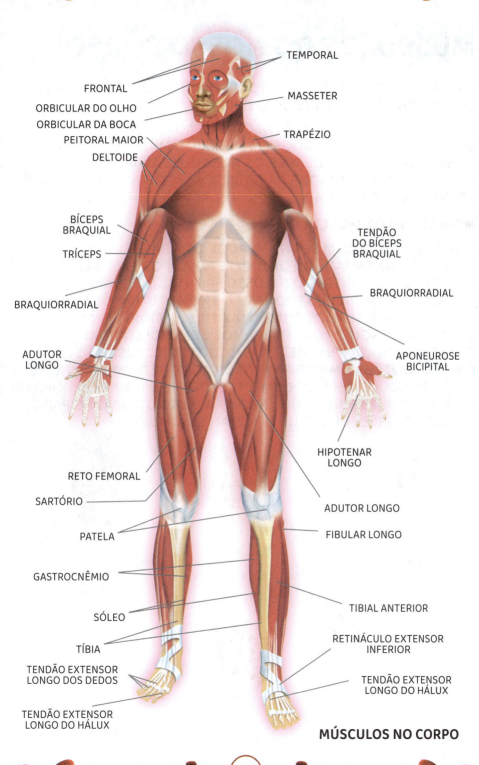

MÚSCULOS NO CORPO

MÚSCULOS DO NOSSO CORPO

HÁ MAIS DE 600 MÚSCULOS NO CORPO HUMANO. ESSES MÚSCULOS SÃO ENCONTRADOS EM TODO O CORPO.

OS MÚSCULOS QUE ESTÃO CONECTADOS AO SISTEMA ESQUELÉTICO SÃO DIVIDIDOS EM 2 GRUPOS: MÚSCULOS AXIAIS E MÚSCULOS APENDICULARES. OS MÚSCULOS AXIAIS SÃO MÚSCULOS ENCONTRADOS DA CABEÇA À CINTURA. OS MÚSCULOS APENDICULARES SÃO MÚSCULOS DOS MEMBROS.

NOMEANDO OS MÚSCULOS

OS MÚSCULOS PODEM SER NOMEADOS COM BASE EM SUA LOCALIZAÇÃO, TAMANHO, FORMATO E AÇÃO. POR EXEMPLO: O MÚSCULO ENCONTRADO NO OSSO FRONTAL DO CRÂNIO É CHAMADO DE "MÚSCULO FRONTAL". OS NOMES DOS MÚSCULOS PODEM INCLUIR TERMOS COMO "MAXIMUS" (MAIOR), "MINIMUS" (MENOR) E "LONGUS" (LONGO). TERMOS COMO "DELTA" SÃO ADICIONADOS AO NOME DE UM MÚSCULO POR CAUSA DE SUA FORMA. ÀS VEZES, UMA DETERMINADA AÇÃO DETERMINA O NOME DE UM MÚSCULO. TERMOS COMO "FLEXOR" (FLEXIONAR OU DOBRAR) E "EXTENSOR" (ESTENDER OU ENDIREITAR) SÃO UTILIZADOS PARA NOMEAR OS MÚSCULOS QUE DENOTAM SUA AÇÃO.

DIFERENTES TIPOS DE MÚSCULOS DO CORPO

MÚSCULOS NO CORPO

CABEÇA E PESCOÇO

FRONTAL, COBRE A TESTA.

TEMPORAL, COBRE O OUVIDO.

ORBICULAR, COBRE OS OLHOS E OS LÁBIOS.

MASSETER, COBRE A MANDÍBULA.

ESTERNOCLEIDOMASTÓIDEO, COBRE O PESCOÇO.

Músculo frontal

Vista lateral do crânio

Vista anterior do crânio

TRONCO

PEITORAL MAIOR, COBRE A PARTE SUPERIOR DO PEITO.

RETO ABDOMINAL, COBRE O ABDÔMEN.

TRAPÉZIO, COBRE DO PESCOÇO ATÉ O MEIO DAS COSTAS.

LATÍSSIMO DO DORSO, COBRE A PARTE INFERIOR DAS COSTAS.

OMBRO E BRAÇOS

DELTOIDE, COBRE OS OMBROS.

BÍCEPS BRAQUIAL, COBRE A FRENTE DO BRAÇO.

TRÍCEPS BRAQUIAL, COBRE A PARTE POSTERIOR DO BRAÇO.

MEMBROS

GLÚTEO MÁXIMO, COBRE O QUADRIL.

QUADRÍCEPS, COBRE A FRENTE DA COXA.

ISQUIOTIBIAIS, COBREM A PARTE DE TRÁS DA COXA.

GASTROCNÊMIO, TAMBÉM CONHECIDO COMO MÚSCULO DA PANTURRILHA.

CABELOS E UNHAS

O CABELO TEM O CRESCIMENTO SEMELHANTE A UM FIO NA EPIDERME DA PELE. ELE FORNECE COBERTURA CORPORAL E É ENCONTRADO APENAS EM MAMÍFEROS.

PELO NA PELE

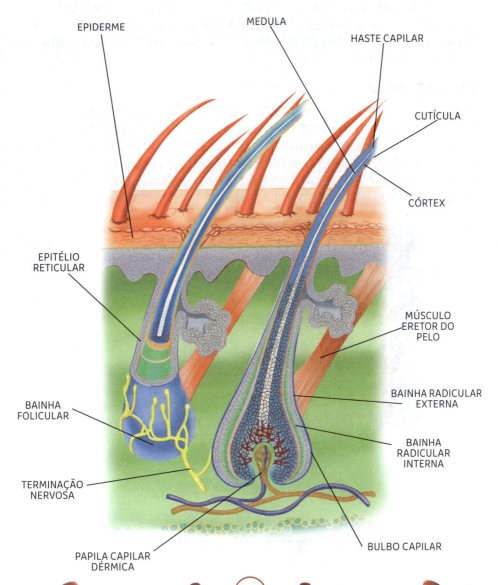

AS UNHAS SÃO COBERTURAS PROTETORAS NA SUPERFÍCIE SUPERIOR DOS DEDOS DAS MÃOS E DOS PÉS. ELAS SÃO FORMADAS A PARTIR DE CÉLULAS MORTAS. ESSAS CÉLULAS MORTAS CONTÊM QUERATINA, QUE É UMA PROTEÍNA FIBROSA.

ANATOMIA DO CABELO

O CABELO CRESCE A PARTIR DA PAPILA DÉRMICA, QUE SE ENCONTRA NO FOLÍCULO PILOSO. O FOLÍCULO PILOSO É ENCONTRADO NO FINAL DA RAIZ DO PELO OU DO CABELO. A PARTE INFERIOR DO FOLÍCULO CONTÉM A PAPILA DÉRMICA. A PAPILA É NUTRIDA POR VÁRIOS PEQUENOS VASOS SANGUÍNEOS. OS PELOS FICAM DE PÉ POR CONTA PRÓPRIA COM A AJUDA DE UM MÚSCULO MUITO PEQUENO CHAMADO ERETORES DO PELO.

COR DE CABELO

A PAPILA DÉRMICA, ENCONTRADA NO FOLÍCULO PILOSO, CONTÉM CÉLULAS PRODUTORAS DE MELANINA CONHECIDAS COMO MELANÓCITOS. A MELANINA É UM PIGMENTO QUÍMICO QUE DETERMINA A COR DO NOSSO CABELO. A MELANINA É DE 2 TIPOS: EUMELANINA E FEOMELANINA. A EUMELANINA DÁ O TOM CASTANHO OU PRETO AO CABELO, ENQUANTO A FEOMELANINA DÁ O TOM LOIRO OU RUIVO.

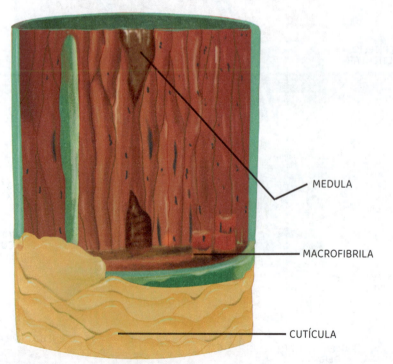

PARTES DA UNHA

UMA UNHA É DIVIDIDA EM 6 PARTES:

1. RAIZ DA UNHA OU MATRIZ GERMINATIVA, É A PARTE DA UNHA QUE FICA ABAIXO DA PELE, QUE PRODUZ A UNHA E O LEITO UNGUEAL.

2. LEITO UNGUEAL OU MATRIZ ESTÉRIL, FICA LOGO ACIMA DA RAIZ DA UNHA E CONTÉM VÁRIOS VASOS SANGUÍNEOS, NERVOS E CÉLULAS PRODUTORAS DE MELANINA.

3. LÂMINA UNGUEAL É A UNHA PROPRIAMENTE DITA E É FEITA DE QUERATINA.

4. CUTÍCULA, ENCONTRA-SE ENTRE A PELE E A LÂMINA UNGUEAL E É O QUE AS UNE.

5. PERIONÍQUIO É A PELE NAS LATERAIS DA LÂMINA UNGUEAL.

6. HIPONÍQUIO É A ÁREA ENTRE A LÂMINA UNGUEAL E A PONTA DO DEDO.

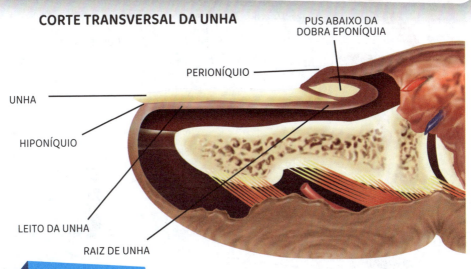

CORTE TRANSVERSAL DA UNHA

CURIOSIDADE

O ATO DE ROER AS UNHAS É CHAMADO DE ONICOFAGIA!

- AS UNHAS CRESCEM MAIS NO VERÃO DO QUE NO INVERNO.
- AS UNHAS CRESCEM EM MÉDIA 3,5 MILÍMETROS POR MÊS E TENDEM A CRESCER MAIS RAPIDAMENTE NA SUA MÃO DOMINANTE.

NEURÔNIOS E DENDRITOS

OS NEURÔNIOS TAMBÉM SÃO CONHECIDOS COMO CÉLULAS NERVOSAS. SÃO CÉLULAS ESPECIALIZADAS QUE TRANSMITEM MENSAGENS ATRAVÉS DOS NERVOS.

O CIENTISTA ALEMÃO HEINRICH WILHELM GOTTFRIED VON WALDEYER-HARTZ CRIOU O TERMO NEURÔNIO EM 1891. CADA NEURÔNIO TEM VÁRIAS EXTENSÕES CONHECIDAS COMO DENDRITOS. ESSES DENDRITOS TRAZEM INFORMAÇÕES PARA O NEURÔNIO DE OUTROS NEURÔNIOS.

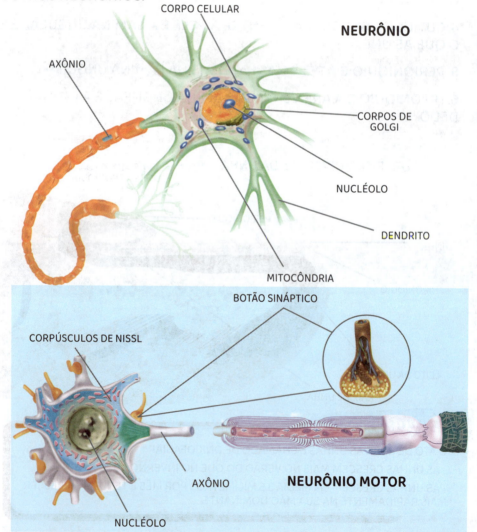

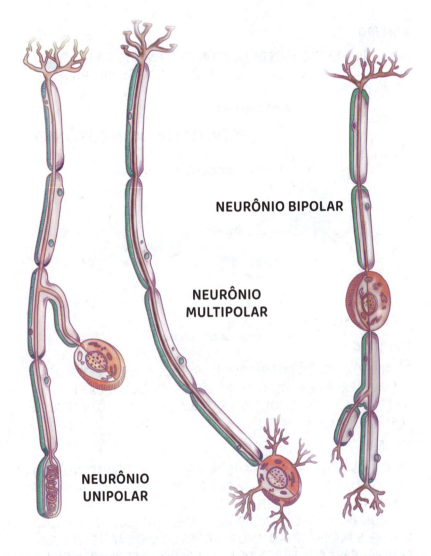

NEURÔNIO BIPOLAR

NEURÔNIO MULTIPOLAR

NEURÔNIO UNIPOLAR

TIPOS DE TERMINAÇÕES NERVOSAS

TERMINAÇÃO NERVOSA LIVRE

CORPÚSCULO DE MEISSNER

DISCO DE MERKEL

CORPÚSCULO RUFFINI

CORPÚSCULO DE PACINI

NÚMERO

HÁ MAIS DE 100 BILHÕES DE NEURÔNIOS EM NOSSO CORPO. OS NEURÔNIOS, UMA VEZ DANIFICADOS OU PERDIDOS, NÃO PODEM SE REGENERAR.

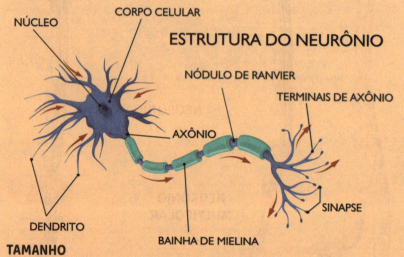

ESTRUTURA DO NEURÔNIO

TAMANHO

OS NEURÔNIOS TÊM DIFERENTES TAMANHOS. ALGUNS DELES TÊM APENAS CERCA DE 4 MICRÔMETROS DE LARGURA, ENQUANTO NEURÔNIOS MAIORES PODEM TER CERCA DE 100 MICRÔMETROS DE LARGURA.

TIPOS

HÁ 3 TIPOS DE NEURÔNIOS: SENSORIAIS, MOTORES E INTERNEURÔNIOS. NEURÔNIOS SENSORIAIS TRANSPORTAM MENSAGENS DE RECEPTORES SENSORIAIS PARA O SISTEMA NERVOSO CENTRAL. ELES TAMBÉM SÃO CONHECIDOS COMO NEURÔNIOS AFERENTES. OS NEURÔNIOS MOTORES TRANSPORTAM INFORMAÇÕES DO SISTEMA NERVOSO CENTRAL PARA OS NEURÔNIOS MUSCULARES. ELES TAMBÉM SÃO CONHECIDOS COMO NEURÔNIOS EFERENTES. OS INTERNEURÔNIOS TRANSPORTAM MENSAGENS ENTRE OS NEURÔNIOS SENSORIAIS E OS NEURÔNIOS MOTORES.

CURIOSIDADE

O CORPO DE CADA PESSOA ABRIGA BILHÕES DE CÉLULAS NERVOSAS (NEURÔNIOS). APROXIMADAMENTE 100 BILHÕES ESTÃO PRESENTES NO CÉREBRO, ENQUANTO 13,5 MILHÕES SÃO ENCONTRADOS NA MEDULA ESPINHAL.

SISTEMA NERVOSO CENTRAL

O SISTEMA NERVOSO CENTRAL É UMA DAS PRINCIPAIS DIVISÕES DO SISTEMA NERVOSO, CONSTITUÍDO PELO ENCÉFALO/CÉREBRO E MEDULA ESPINHAL.

O SISTEMA NERVOSO CENTRAL ATUA COMO O SISTEMA DE CONTROLE DE TODO O CORPO. ALGUMAS DAS FUNÇÕES DO CORPO CONTROLADAS PELO SISTEMA NERVOSO INCLUEM CONTROLE MUSCULAR, VISÃO, RESPIRAÇÃO E MEMÓRIA.

CÉREBRO

UM CÉREBRO ADULTO PESA CERCA DE 1,3 A 1,4 KG. O CÉREBRO DE UM BEBÊ RECÉM-NASCIDO PESA CERCA DE 350 A 400 GRAMAS. O PESO DO CÉREBRO É DE CERCA DE 2% DO PESO TOTAL DO CORPO DE UM ADULTO MÉDIO. O CÉREBRO TEM 140 MM DE LARGURA, 167 MM DE COMPRIMENTO E 93 MM DE ALTURA.

LÓBULOS DO CÉREBRO

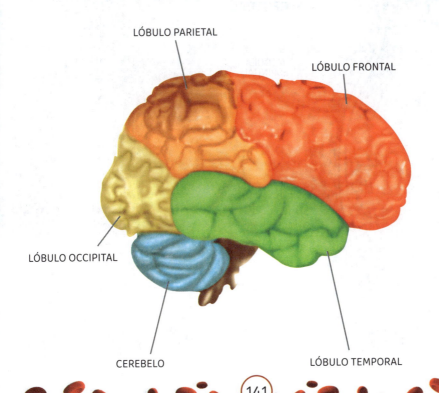

MEDULA ESPINHAL

HÁ CERCA DE UM BILHÃO DE NEURÔNIOS NA MEDULA ESPINHAL HUMANA. A MEDULA ESPINHAL DE UM SER HUMANO ADULTO PESA CERCA DE 35 GRAMAS.
A MEDULA ESPINHAL É DIVIDIDA EM 31 SEGMENTOS.

COMPOSIÇÃO DO CÉREBRO

O CÉREBRO É FEITO DE 77% A 78% DE ÁGUA, 10% A 12 % DE LIPÍDIOS, 8% DE GORDURA, 1% DE CARBOIDRATOS, 2% DE SUBSTÂNCIAS ORGÂNICAS SOLÚVEIS E 1% DE SAIS INORGÂNICOS.

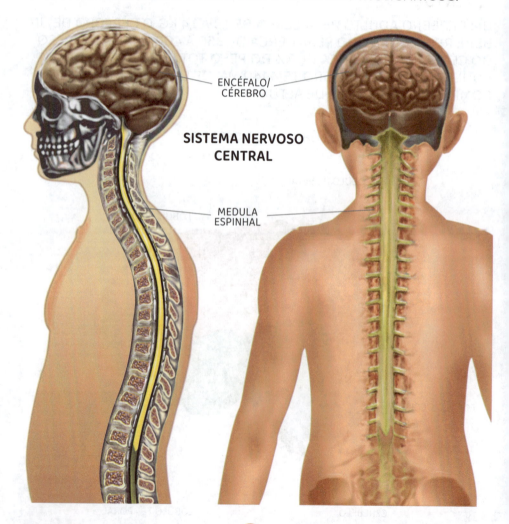

MEDULA ESPINHAL

A MEDULA ESPINHAL É UMA PARTE DO SISTEMA NERVOSO CENTRAL. É UM FEIXE DE NERVOS QUE TRANSPORTA MENSAGENS ENTRE O CÉREBRO E AS OUTRAS PARTES DO CORPO.

A MEDULA ESPINHAL É PROTEGIDA POR UMA COLUNA VERTEBRAL. A COLUNA VERTEBRAL É FEITA DE OSSOS CHAMADOS VÉRTEBRAS. A MEDULA ESPINHAL É COBERTA POR TRÊS CAMADAS DE MEMBRANA PROTETORA CONHECIDAS COMO MENINGES. O ESPAÇO ENTRE AS CAMADAS DAS MENINGES É PREENCHIDO POR UM LÍQUIDO CHAMADO LÍQUIDO CEFALORRAQUIDIANO. O LÍQUIDO CEFALORRAQUIDIANO É UM LÍQUIDO CLARO E INCOLOR QUE PROTEGE A MEDULA ESPINHAL.

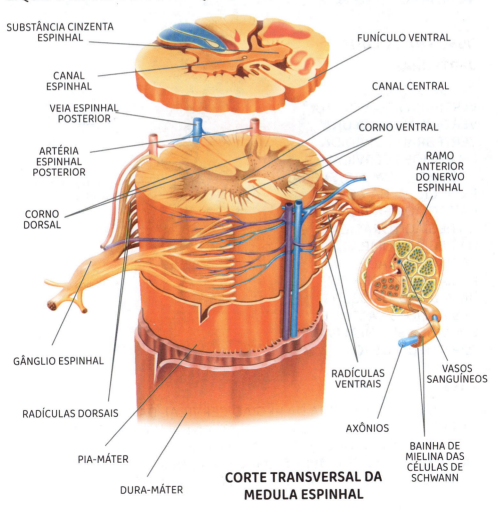

CORTE TRANSVERSAL DA MEDULA ESPINHAL

COMPRIMENTO DA MEDULA ESPINHAL

A MEDULA ESPINHAL MASCULINA É MAIS LONGA DO QUE A MEDULA ESPINHAL FEMININA. EM MÉDIA, A MEDULA ESPINHAL NOS HOMENS TEM CERCA DE 45 CM DE COMPRIMENTO E NAS MULHERES CERCA DE 43 CM. A MEDULA ESPINHAL É MAIS CURTA QUE A COLUNA VERTEBRAL.

NERVOS NA MEDULA ESPINHAL

HÁ 31 PARES DE NERVOS NA MEDULA ESPINHAL. ESSES NERVOS SÃO DIVIDIDOS EM 5 GRUPOS: CERVICAL, TORÁCICO, LOMBAR, SACRAL E COCCÍGEO. HÁ 8 PARES DE NERVOS CERVICAIS: 12 PARES DE NERVOS TORÁCICOS, 5 PARES DE NERVOS LOMBARES E SACRAIS E 1 PAR DE NERVOS COCCÍGEOS.

OSSOS NA COLUNA VERTEBRAL

HÁ 33 OSSOS, OU VÉRTEBRAS, NA COLUNA VERTEBRAL. A COLUNA VERTEBRAL É DIVIDIDA EM REGIÕES CERVICAL, TORÁCICA, LOMBAR, SACRAL E COCCÍGEA. HÁ 7 OSSOS NA REGIÃO CERVICAL, 12 NA REGIÃO TORÁCICA, 5 NA REGIÃO LOMBAR, 5 NA REGIÃO SACRAL E 4 NA REGIÃO COCCÍGEA. EM UM ADULTO, OS OSSOS DAS REGIÕES SACRAL E COCCÍGEA SE UNEM PARA FORMAR UM OSSO.

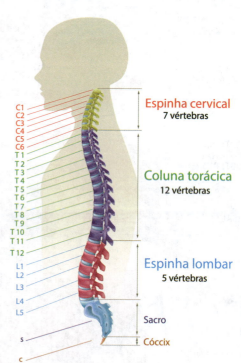

ATLAS

O 1º OSSO OU VÉRTEBRA DA REGIÃO CERVICAL DA COLUNA VERTEBRAL É CHAMADO DE ATLAS. ATLAS FOI UM DOS TITÃS GREGOS CONHECIDOS POR CARREGAR O PESO DA TERRA E DOS CÉUS EM SEUS OMBROS. O 1º OSSO CERVICAL RECEBE ESSE NOME PORQUE SUPORTA O PESO DA CABEÇA.

SISTEMA NERVOSO PERIFÉRICO

O SISTEMA NERVOSO PERIFÉRICO É UMA DAS PARTES DO SISTEMA NERVOSO. ELE CONECTA O SISTEMA NERVOSO CENTRAL COM ÓRGÃOS SENSORIAIS, OUTROS ÓRGÃOS, MÚSCULOS, VASOS SANGUÍNEOS E GLÂNDULAS.

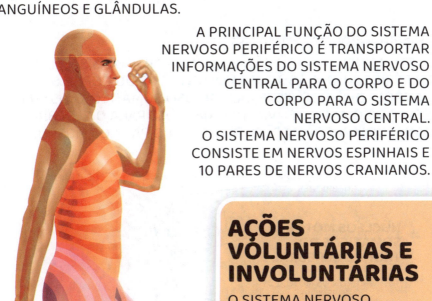

A PRINCIPAL FUNÇÃO DO SISTEMA NERVOSO PERIFÉRICO É TRANSPORTAR INFORMAÇÕES DO SISTEMA NERVOSO CENTRAL PARA O CORPO E DO CORPO PARA O SISTEMA NERVOSO CENTRAL. O SISTEMA NERVOSO PERIFÉRICO CONSISTE EM NERVOS ESPINHAIS E 10 PARES DE NERVOS CRANIANOS.

AÇÕES VOLUNTÁRIAS E INVOLUNTÁRIAS

O SISTEMA NERVOSO PERIFÉRICO CONSISTE EM UMA SÉRIE DE NERVOS. ESSES NERVOS SÃO DIVIDIDOS EM 2 GRANDES GRUPOS: CRANIOESPINAIS E SIMPÁTICOS. NO ENTANTO, ESSES DOIS GRUPOS ESTÃO INTIMAMENTE CONECTADOS E INTERLIGADOS. OS NERVOS CRANIOESPINAIS ESTÃO ASSOCIADOS AOS MOVIMENTOS VOLUNTÁRIOS DO CORPO. OS NERVOS SIMPÁTICOS ESTÃO ASSOCIADOS AOS MOVIMENTOS INVOLUNTÁRIOS DO CORPO.

NEUROPATIA PERIFÉRICA

NEUROPATIA PERIFÉRICA REFERE-SE AOS DISTÚRBIOS NOS NERVOS PERIFÉRICOS E PODE SER CAUSADA POR ENVENENAMENTO, DOENÇAS HEREDITÁRIAS OU POR OUTRAS DOENÇAS, COMO A LEPRA.

SISTEMA NERVOSO SOMÁTICO

O SISTEMA NERVOSO SOMÁTICO É UMA PARTE DO SISTEMA NERVOSO PERIFÉRICO. TODAS AS AÇÕES VOLUNTÁRIAS DO CORPO SÃO CONTROLADAS PELO SISTEMA NERVOSO SOMÁTICO. O SISTEMA NERVOSO SOMÁTICO ENVIA INFORMAÇÕES PARA O CÉREBRO E TRANSPORTA INFORMAÇÕES DO CÉREBRO PARA OS MÚSCULOS.

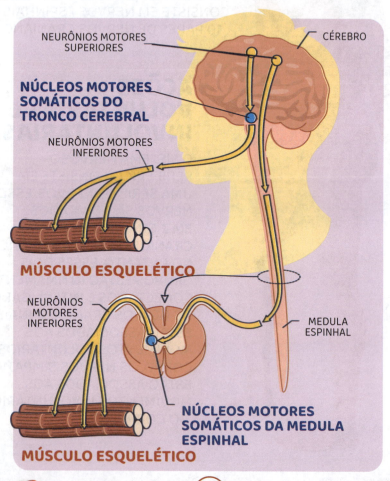

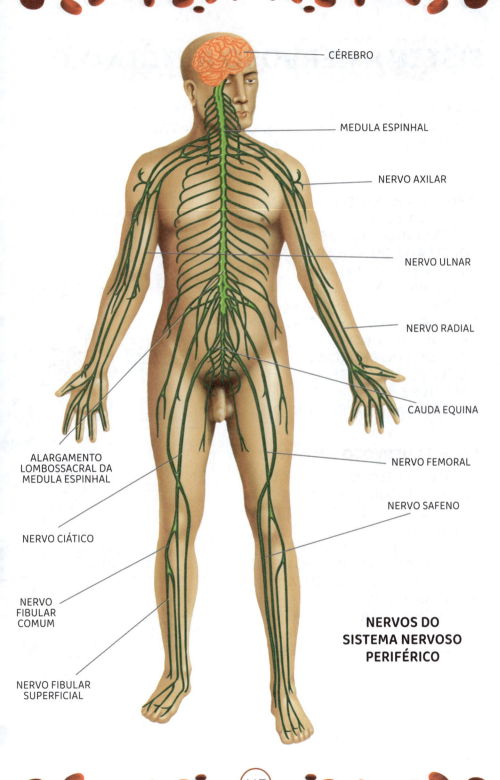

SISTEMA NERVOSO AUTÔNOMO

O SISTEMA NERVOSO AUTÔNOMO É UMA DAS PARTES DO SISTEMA NERVOSO PERIFÉRICO E É DIVIDIDO EM 3 PARTES: SIMPÁTICO, PARASSIMPÁTICO E ENTÉRICO.

O SISTEMA NERVOSO AUTÔNOMO CONTROLA AS AÇÕES INVOLUNTÁRIAS DO CORPO. AO CONTROLAR AS AÇÕES INVOLUNTÁRIAS, COMO DIGESTÃO, RESPIRAÇÃO, TRANSPIRAÇÃO E METABOLISMO, O SISTEMA NERVOSO AUTÔNOMO MANTÉM A HOMEOSTASE DO CORPO. HOMEOSTASE É MANTER O EQUILÍBRIO INTERNO NATURAL DO CORPO.

SISTEMA NERVOSO SIMPÁTICO

O SISTEMA NERVOSO SIMPÁTICO PREPARA O CORPO PARA SITUAÇÕES EMERGENCIAIS. É COMUMENTE CONHECIDO COMO O SISTEMA DE "LUTA OU FUGA" DO CORPO. EM CASO DE EMERGÊNCIA, ELE AUMENTA A PRESSÃO ARTERIAL, A FREQUÊNCIA CARDÍACA E A RESPIRAÇÃO E PERMITE QUE O CORPO LIDE COM SITUAÇÕES ESTRESSANTES.

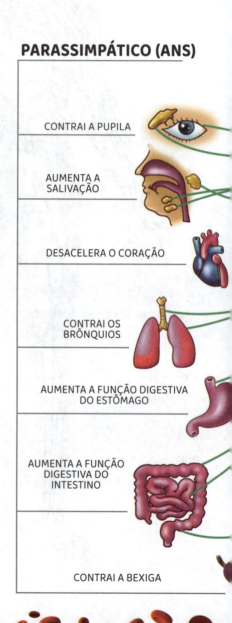

PARASSIMPÁTICO (ANS)

CONTRAI A PUPILA

AUMENTA A SALIVAÇÃO

DESACELERA O CORAÇÃO

CONTRAI OS BRÔNQUIOS

AUMENTA A FUNÇÃO DIGESTIVA DO ESTÔMAGO

AUMENTA A FUNÇÃO DIGESTIVA DO INTESTINO

CONTRAI A BEXIGA

SISTEMA NERVOSO PARASSIMPÁTICO

O SISTEMA NERVOSO PARASSIMPÁTICO MANTÉM E RESTAURA O NÍVEL DE ENERGIA DO CORPO. TAMBÉM É CONHECIDO COMO SISTEMA DE "DESCANSO E DIGESTÃO". ELE CONTROLA O FUNCIONAMENTO DOS TRATOS DIGESTÓRIOS, REGULANDO SEU FLUXO SANGUÍNEO. TAMBÉM MANTÉM A PRESSÃO ARTERIAL, A FREQUÊNCIA CARDÍACA E A FREQUÊNCIA RESPIRATÓRIA EM UM NÍVEL BAIXO.

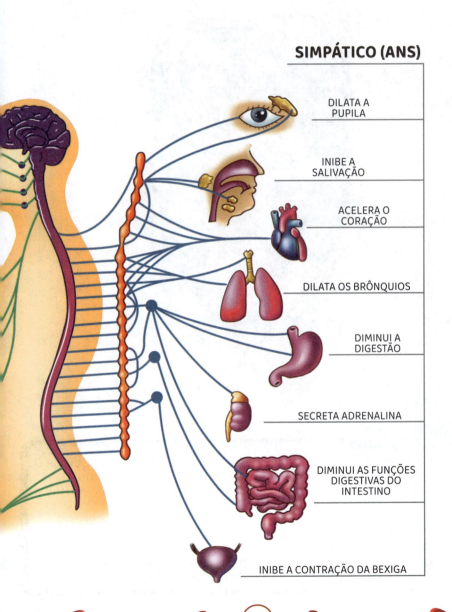

SISTEMA NERVOSO ENTÉRICO

O SISTEMA NERVOSO ENTÉRICO REGULA O FUNCIONAMENTO DO SISTEMA DIGESTÓRIO DO CORPO. O SISTEMA É COMPOSTO POR CERCA DE 100 MILHÕES DE NEURÔNIOS.

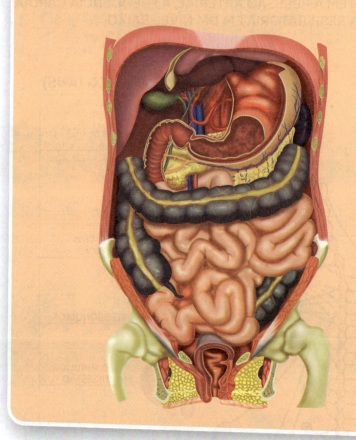

CURIOSIDADE

- SEUS SISTEMAS SIMPÁTICO E PARASSIMPÁTICO CRIAM UMA AÇÃO DE EQUILÍBRIO. O SISTEMA NERVOSO SIMPÁTICO ATIVA OS PROCESSOS CORPORAIS, ENQUANTO O PARASSIMPÁTICO OS DESATIVA OU REDUZ. ESSE EQUILÍBRIO É FUNDAMENTAL PARA O BEM-ESTAR DO SEU CORPO E PARA SUA SOBREVIVÊNCIA CONTÍNUA.

- ISSO ENVOLVE MÚLTIPLAS FORMAS DE COMUNICAÇÃO. SEU SISTEMA NERVOSO UTILIZA COMPOSTOS QUÍMICOS PRODUZIDOS POR VÁRIAS GLÂNDULAS EM SEU CORPO E CÉREBRO COMO SINAIS DE COMUNICAÇÃO. ELE TAMBÉM UTILIZA ENERGIA ELÉTRICA NOS PRÓPRIOS NEURÔNIOS. OS NEURÔNIOS ALTERNAM ENTRE COMUNICAÇÕES ELÉTRICAS E QUÍMICAS CONFORME NECESSÁRIO.

LINFA

A LINFA É UM LÍQUIDO PÁLIDO QUE FLUI ATRAVÉS DOS VASOS LINFÁTICOS. SUAS PRINCIPAIS FUNÇÕES SÃO MANTER O EQUILÍBRIO DE FLUIDOS E REMOVER BACTÉRIAS DOS TECIDOS DO CORPO.

O LÍQUIDO LINFÁTICO CONTÉM GLÓBULOS BRANCOS, ALGUNS GLÓBULOS VERMELHOS, PROTEÍNAS E GORDURAS. ESSES GLÓBULOS BRANCOS OU LINFÓCITOS AJUDAM O CORPO A LUTAR CONTRA INFECÇÕES.

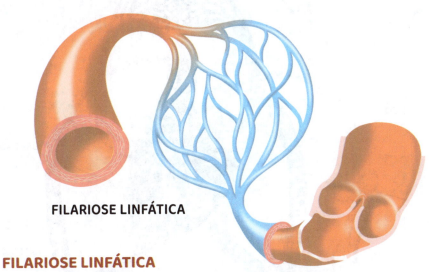

FILARIOSE LINFÁTICA

FILARIOSE LINFÁTICA

A FILARIOSE LINFÁTICA É UMA DOENÇA MAIS COMUMENTE CAUSADA PELO PARASITA WUCHERERIA BANCROFTI. A FILARIOSE LINFÁTICA RESTRINGE O FLUXO NORMAL DO LÍQUIDO LINFÁTICO. ISSO RESULTA EM INFECÇÕES E INCHAÇOS. AS ÁREAS MAIS AFETADAS SÃO AS PERNAS E A VIRILHA. A DOENÇA É MAIS COMUM NA ÁFRICA, ÍNDIA, SUDESTE ASIÁTICO, ILHAS DO PACÍFICO, AMÉRICA DO SUL E CARIBE.

LINFA: O PLASMA VAZADO

O LÍQUIDO LINFÁTICO É O FLUIDO E AS PROTEÍNAS DO PLASMA SANGUÍNEO QUE VAZAM PARA OS TECIDOS. O PLASMA SANGUÍNEO VAZA DOS CAPILARES TRANSPORTANDO OXIGÊNIO, PROTEÍNAS, GLICOSE E GLÓBULOS BRANCOS. 90% DESSE PLASMA RETORNA AOS CAPILARES. O RESTANTE DELES AGE COMO A LINFA.

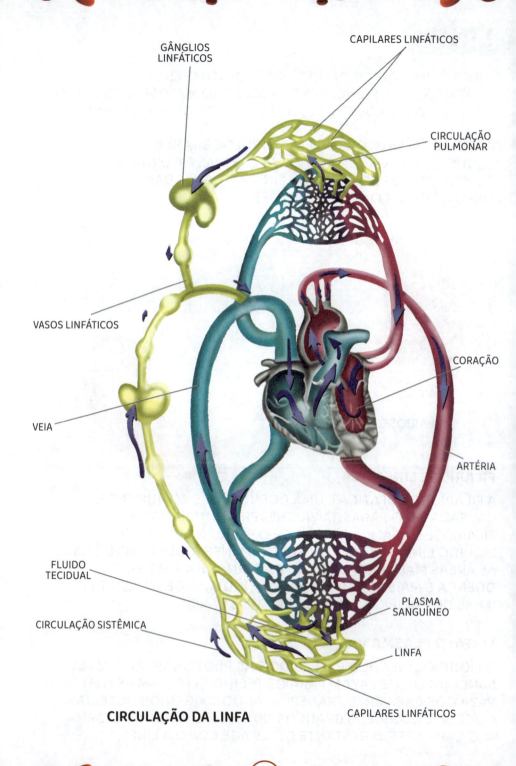

CIRCULAÇÃO DA LINFA

FUNÇÃO DA LINFA

O LÍQUIDO LINFÁTICO FORNECE NUTRIÇÃO ÀS CÉLULAS DO CORPO. ELE TAMBÉM COLETA RESÍDUOS, QUE INCLUEM CÉLULAS SANGUÍNEAS MORTAS, PATÓGENOS E CÉLULAS CANCERÍGENAS DA CÉLULA. A LINFA TAMBÉM COLETA E ABSORVE A PROTEÍNA DISSOLVIDA ENTRE AS CÉLULAS.

FILTRAGEM DA LINFA

O LÍQUIDO LINFÁTICO É FILTRADO NO BAÇO. O BAÇO REMOVE GLÓBULOS VERMELHOS DESGASTADOS DA LINFA. ESSES GLÓBULOS VERMELHOS SÃO DESTRUÍDOS E SUBSTITUÍDOS POR NOVOS.

CURIOSIDADE

- É O SISTEMA MENOS COMPREENDIDO E MAIS SUBESTIMADO DE TODOS OS SISTEMAS DO CORPO, NO ENTANTO, SE PARASSE DE FUNCIONAR, MORRERÍAMOS DENTRO DE 24 A 48 HORAS.
- A LINFA INICIA SUA VIDA COMO PLASMA, O COMPONENTE AQUOSO QUE CONSTITUI MAIS DA METADE DO VOLUME DO NOSSO SANGUE.
- EXISTEM ENTRE 400 E 800 GÂNGLIOS LINFÁTICOS NO CORPO QUE CONSTANTEMENTE MONITORAM E FILTRAM A LINFA PARA REMOVER TOXINAS, RESÍDUOS E PATÓGENOS.
- O INCHAÇO DOS GÂNGLIOS LINFÁTICOS (OU "GLÂNDULAS") NO PESCOÇO É UM INDICATIVO DE QUE O CORPO ESTÁ LUTANDO CONTRA UMA INFECÇÃO.

LINFONODOS E VASOS LINFÁTICOS

OS LINFONODOS OU GÂNGLIOS LINFÁTICOS SÃO ÓRGÃOS EM FORMATO DE FEIJÃO QUE FILTRAM O LÍQUIDO LINFÁTICO. HÁ CERCA DE 500 GÂNGLIOS LINFÁTICOS NO CORPO.

OS VASOS LINFÁTICOS SÃO VASOS DE PAREDES FINAS. O LÍQUIDO LINFÁTICO FLUI PARA LONGE DOS TECIDOS NOS VASOS LINFÁTICOS. O DUCTO TORÁCICO É O MAIOR VASO LINFÁTICO. ELE TRANSPORTA O LÍQUIDO LINFÁTICO DE VOLTA AO SANGUE.

CÉLULA ENDOTELIAL

VÁLVULA FECHADA

CORTE TRANSVERSAL DO VASO LINFÁTICO

FLUXO DA LINFA

O DUCTO LINFÁTICO DIREITO TRANSPORTA O FLUIDO LINFÁTICO DE ÁREAS COMO O TRONCO SUPERIOR DIREITO, O LADO DIREITO DA CABEÇA, O PESCOÇO E O BRAÇO DIREITO. A LINFA DESSAS ÁREAS É TRANSPORTADA DE VOLTA AO SISTEMA SANGUÍNEO ATRAVÉS DA VEIA SUBCLÁVIA DIREITA. A LINFA DO RESTO DO CORPO É TRANSPORTADA PELO DUCTO TORÁCICO PARA O DUCTO LINFÁTICO ESQUERDO, QUE A DEVOLVE À CIRCULAÇÃO SANGUÍNEA ATRAVÉS DA VEIA SUBCLÁVIA ESQUERDA.

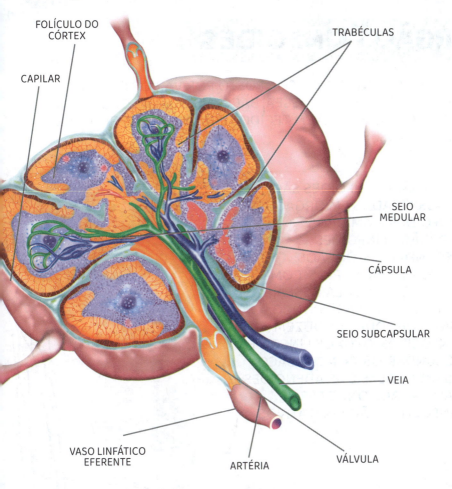

CORTE TRANSVERSAL DO LINFONODO

LINFONODOS E FLUIDO LINFÁTICO

OS LINFONODOS FILTRAM O FLUIDO LINFÁTICO. ELES CONTÊM UMA GRANDE QUANTIDADE DE LEUCÓCITOS, UM TERMO GENÉRICO UTILIZADO PARA OS GLÓBULOS BRANCOS. ESSES NÓDULOS DESTROEM QUALQUER INFECÇÃO E MATERIAL TÓXICO ENCONTRADO NA LINFA. ELES TAMBÉM PRODUZEM FAGÓCITOS QUE DESTROEM BACTÉRIAS E SUBSTÂNCIAS VENENOSAS. OS LINFONODOS AUMENTAM DURANTE UMA INFECÇÃO GRAVE. ISSO ACONTECE PARA AUMENTAR A PRODUÇÃO DE FAGÓCITOS PARA COMBATER A INFECÇÃO.

ÓRGÃOS LINFOIDES

O SISTEMA LINFÁTICO É COMPOSTO POR VÁRIOS ÓRGÃOS, COMO TIMO, MEDULA ÓSSEA, BAÇO, AMÍGDALAS E ADENOIDES. ESSES ÓRGÃOS CONTÊM TECIDOS LINFOIDES QUE PRODUZEM LINFÓCITOS.

OS ÓRGÃOS LINFOIDES SÃO CLASSIFICADOS EM ÓRGÃOS LINFOIDES PRIMÁRIOS E ÓRGÃOS LINFOIDES SECUNDÁRIOS. ÓRGÃOS LINFOIDES PRIMÁRIOS, COMO O TIMO E A MEDULA ÓSSEA, CONTÊM CÉLULAS-TRONCO LINFOIDES QUE PRODUZEM LINFÓCITOS. ÓRGÃOS LINFOIDES SECUNDÁRIOS, COMO O BAÇO, AS AMÍGDALAS E AS ADENOIDES, SÃO ÓRGÃOS ONDE ESSES LINFÓCITOS SÃO MAIS ATIVOS.

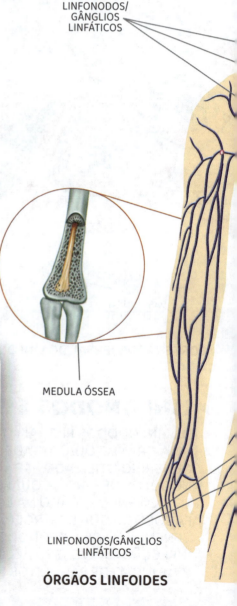

LINFONODOS/ GÂNGLIOS LINFÁTICOS

MEDULA ÓSSEA

LINFONODOS/GÂNGLIOS LINFÁTICOS

ÓRGÃOS LINFOIDES

TIMO

O TIMO ESTÁ LOCALIZADO LOGO ABAIXO DO PESCOÇO NA CAVIDADE TORÁCICA. OS LINFÓCITOS-T CRESCEM E SE MULTIPLICAM NO TIMO. ESSAS CÉLULAS TÊM A CAPACIDADE DE DISTINGUIR ENTRE AS CÉLULAS DO CORPO E OS ANTÍGENOS DOS TECIDOS.

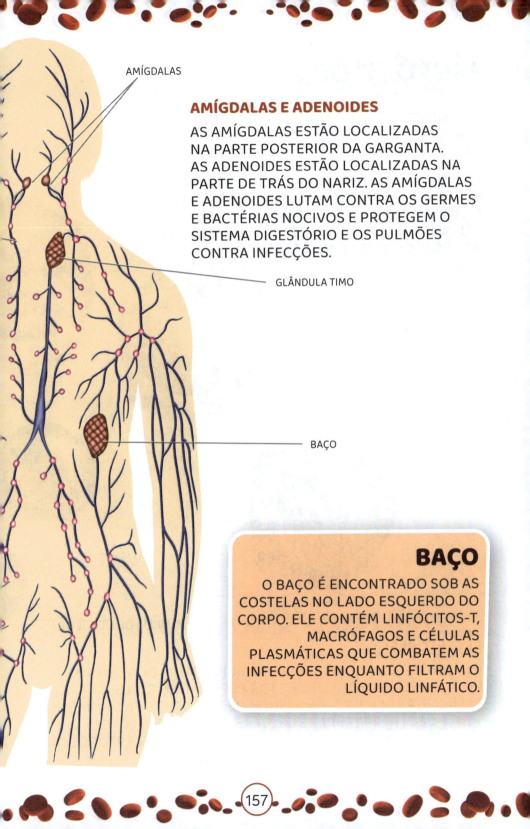

AMÍGDALAS

AMÍGDALAS E ADENOIDES

AS AMÍGDALAS ESTÃO LOCALIZADAS NA PARTE POSTERIOR DA GARGANTA. AS ADENOIDES ESTÃO LOCALIZADAS NA PARTE DE TRÁS DO NARIZ. AS AMÍGDALAS E ADENOIDES LUTAM CONTRA OS GERMES E BACTÉRIAS NOCIVOS E PROTEGEM O SISTEMA DIGESTÓRIO E OS PULMÕES CONTRA INFECÇÕES.

GLÂNDULA TIMO

BAÇO

BAÇO

O BAÇO É ENCONTRADO SOB AS COSTELAS NO LADO ESQUERDO DO CORPO. ELE CONTÉM LINFÓCITOS-T, MACRÓFAGOS E CÉLULAS PLASMÁTICAS QUE COMBATEM AS INFECÇÕES ENQUANTO FILTRAM O LÍQUIDO LINFÁTICO.

LINFÓCITOS

OS LINFÓCITOS SÃO UM DOS TIPOS DE GLÓBULOS BRANCOS. HÁ DOIS GRUPOS PRINCIPAIS DE LINFÓCITOS: CÉLULAS-T E CÉLULAS-B.

OS LINFÓCITOS SÃO PRODUZIDOS NA MEDULA ÓSSEA. OS LINFÓCITOS QUE SE DESENVOLVEM NA MEDULA ÓSSEA SÃO CONHECIDOS COMO CÉLULAS B E OS QUE SE DESENVOLVEM NO TIMO SÃO CONHECIDOS COMO CÉLULAS-T.

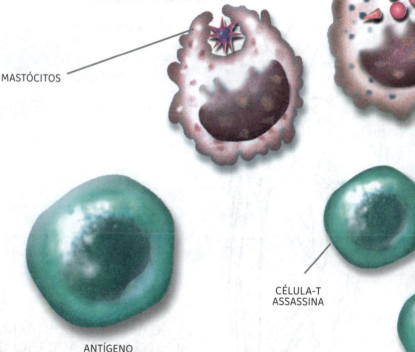

MASTÓCITOS

CÉLULA-T ASSASSINA

ANTÍGENO

IMUNIDADE CELULAR

RECEPTORES

OS LINFÓCITOS PODEM SER DISTINGUIDOS UNS DOS OUTROS PELA PRESENÇA DE UM RECEPTOR ESPECIAL EM SUA SUPERFÍCIE CELULAR. AS CÉLULAS-T POSSUEM RECEPTORES DENOMINADOS TCR (T-CELL RECEPTOR). AS CÉLULAS-B TÊM RECEPTORES DENOMINADOS BCR (B-CELL RECEPTOR). ESSES RECEPTORES SÃO ENCONTRADOS AOS MILHARES NOS LINFÓCITOS.

IMUNIDADE HUMORAL

AS CÉLULAS-B NÃO LUTAM DIRETAMENTE COM OS ANTÍGENOS. ELAS AJUDAM O CORPO A LUTAR CONTRA ESSES ANTÍGENOS, SECRETANDO ANTICORPOS NOS FLUIDOS CORPORAIS, OU HUMORES. OS ANTICORPOS SÃO SUBSTÂNCIAS SOLÚVEIS. ESSE TIPO DE IMUNIDADE CONTRA ANTÍGENOS É CONHECIDO COMO IMUNIDADE HUMORAL.

IMUNIDADE CELULAR

AS CÉLULAS-T TÊM A CAPACIDADE DE INTERAGIR DIRETAMENTE COM OS ANTÍGENOS. ELES LUTAM CONTRA BACTÉRIAS E VÍRUS INVASORES, DETECTANDO AS CÉLULAS DO CORPO QUE SÃO INFECTADAS POR ELES. ELES ENTÃO SE LIGAM AOS PATÓGENOS ESTRANHOS E FORNECEM IMUNIDADE ÀS CÉLULAS DO CORPO CONTRA ESSAS BACTÉRIAS E VÍRUS. ESSE TIPO DE IMUNIDADE É CONHECIDO COMO IMUNIDADE CELULAR.

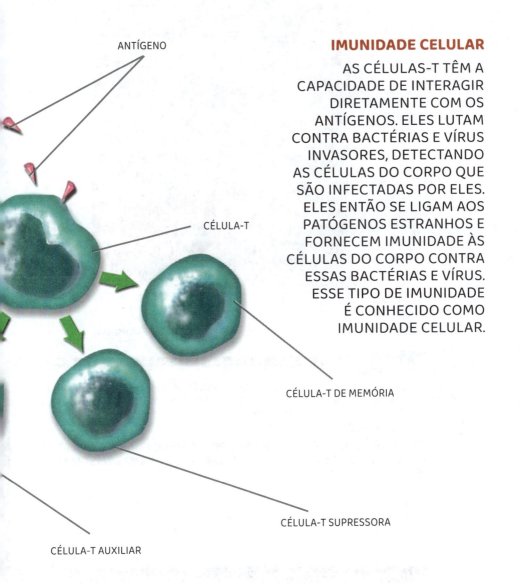

ANTÍGENO
CÉLULA-T
CÉLULA-T DE MEMÓRIA
CÉLULA-T SUPRESSORA
CÉLULA-T AUXILIAR

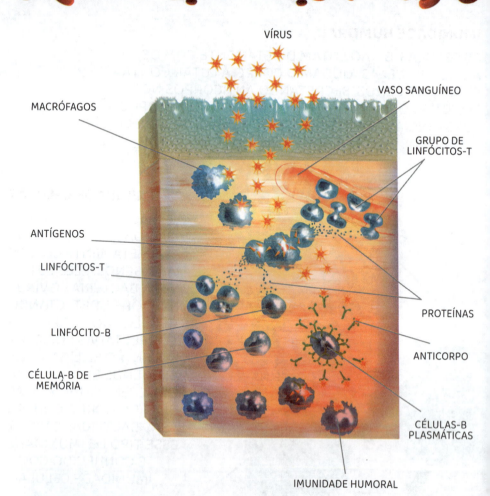

CURIOSIDADE

- A FUNÇÃO DAS CÉLULAS-T E DAS CÉLULAS-B É RECONHECER ANTÍGENOS ESTRANHOS. ANTÍGENOS SÃO MOLÉCULAS DE SUPERFÍCIE EM UMA CÉLULA. UMA VEZ IDENTIFICADO O INVASOR, AS CÉLULAS RESPONDEM PARA REMOVER PATÓGENOS OU CÉLULAS INFECTADAS POR PATÓGENOS.

- AS CÉLULAS-B RESPONDEM AOS PATÓGENOS PRODUZINDO GRANDES QUANTIDADES DE ANTICORPOS, OS QUAIS ENTÃO DESTROEM CORPOS ESTRANHOS, TAIS COMO BACTÉRIAS E VÍRUS.

- ALGUMAS CÉLULAS-T, CHAMADAS CÉLULAS-T AUXILIARES, PRODUZEM CITOCINAS QUE DIRECIONAM A RESPOSTA IMUNOLÓGICA. AS CITOCINAS SINALIZAM PARA OUTRAS CÉLULAS IMUNOLÓGICAS QUE HÁ UM ANTÍGENO ESTRANHO PRESENTE. OUTRAS CÉLULAS-T, CHAMADAS CÉLULAS-T CITOTÓXICAS, PRODUZEM GRÂNULOS TÓXICOS QUE CAUSAM A MORTE DE CÉLULAS INFECTADAS.

ANTÍGENOS E ANTICORPOS

ANTÍGENOS SÃO MOLÉCULAS FREQUENTEMENTE ENCONTRADAS EM SUBSTÂNCIAS ESTRANHAS, COMO BACTÉRIAS OU VÍRUS. ELES CAUSAM DOENÇAS NO CORPO.

O SISTEMA IMUNOLÓGICO LUTA CONTRA ESSAS PARTÍCULAS INVASORAS PRODUZINDO ANTICORPOS. ELES MARCAM, DESTROEM OU NEUTRALIZAM ANTÍGENOS OU MOLÉCULAS CAUSADORAS DE DOENÇAS.

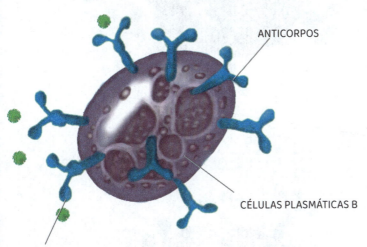

ANTICORPOS

CÉLULAS PLASMÁTICAS B

ALÉRGENOS

ANTICORPOS EM FORMA DE Y

OS ANTICORPOS SÃO PROTEÍNAS EM FORMA DE Y. SUA ESTRUTURA PARECE SEMELHANTE A FECHADURAS. CADA ANTICORPO LUTA CONTRA UM ANTÍGENO ESPECÍFICO. ELES SÃO PRODUZIDOS POR CÉLULAS-B E SÃO UMA PARTE IMPORTANTE DO SISTEMA IMUNOLÓGICO HUMORAL.

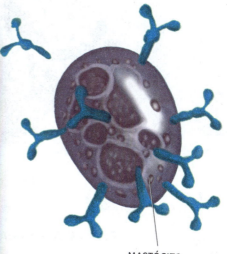

MASTÓCITO

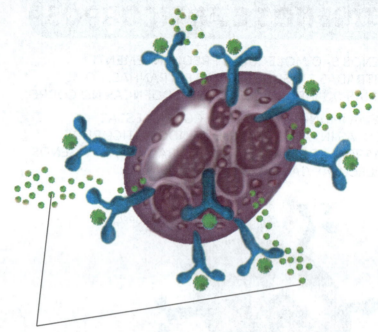

HISTAMINA

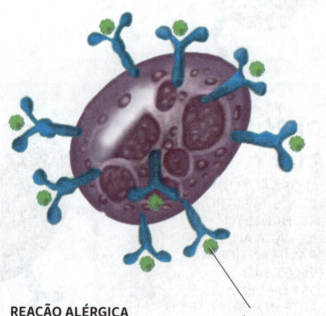

REAÇÃO ALÉRGICA

ALÉRGENOS (SEGUNDA EXPOSIÇÃO)

COMPOSIÇÃO DE ANTÍGENOS

OS ANTÍGENOS SÃO GERALMENTE PROTEÍNAS OU POLISSACARÍDEOS. NO ENTANTO, TAMBÉM PODEM SER QUALQUER TIPO DE MOLÉCULA ACOPLADA A PROTEÍNAS TRANSPORTADORAS.

TIPOS DE ANTÍGENOS

OS ANTÍGENOS SE DIVIDEM EM 4 TIPOS: EXÓGENOS, ENDÓGENOS, AUTOANTÍGENOS E ANTÍGENOS TUMORAIS.

ANTÍGENOS EXÓGENOS

OS ANTÍGENOS EXÓGENOS PROVÊM DE SUBSTÂNCIAS ESTRANHAS QUE PODEM ENTRAR NO SEU CORPO ATRAVÉS DO NARIZ, DA BOCA OU DE CORTES NA SUA PELE. ISSO INCLUI VÍRUS, BACTÉRIAS, PÓLEN, PARASITAS E FUNGOS..

ANTÍGENOS ENDÓGENOS

OS ANTÍGENOS ENDÓGENOS ESTÃO PRESENTES EM CÉLULAS DENTRO DO SEU CORPO. ELES INFORMAM AO SEU SISTEMA IMUNOLÓGICO SE SÃO AMIGÁVEIS ("PRÓPRIOS") OU PREJUDICIAIS. ISSO INCLUI CÉLULAS INFECTADAS POR BACTÉRIAS OU VÍRUS QUE SE MARCAM PARA SEREM DESTRUÍDAS PELO SISTEMA IMUNOLÓGICO. ANTÍGENOS DE GLÓBULOS VERMELHOS E MARCADORES ESPECIAIS RECONHECIDOS PELO SEU CORPO COMO "PRÓPRIOS" (HLAS) TAMBÉM SÃO ANTÍGENOS ENDÓGENOS.

AUTOANTÍGENOS

AUTOANTÍGENOS SÃO MARCADORES EM CÉLULAS DENTRO DO SEU CORPO QUE O SEU SISTEMA IMUNOLÓGICO ATACA, MESMO QUE NÃO DEVESSE. OS AUTOANTÍGENOS CAUSAM DOENÇAS AUTOIMUNES.

ANTÍGENOS TUMORAIS

OS ANTÍGENOS TUMORAIS SÃO MARCADORES NA SUPERFÍCIE DE TUMORES. VOCÊ PODE OUVIR ESSES ANTÍGENOS ASSOCIADOS A TUMORES (TAA), ANTÍGENOS ESPECÍFICOS DE TUMOR (TSA), NEOANTÍGENOS OU ANTÍGENOS ONCOGÊNICOS.

CURIOSIDADE

- OS ANTICORPOS FUNCIONAM ATRAVÉS DE UM PRINCÍPIO CONHECIDO COMO COMPLEMENTARIDADE DE FORMA.

- OS ANTICORPOS DEMORAM A SE DESENVOLVER, MAS EM COMPENSAÇÃO, OFERECEM PROTEÇÃO A LONGO PRAZO.

FARINGE E LARINGE

A FARINGE É UMA PARTE DA GARGANTA. É UMA PASSAGEM QUE SERVE OS SISTEMAS RESPIRATÓRIO E DIGESTÓRIO.

A LARINGE É A CAIXA DE VOZ DO CORPO HUMANO, TAMBÉM CONHECIDA COMO GLOTE. ELA ATUA COMO UMA PASSAGEM PARA O AR ENTRE A FARINGE E A TRAQUEIA. A LARINGE É DIVIDIDA EM 3 PARTES: SUBGLOTE, GLOTE E SUPRAGLOTE.

PARTE SUPERIOR E INFERIOR DA FARINGE

A PARTE SUPERIOR DA FARINGE SERVE AO SISTEMA RESPIRATÓRIO E PERMITE APENAS A PASSAGEM DO AR. A PARTE INFERIOR DA FARINGE SERVE OS SISTEMAS RESPIRATÓRIO E DIGESTÓRIO E PERMITE A PASSAGEM DE AR, ALIMENTOS E LÍQUIDOS.

 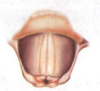 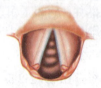

LARINGE E VOZ

A LARINGE DESEMPENHA UM PAPEL IMPORTANTE NA CAPACIDADE DOS SERES HUMANOS DE PRODUZIR SONS. O PROCESSO DE PRODUÇÃO DE SOM NA LARINGE É CONHECIDO COMO FONAÇÃO. O SOM É PRODUZIDO QUANDO AS CORDAS VOCAIS DA LARINGE SE APROXIMAM E VIBRAM COM A AJUDA DO AR EXPELIDO DOS PULMÕES.

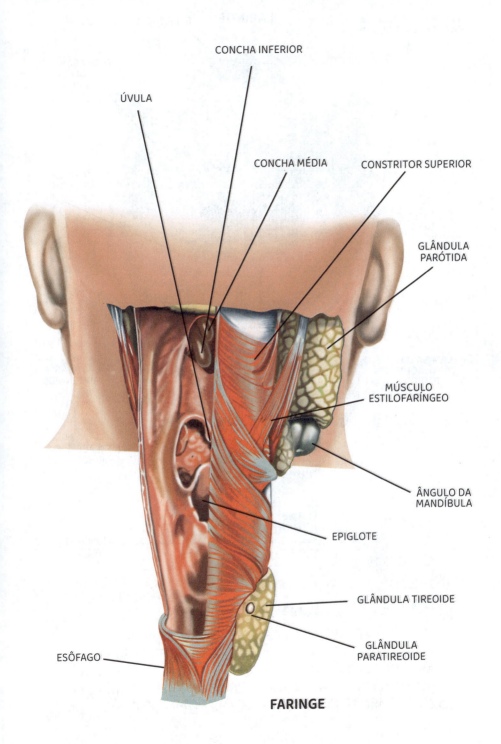

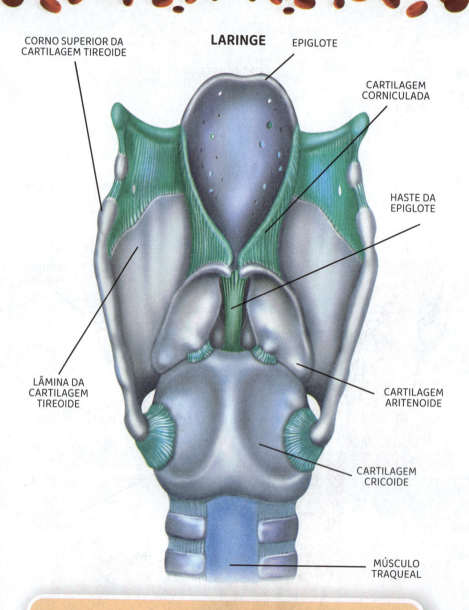

POMO DE ADÃO

A PARTE ANTERIOR DA LARINGE É FORMADA PELA CARTILAGEM TIREOIDE. ESSAS CARTILAGENS CRIAM UMA PROTUBERÂNCIA NA FRENTE, CONHECIDA COMO PROEMINÊNCIA LARÍNGEA. A PROEMINÊNCIA LARÍNGEA É COMUMENTE CONHECIDA COMO POMO DE ADÃO.

TRAQUEIA, BRÔNQUIOS E ALVÉOLOS

A TRAQUEIA É UM TUBO QUE LIGA A BOCA E O NARIZ AOS PULMÕES. TAMBÉM É CONHECIDA INFORMALMENTE COMO GARGANTA.

OS BRÔNQUIOS SÃO OS TUBOS DA TRAQUEIA QUE LEVAM A CADA PULMÃO. CADA BRÔNQUIO (SINGULAR DE BRÔNQUIOS) É SUBDIVIDIDO EM VÁRIAS RAMIFICAÇÕES QUE TERMINAM EM MINÚSCULOS SACOS DE AR CHAMADOS ALVÉOLOS.

ESTRUTURA DA TRAQUEIA

A TRAQUEIA TEM DE 10 A 12 CM DE COMPRIMENTO E DE 16 A 18 MM DE DIÂMETRO E É CONSTITUÍDA DE 16 A 20 ANÉIS DE CARTILAGEM QUE SÃO CONECTADOS POR LIGAMENTOS. A TRAQUEIA É REVESTIDA POR MEMBRANAS MUCOSAS E CÉLULAS CILIADAS. AS MEMBRANAS MUCOSAS ADICIONAM UMIDADE AO AR QUE PASSA PELA TRAQUEIA. ATRAVÉS DO MOVIMENTO DOS CÍLIOS OU CÉLULAS CILIADAS, PARTÍCULAS INALADAS APRISIONADAS NA CAMADA DE MUCO SÃO TRANSPORTADAS PARA FORA DAS VIAS AÉREAS.

TRAQUEIA

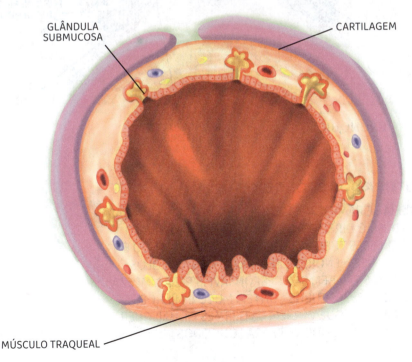

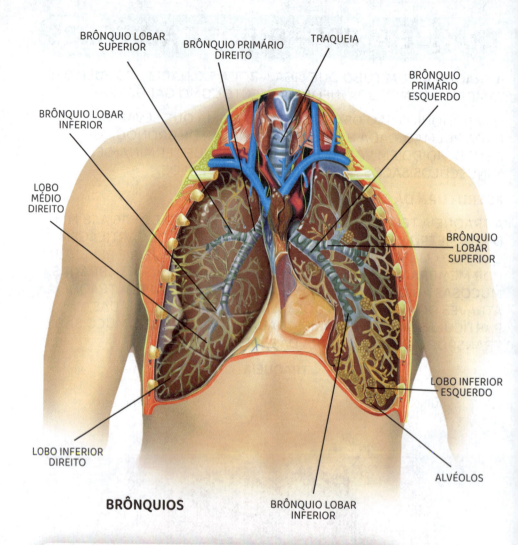

BRÔNQUIOS

ESTRUTURA DOS BRÔNQUIOS

A TRAQUEIA SE RAMIFICA EM 2 TUBOS BRÔNQUICOS. UM VAI PARA O PULMÃO DIREITO E O OUTRO VAI PARA O PULMÃO ESQUERDO. ESSES TUBOS CONTINUAM SE RAMIFICANDO EM TUBOS CADA VEZ MENORES E TERMINAM NOS ALVÉOLOS. OS BRÔNQUIOS TAMBÉM SÃO RESPONSÁVEIS PELA LIMPEZA DOS PULMÕES. ESSES TUBOS CONTÊM MUCO E MILHÕES DE CÉLULAS CILIADAS QUE VARREM OS GERMES E QUAISQUER OUTRAS PARTÍCULAS NOCIVAS PARA LONGE DOS PULMÕES.

ESTRUTURA DOS ALVÉOLOS

OS ALVÉOLOS SÃO PEQUENOS SACOS SEMELHANTES A UVAS, NO FINAL DOS BRÔNQUIOS. HÁ CERCA DE 350 MILHÕES DE ALVÉOLOS EM NOSSOS PULMÕES. O OXIGÊNIO DOS ALVÉOLOS ENTRA NO SANGUE ATRAVÉS DOS CAPILARES, E O DIÓXIDO DE CARBONO DO SANGUE PASSA PARA OS ALVÉOLOS.

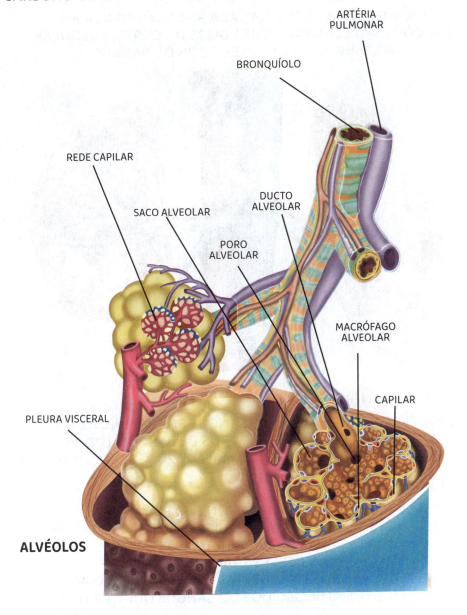

NÉFRONS

OS NÉFRONS SÃO ESTRUTURAS TUBULARES LONGAS E FINAS ENCONTRADAS NOS RINS. ELES SÃO AS UNIDADES ESTRUTURAIS E FUNCIONAIS BÁSICAS DO RIM.

HÁ MILHÕES DE NÉFRONS EM CADA RIM. SUAS PRINCIPAIS FUNÇÕES SÃO ELIMINAR OS RESÍDUOS DO CORPO E REGULAR A PRESSÃO SANGUÍNEA E O NÍVEL DE PH DO SANGUE.

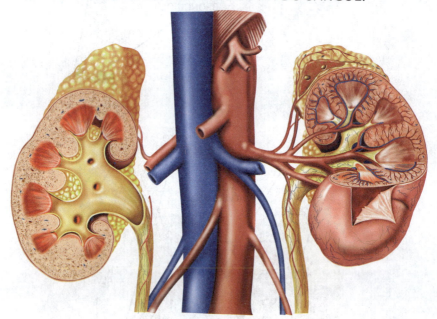

FILTROS SANGUÍNEOS

UM NÉFRON FILTRA 125 ML DE SANGUE EM UM MINUTO. EM UM DIA, FILTRA CERCA DE 180 LITROS DE SANGUE. TODO O SANGUE DO CORPO É FILTRADO MAIS DE 20 VEZES POR DIA.

TRANSPORTADORES

DIFERENTES PARTES DE UM NÉFRON SÃO FEITAS DE DIFERENTES CÉLULAS. ESSAS CÉLULAS CONTÊM PROTEÍNAS ESPECIALIZADAS CHAMADAS DE TRANSPORTADORES. A PRINCIPAL FUNÇÃO DESSES TRANSPORTADORES É REABSORVER TODOS OS MINERAIS E NUTRIENTES, COMO ÍONS, GLICOSE E AMINOÁCIDOS DO SANGUE QUE É FILTRADO.

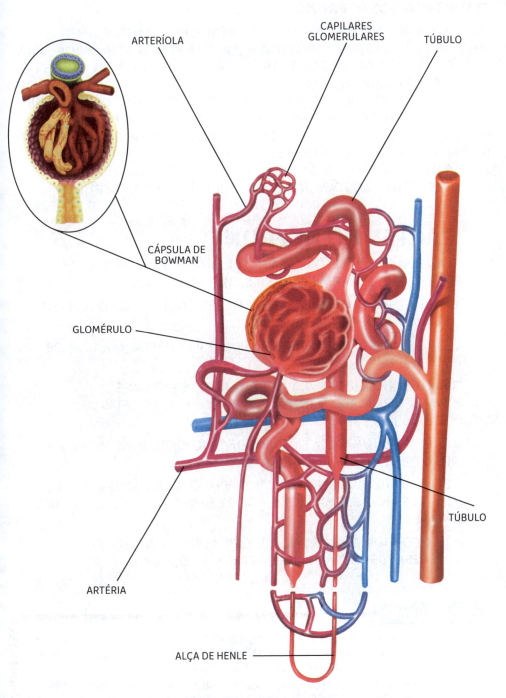

ESTRUTURA DO NÉFRON

ESTRUTURA DOS NÉFRONS

ESTE NÉFRON CONTÉM UMA ALÇA DE HENLE, PORTANTO, É UM NÉFRON DE MAMÍFERO. EMBORA A ALÇA DO NÉFRON SEJA ÚNICA PARA MAMÍFEROS, O RESTANTE DA ESTRUTURA É OBSERVADO EM TODOS OS ANIMAIS VERTEBRADOS. O GLOMÉRULO É A REDE DE CAPILARES DENTRO DA CÁPSULA GLOMERULAR (TAMBÉM CONHECIDA COMO CÁPSULA DE BOWMAN). EMBORA A IMAGEM MOSTRE A CÁPSULA GLOMERULAR E O RESTANTE DO TÚBULO RENAL COMO SENDO SEMELHANTES NA IMAGEM DA PÁGINA ANTERIOR, NA REALIDADE, SÃO COMPOSTOS POR UMA AMPLA VARIEDADE DE TIPOS CELULARES, DESTINADOS A EXTRAIR E RETER CERTAS SUBSTÂNCIAS QUÍMICAS DENTRO DOS TÚBULOS.

PARTES DO NÉFRON

O NÉFRON TEM UMA ESTRUTURA EM FORMA DE TUBO FECHADA EM UMA EXTREMIDADE E ABERTA NA OUTRA. SUAS PARTES PRINCIPAIS SÃO:

CÁPSULA DE BOWMAN: É UMA CÂMARA DE PAREDES DUPLAS LOCALIZADA NA EXTREMIDADE FECHADA DO NÉFRON.

GLOMÉRULO: ENCONTRADO DENTRO DA CÁPSULA DE BOWMAN, É A REDE DE CAPILARES.

TÚBULO CONTORCIDO PROXIMAL: É UMA REDE DE CAPILARES DE FORMATO ESPIRALADO, QUE POSSUI VÁRIAS CÉLULAS REPLETAS DE MITOCÔNDRIAS.

ALÇA DE HENLE: UMA ALÇA EM FORMA DE GANCHO QUE É ENCONTRADA APÓS O TÚBULO CONTORCIDO PROXIMAL.

TÚBULO CONTORCIDO DISTAL: ENCONTRADO NO CÓRTEX APÓS A ALÇA DE HENLE, POSSUI UM FORMATO ESPIRALADO E É ENVOLTO POR UMA REDE DE CAPILARES.

TÚBULO COLETOR: É A EXTREMIDADE ABERTA DO NÉFRON. ELE LEVA AO CÁLICE RENAL DE ONDE A URINA FLUI PARA FORA DO CORPO.

CURIOSIDADE

- A MAIORIA DOS SERES HUMANOS NASCE COM 2 RINS. NO ENTANTO, SE UM DELES FOR REMOVIDO, O CORPO PERDE APENAS 25% DA FUNÇÃO RENAL. DEVIDO À HIPERTROFIA, O RIM QUE PERMANECE CONTINUA A SUSTENTAR O CORPO.

- OS NÉFRONS SÃO AS UNIDADES DE FILTRAGEM DO RIM, E CADA RIM POSSUI ENTRE 1 E 2 MILHÕES DE NÉFRONS. SE OS NÉFRONS DOS 2 RINS FOSSEM REMOVIDOS E COLOCADOS LADO A LADO, ELES COBRIRIAM UMA DISTÂNCIA DE APROXIMADAMENTE 16 KM.

SISTEMA REPRODUTOR MASCULINO

A REPRODUÇÃO É ESSENCIAL PARA MANTER UMA ESPÉCIE VIVA. É O PROCESSO BIOLÓGICO PELO QUAL UM ORGANISMO CRIA OUTRO.

A REPRODUÇÃO EM HUMANOS REQUER 2 TIPOS DE CÉLULAS SEXUAIS, OU GAMETAS. O GAMETA MASCULINO É O ESPERMA E O GAMETA FEMININO É O OVO, OU O ÓVULO.

PROCESSO DE REPRODUÇÃO

O PROCESSO DE REPRODUÇÃO COMEÇA QUANDO O MACHO LIBERA O ESPERMA DENTRO DO CORPO DA FÊMEA. O ESPERMA ENTÃO FERTILIZA O ÓVULO NO CORPO FEMININO, QUE GRADUALMENTE SE DESENVOLVE EM UM FETO E, POSTERIORMENTE, EM UMA CRIANÇA.

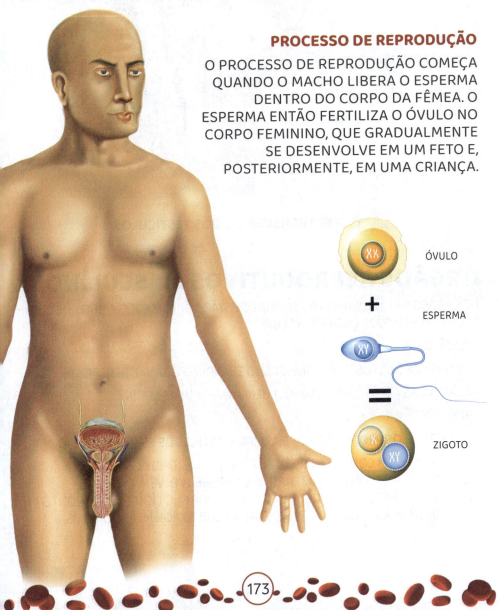

ÓVULO
+
ESPERMA
=
ZIGOTO

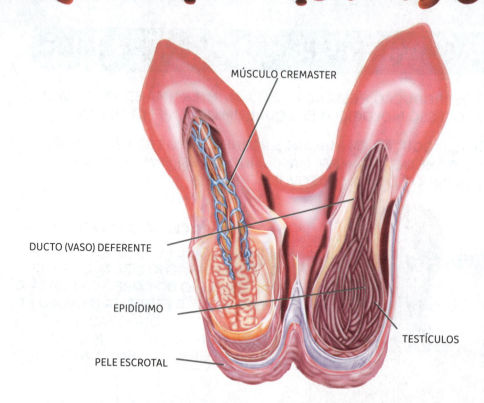

CORTE TRANSVERSAL DOS TESTÍCULOS

ÓRGÃOS REPRODUTIVOS MASCULINOS

OS ÓRGÃOS REPRODUTIVOS MASCULINOS ESTÃO LOCALIZADOS AMBOS DENTRO E FORA DA PELVE. OS ÓRGÃOS INCLUEM:

- TESTÍCULOS
- SISTEMA DE DUCTOS, QUE CONSISTE NO EPIDÍDIMO E CANAL DEFERENTE
- GLÂNDULAS ACESSÓRIAS, QUE INCLUEM AS VESÍCULAS SEMINAIS E A PRÓSTATA
- PÊNIS
- OS TESTÍCULOS PRODUZEM E ARMAZENAM MILHÕES DE ESPERMATOZOIDES.

O EPIDÍDIMO É UM CONJUNTO DE TUBOS EM ESPIRAL, ONDE OS ESPERMATOZOIDES SÃO ARMAZENADOS E SE DESENVOLVEM. O DUCTO DEFERENTE É UM TUBO MUSCULAR QUE TRANSPORTA O LÍQUIDO QUE CONTÉM O ESPERMA CHAMADO SÊMEN. O SÊMEN SAI DO CORPO POR MEIO DO PÊNIS.

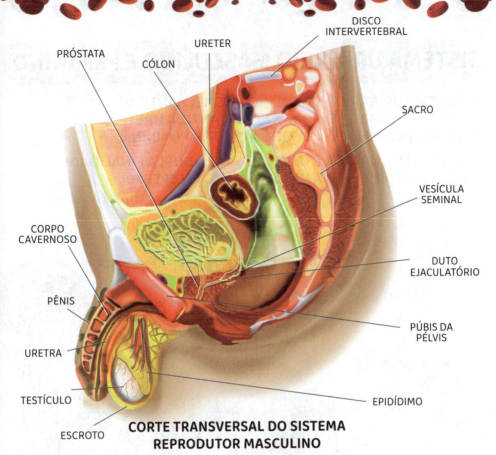

CORTE TRANSVERSAL DO SISTEMA REPRODUTOR MASCULINO

ESCROTO

O ESCROTO É UM SACO DE PELE SOLTO EM FORMATO DE BOLSA QUE FICA ATRÁS DO PÊNIS. ELE ABRIGA OS TESTÍCULOS, ASSIM COMO TAMBÉM MUITOS NERVOS E VASOS SANGUÍNEOS. O ESCROTO PROTEGE OS TESTÍCULOS, REGULANDO SUA TEMPERATURA.

TESTÍCULOS

OS TESTÍCULOS SÃO ÓRGÃOS OVAIS COM O TAMANHO DE AZEITONAS MUITO GRANDES QUE FICAM NO ESCROTO, FIXADOS EM CADA EXTREMIDADE POR UMA ESTRUTURA CHAMADA CORDÃO ESPERMÁTICO OU FUNÍCULO ESPERMÁTICO. OS TESTÍCULOS SÃO RESPONSÁVEIS PELA PRODUÇÃO DA TESTOSTERONA, O PRINCIPAL HORMÔNIO SEXUAL MASCULINO, E PELA PRODUÇÃO DE ESPERMATOZOIDES.

CURIOSIDADE

TESTÍCULOS: DOIS TESTÍCULOS DENTRO DO ESCROTO PRODUZEM ESPERMATOZOIDES E TESTOSTERONA, UM HORMÔNIO SEXUAL MASCULINO.

EPIDÍDIMO: ÓRGÃO LIGADO AO TESTÍCULO NO QUAL OS ESPERMATOZOIDES SÃO COLETADOS E AMADURECEM.

SISTEMA URINÁRIO MASCULINO E FEMININO

O SISTEMA URINÁRIO MASCULINO É SEMELHANTE AO SISTEMA URINÁRIO FEMININO. NO ENTANTO, A URETRA MASCULINA É MAIS LONGA QUE A URETRA FEMININA.

NO HOMEM, A URETRA É UTILIZADA PARA DUPLA FINALIDADE: DESCARREGAR TANTO A URINA QUANTO O ESPERMA.

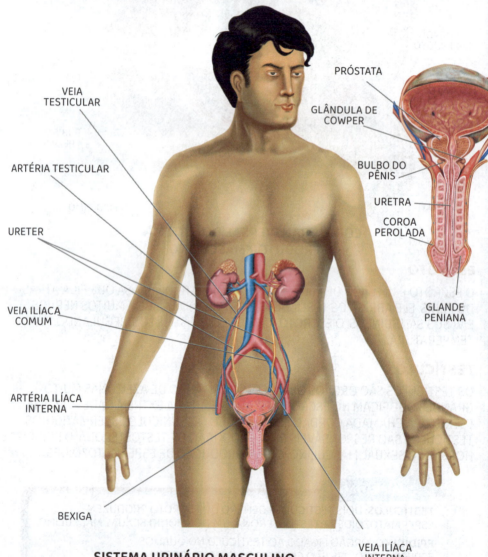

SISTEMA URINÁRIO MASCULINO

PROBLEMAS DO SISTEMA URINÁRIO

ENVELHECIMENTO, DOENÇA OU LESÃO PODEM CAUSAR PROBLEMAS NO SISTEMA URINÁRIO. ESSES PROBLEMAS INCLUEM ALTERAÇÕES NA ESTRUTURA DOS RINS COM A IDADE, O QUE FAZ COM QUE ELES PERCAM PARTE DE SUA CAPACIDADE DE FILTRAR O SANGUE. OUTROS PROBLEMAS INCLUEM O ENFRAQUECIMENTO DOS MÚSCULOS DOS URETERES, BEXIGA E URETRA, O QUE PODE RESULTAR NO VAZAMENTO INDESEJADO DE URINA OU NA INCAPACIDADE DE ESVAZIAR COMPLETAMENTE A BEXIGA.

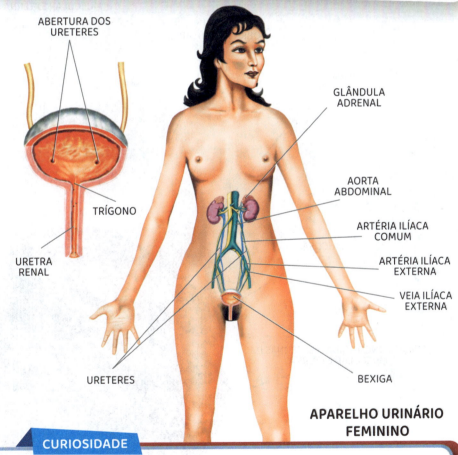

APARELHO URINÁRIO FEMININO

CURIOSIDADE

OS URETERES CONECTAM CADA RIM À BEXIGA. O COMPRIMENTO DELES VARIA DE ACORDO COM O TAMANHO DO SEU TORSO. ESSES TUBOS POSSUEM CERCA DE 0,63 CM DE LARGURA E SUAS PAREDES MUSCULARES CONTRAEM-SE A CADA 10 A 15 SEGUNDOS, IMPULSIONANDO PEQUENAS QUANTIDADES DE URINA DOS RINS PARA A BEXIGA.

INTESTINOS DELGADO E GROSSO

ANATÔMICA E FUNCIONALMENTE, O INTESTINO É DIVIDIDO EM 2 PARTES: INTESTINO DELGADO E INTESTINO GROSSO.

OS INTESTINOS SE ESTENDEM DO ESTÔMAGO AO ÂNUS E ABSORVEM O ALIMENTO DIGERIDO PARA QUE O CORPO POSSA UTILIZÁ-LO.

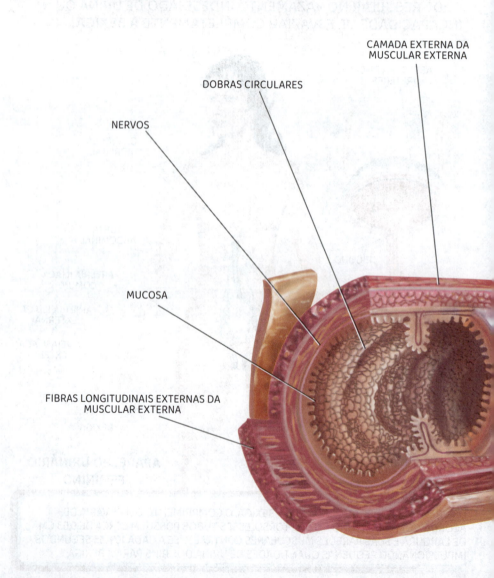

PARTES DO INTESTINO DELGADO

O INTESTINO DELGADO ESTÁ LIGADO AO ESTÔMAGO E É DIVIDIDO EM 3 PARTES: DUODENO, JEJUNO E ÍLEO.

O DUODENO É ADJACENTE AO ESTÔMAGO. SUCOS DO FÍGADO, VESÍCULA BILIAR E PÂNCREAS ESTÃO PRESENTES NO DUODENO, OS QUAIS AJUDAM NA DIGESTÃO DE PROTEÍNAS, CARBOIDRATOS E GORDURAS.

- O JEJUNO COMEÇA ONDE TERMINA O DUODENO E ABSORVE OS NUTRIENTES DO ALIMENTO DIGERIDO.

- O ÍLEO É A ÚLTIMA PARTE DO INTESTINO DELGADO E ABSORVE ENZIMAS E OUTRAS SUBSTÂNCIAS DO ALIMENTO DIGERIDO.

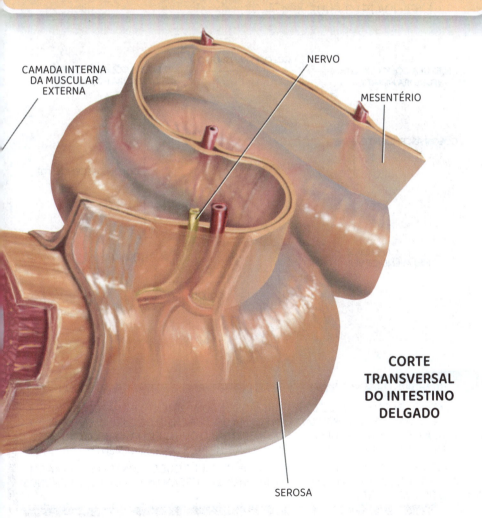

CORTE TRANSVERSAL DO INTESTINO DELGADO

DIGESTÃO QUÍMICA

A DIGESTÃO QUÍMICA OCORRE PRINCIPALMENTE NO INTESTINO DELGADO. A MAIOR PARTE DOS NUTRIENTES DO ALIMENTO DIGERIDO É ABSORVIDA NO INTESTINO DELGADO.

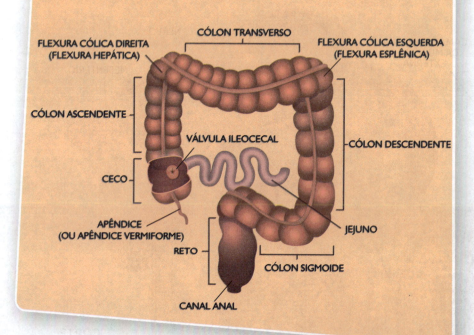

INTESTINO GROSSO

O INTESTINO GROSSO É MAIS LARGO E MAIS CURTO QUE O INTESTINO DELGADO. A PRINCIPAL FUNÇÃO DO INTESTINO GROSSO É A ABSORÇÃO DE ÁGUA DO ALIMENTO DIGERIDO. O INTESTINO GROSSO ARMAZENA MATÉRIA FECAL ATÉ QUE ELA POSSA SER EXPELIDA PELO ÂNUS.

CURIOSIDADE

- O INTESTINO DELGADO TEM DE 6,7 A 7,6 METROS DE COMPRIMENTO E É PARECIDO COM UMA MONTANHA-RUSSA: É ENROLADO EM FORMA DE U E É CHEIO DE CURVAS E VOLTAS. ISSO AJUDA A AUMENTAR A SUPERFÍCIE DO INTESTINO, O QUE FACILITA A ABSORÇÃO DOS NUTRIENTES. O INTESTINO GROSSO MEDE DE 1,5 A 2 METROS DE COMPRIMENTO.

- OS INTESTINOS POSSUEM UM TIPO ESPECIAL DE MÚSCULO QUE SE CONTRAI E RELAXA EM MOVIMENTOS ONDULATÓRIOS. ESSES MOVIMENTOS EMPURRAM OS ALIMENTOS E RESÍDUOS ATRAVÉS DOS INTESTINOS.

ABSORÇÃO E EXCREÇÃO

OS NUTRIENTES DO ALIMENTO DIGERIDO SÃO ABSORVIDOS PRINCIPALMENTE PELO INTESTINO DELGADO. MATERIAIS NÃO DIGERIDOS SÃO CONVERTIDOS EM FEZES E EXCRETADOS PARA FORA DO CORPO.

O INTESTINO DELGADO TAMBÉM ABSORVE ÁGUA E ELETRÓLITOS, ENQUANTO O CÓLON ABSORVE OS NUTRIENTES QUE SOBRARAM E A ÁGUA DOS ALIMENTOS NÃO DIGERIDOS.

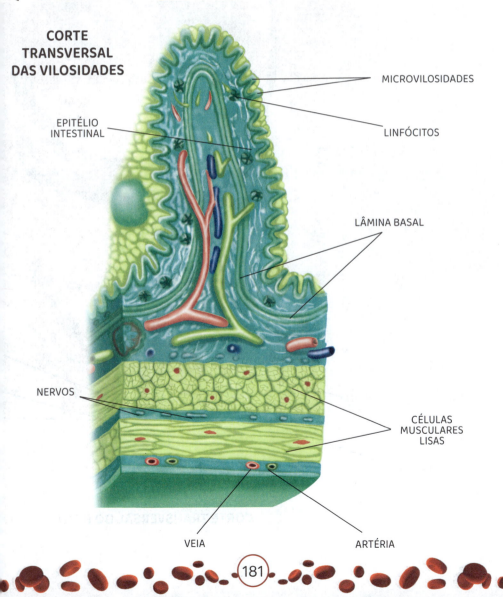

CORTE TRANSVERSAL DAS VILOSIDADES — MICROVILOSIDADES — EPITÉLIO INTESTINAL — LINFÓCITOS — LÂMINA BASAL — NERVOS — CÉLULAS MUSCULARES LISAS — VEIA — ARTÉRIA

CÓLON

O CÓLON ABSORVE ÁGUA E MINERAIS DO ALIMENTO NÃO DIGERIDO. O MATERIAL RESTANTE É TRANSFORMADO EM FEZES E LEVADO PARA O RETO. EM SEGUIDA, É EXCRETADO ATRAVÉS DO ÂNUS.

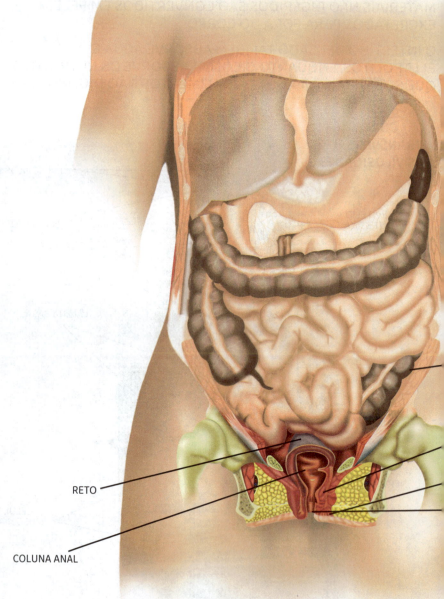

RETO

COLUNA ANAL

CORTE TRANSVERSAL DO RETO

VILOSIDADES

AS PAREDES DO INTESTINO DELGADO SÃO COBERTAS POR VILOSIDADES, QUE SÃO PEQUENAS SALIÊNCIAS SEMELHANTES A DEDOS. AS VILOSIDADES SÃO COBERTAS POR PEQUENAS SALIÊNCIAS CHAMADAS MICROVILOSIDADES, QUE CONTÊM MINÚSCULOS CAPILARES SANGUÍNEOS. OS NUTRIENTES ENTRAM NO SANGUE ATRAVÉS DAS MICROVILOSIDADES.

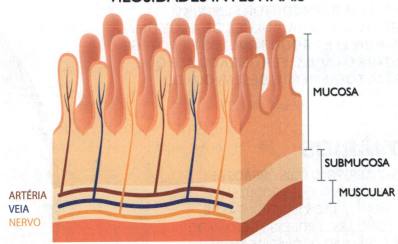

VILOSIDADES INTESTINAIS

CÓLON SIGMOIDE
ESFÍNCTER ANAL INTERNO
ESFÍNCTER ANAL EXTERNO
ÂNUS

ASSIMILAÇÃO

ASSIMILAÇÃO É O PROCESSO PELO QUAL OS MATERIAIS ALIMENTARES SÃO UTILIZADOS PELO CORPO PARA O SEU CRESCIMENTO, REPRODUÇÃO E MANUTENÇÃO.

CURIOSIDADE

- OS MÚSCULOS NO SEU ESÔFAGO AGEM COMO UMA ONDA GIGANTE. É ISSO QUE MOVE OS ALIMENTOS OU BEBIDAS EM DIREÇÃO AO SEU ESTÔMAGO. ESSA AÇÃO ONDULATÓRIA É CHAMADA DE PERISTALSE.

- AS ENZIMAS NO SEU SISTEMA DIGESTÓRIO SÃO RESPONSÁVEIS POR SEPARAR OS ALIMENTOS NOS DIFERENTES NUTRIENTES QUE O SEU CORPO PRECISA.

SISTEMA REPRODUTOR FEMININO

O SISTEMA REPRODUTOR FEMININO É UM GRUPO DE ÓRGÃOS NECESSÁRIOS PARA A REPRODUÇÃO, O QUAL INCLUI OVÁRIOS, TROMPAS DE FALÓPIO, ÚTERO E VAGINA.

O SISTEMA REPRODUTOR FEMININO PERMITE QUE UMA MULHER DÊ À LUZ UMA CRIANÇA. ELE PRODUZ ÓVULOS E PROTEGE E NUTRE O ÓVULO FERTILIZADO ATÉ QUE ESTEJA TOTALMENTE DESENVOLVIDO.

OVÁRIOS

OS OVÁRIOS SÃO DOIS ÓRGÃOS DE FORMATO OVAL QUE PRODUZEM E LIBERAM ÓVULOS NAS TROMPAS DE FALÓPIO. ESSE PROCESSO É CHAMADO DE OVULAÇÃO. OS OVÁRIOS TAMBÉM PRODUZEM OS HORMÔNIOS ESTROGÊNIO E PROGESTERONA.

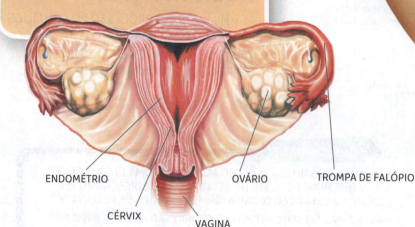

ENDOMÉTRIO OVÁRIO TROMPA DE FALÓPIO
CÉRVIX VAGINA

CURIOSIDADE

UM ÚTERO FEMININO NORMALMENTE TEM CERCA DE 7,6 CM DE COMPRIMENTO E 5 CM DE LARGURA, PODENDO SE EXPANDIR ATÉ 20 VEZES DURANTE A GRAVIDEZ, E CONTÉM UM DOS MÚSCULOS MAIS RESISTENTES NO CORPO FEMININO.

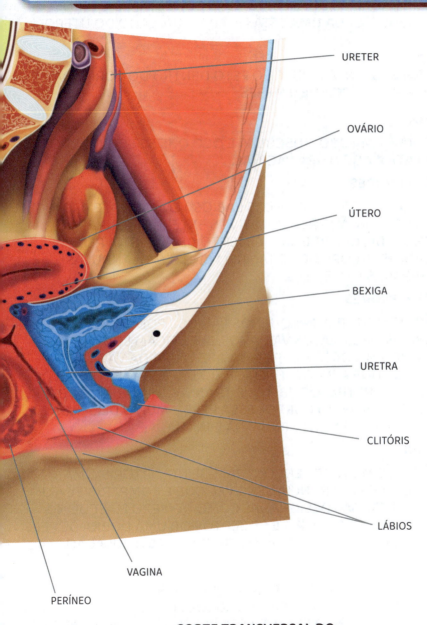

CORTE TRANSVERSAL DO SISTEMA REPRODUTOR FEMININO

TROMPAS DE FALÓPIO

HÁ DUAS TROMPAS DE FALÓPIO. ELAS CONECTAM O ÚTERO AOS OVÁRIOS. CADA UMA ESTÁ LIGADA A UM LADO DO ÚTERO.

ÚTERO

O ÚTERO SUSTENTA E NUTRE O FETO DENTRO DO CORPO DA MULHER POR CERCA DE 9 MESES.

VAGINA

A VAGINA É UM TUBO MUSCULAR E OCO QUE SE ESTENDE DO ÚTERO ATÉ A ABERTURA VAGINAL.

LÁBIOS MAIORES

OS LÁBIOS MAIORES ("GRANDES LÁBIOS") ENVOLVEM E PROTEGEM OS OUTROS ÓRGÃOS REPRODUTIVOS EXTERNOS. DURANTE A PUBERDADE, OCORRE CRESCIMENTO DE PELOS NA PELE DOS LÁBIOS MAIORES, QUE TAMBÉM CONTÊM GLÂNDULAS SUDORÍPARAS E OLEOSAS.

LÁBIOS MENORES

OS LÁBIOS MENORES ("PEQUENOS LÁBIOS") PODEM TER TAMANHOS E FORMATOS VARIADOS. ELES FICAM LOGO DENTRO DOS LÁBIOS MAIORES E CERCAM A ABERTURA DA VAGINA (O CANAL QUE UNE A PARTE INFERIOR DO ÚTERO AO EXTERIOR DO CORPO) E A URETRA (O TUBO QUE TRANSPORTA URINA DA BEXIGA PARA O EXTERIOR DO CORPO). ESSA PELE É MUITO DELICADA E PODE FICAR FACILMENTE IRRITADA E INCHADA.

CLITÓRIS

DOIS LÁBIOS MENORES ENCONTRAM-SE NO CLITÓRIS, UMA PEQUENA PROTUBERÂNCIA SENSÍVEL QUE É COMPARÁVEL A UM PÊNIS EM PESSOAS DESIGNADAS COMO DO SEXO MASCULINO AO NASCEREM. O CLITÓRIS É COBERTO POR UMA DOBRA DE PELE CHAMADA PREPÚCIO E É MUITO SENSÍVEL À ESTIMULAÇÃO.

HÍMEN

O HÍMEN É UM PEDAÇO DE TECIDO QUE COBRE OU ENVOLVE PARCIALMENTE A ABERTURA DA VAGINA. ELE SE FORMA DURANTE O DESENVOLVIMENTO FETAL E ESTÁ PRESENTE NO NASCIMENTO.

REPRODUÇÃO E NASCIMENTO

OS SERES HUMANOS PASSAM POR REPRODUÇÃO SEXUADA. AS CÉLULAS REPRODUTIVAS MASCULINAS E FEMININAS SE UNEM E FORMAM UMA ÚNICA CÉLULA, QUE FINALMENTE FORMA O BEBÊ.

A MULHER PASSA POR UM PERÍODO DE GESTAÇÃO COM DURAÇÃO APROXIMADA DE 40 SEMANAS. DURANTE ESSE PERÍODO, O ZIGOTO SE DESENVOLVE DENTRO DO ÚTERO EM UM BEBÊ TOTALMENTE FORMADO.

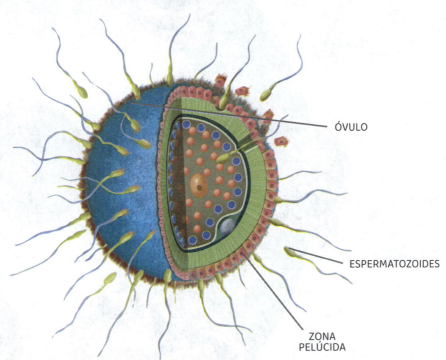

FERTILIZAÇÃO

O ESPERMA MASCULINO FERTILIZA UM ÓVULO FEMININO (OVO) NA TROMPA DE FALÓPIO. ESSE ÓVULO FERTILIZADO É CHAMADO DE ZIGOTO.

ZIGOTO ATÉ O NASCIMENTO

O ZIGOTO É UMA CÉLULA ÚNICA. ELE SOFRE DIVISÕES SUCESSIVAS NA TROMPA DE FALÓPIO.

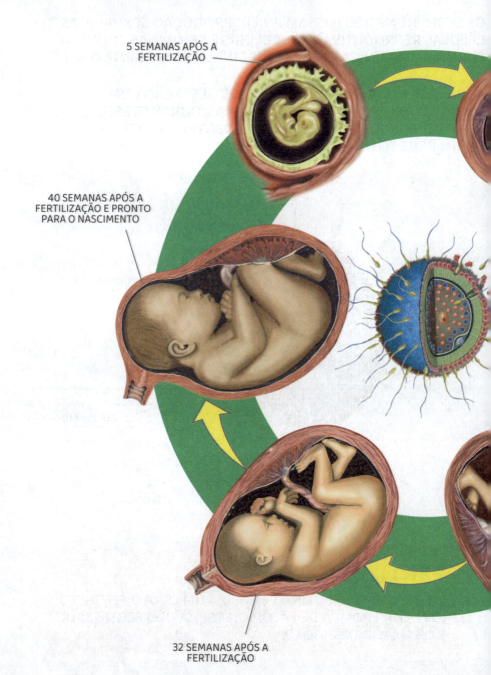

5 SEMANAS APÓS A FERTILIZAÇÃO

40 SEMANAS APÓS A FERTILIZAÇÃO E PRONTO PARA O NASCIMENTO

32 SEMANAS APÓS A FERTILIZAÇÃO

QUASE UMA SEMANA APÓS A FERTILIZAÇÃO, O ÓVULO É IMPLANTADO NO ÚTERO.

LEVA 9 MESES DESDE A FERTILIZAÇÃO ATÉ O NASCIMENTO. ESSE PERÍODO É DIVIDIDO EM 3 TRIMESTRES.

11 SEMANAS APÓS A FERTILIZAÇÃO

20 SEMANAS APÓS A FERTILIZAÇÃO

24 SEMANAS APÓS A FERTILIZAÇÃO

O 1º TRIMESTRE

AS CAMADAS E ÓRGÃOS EMBRIONÁRIOS SE FORMAM DURANTE A 3ª SEMANA. NA 8ª SEMANA, O SEXO DA CRIANÇA É DETERMINADO.

O 2º TRIMESTRE

AS PARTES ÓSSEAS DO ESQUELETO SE FORMAM, E O FETO CRESCE EM TAMANHO.

O ÚLTIMO TRIMESTRE

O FETO AUMENTA DE TAMANHO. OS SISTEMAS CIRCULATÓRIO E RESPIRATÓRIO SE DESENVOLVEM E NO FINAL DO ÚLTIMO TRIMESTRE O BEBÊ ESTÁ PRONTO PARA NASCER.

CURIOSIDADE

- AO NASCER, OS BEBÊS TÊM 300 OSSOS.
- ELES NÃO PRODUZEM LÁGRIMAS QUANDO CHORAM.
- OS BEBÊS NASCEM SEM RÓTULAS (PATELAS) E GERALMENTE SÃO SONOLENTOS.

HORMÔNIOS

HORMÔNIOS SÃO SUBSTÂNCIAS QUÍMICAS PRODUZIDAS PELAS VÁRIAS GLÂNDULAS ENDÓCRINAS.

OS HORMÔNIOS SÃO RESPONSÁVEIS PELO CRESCIMENTO, DESENVOLVIMENTO E REPRODUÇÃO NOS SERES HUMANOS. ELES DESEMPENHAM UM PAPEL IMPORTANTE NO BOM FUNCIONAMENTO GERAL DOS PROCESSOS DO CORPO.

HIPOTÁLAMO

OS HORMÔNIOS SECRETADOS PELO HIPOTÁLAMO ESTIMULAM OU INIBEM A PRODUÇÃO DE HORMÔNIOS PELAS GLÂNDULAS PITUITÁRIAS.

GLÂNDULA PITUITÁRIA

HORMÔNIO ADRENOCORTICOTRÓFICO (ACTH): ESTIMULA O CÓRTEX DA GLÂNDULA ADRENAL E SECRETA ESTEROIDES ADRENOCORTICAIS.

HORMÔNIO FOLÍCULO-ESTIMULANTE (FSH): ESTIMULA A PRODUÇÃO DE GAMETAS PELAS GÔNADAS.

HORMÔNIO DO CRESCIMENTO (GH): PROMOVE O CRESCIMENTO.

PROLACTINA: ESTIMULA O DESENVOLVIMENTO DAS GLÂNDULAS MAMÁRIAS E A PRODUÇÃO DE LEITE EM MULHERES QUE ESTÃO AMAMENTANDO.

HORMÔNIOS ANTIDIURÉTICOS (ADH): CONTROLAM O EQUILÍBRIO DE ÁGUA NO CORPO.

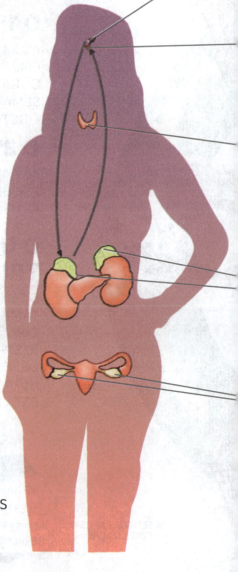

HIPOTÁLAMO

SECRETA HORMÔNIOS QUE CONTROLAM A ATIVIDADE DA GLÂNDULA PITUITÁRIA.

PITUITÁRIA

TAMBÉM CONHECIDA COMO GLÂNDULA MESTRA, SECRETA HORMÔNIOS QUE INFLUENCIAM A SECREÇÃO HORMONAL DE OUTRAS GLÂNDULAS, COMO TIREOIDE, PÂNCREAS, ADRENAIS E GÔNADAS.

TIREOIDE

SECRETA HORMÔNIOS QUE CONTROLAM A TAXA METABÓLICA DO CORPO.

GLÂNDULAS ADRENAIS

SECRETAM HORMÔNIOS QUE SÃO ATIVOS NA ESTIMULAÇÃO/EXCITAÇÃO E NO SONO.

GÔNADAS

SECRETAM HORMÔNIOS QUE ESTÃO ENVOLVIDOS NO DESENVOLVIMENTO DAS CARACTERÍSTICAS SEXUAIS SECUNDÁRIAS E NA REPRODUÇÃO.

HORMÔNIOS SECRETADOS PELAS GLÂNDULAS ENDÓCRINAS

OCITOCINA: CONTROLA AS CONTRAÇÕES MUSCULARES NO ÚTERO.

A GLÂNDULA TIREOIDE

TIROXINA E TRI-IODOTIRONINA: PRINCIPAIS HORMÔNIOS METABÓLICOS QUE PROMOVEM O CRESCIMENTO E COORDENAM O AMADURECIMENTO COM A IDADE.

AS GLÂNDULAS PARATIREOIDES

HORMÔNIO DA PARATIREOIDE: CONTROLA O NÍVEL DE CÁLCIO NO SANGUE.

AS GLÂNDULAS ADRENAIS

ALDOSTERONA: REGULA O VOLUME DO LÍQUIDO EXTRACELULAR E O METABOLISMO DO POTÁSSIO.

CORTISOL: REGULA O HUMOR, A MOTIVAÇÃO E O MEDO.

ADRENALINA: AUMENTA A PRESSÃO ARTERIAL E A FREQUÊNCIA CARDÍACA EM CONDIÇÕES ESTRESSANTES.

AS GÔNADAS

MULHER

ESTROGÊNIO: CONTROLA O DESENVOLVIMENTO DOS ÓRGÃOS REPRODUTIVOS.

PROGESTERONA: REGULA A MENSTRUAÇÃO E A GRAVIDEZ.

HOMEM

TESTOSTERONA: REGULA O DESENVOLVIMENTO DOS ÓRGÃOS REPRODUTIVOS.

O PÂNCREAS

INSULINA: REDUZ O NÍVEL DE GLICOSE NO SANGUE.

GLUCAGON: AUMENTA O NÍVEL DE GLICOSE NO SANGUE.

SOMATOSTATINA: REGULA A ENERGIA E O METABOLISMO DO CORPO.

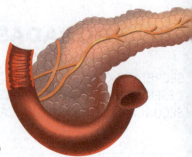

GENÉTICA

GENÉTICA É O ESTUDO CIENTÍFICO DOS GENES, QUE EXPLICA COMO CARACTERÍSTICAS E DOENÇAS SÃO TRANSMITIDAS DE UMA GERAÇÃO PARA OUTRA.

TRAÇOS, DOENÇAS E TODAS AS OUTRAS INFORMAÇÕES HEREDITÁRIAS SÃO TRANSPORTADAS POR GENES. OS GENES SÃO UNIDADES QUÍMICAS DESSAS INFORMAÇÕES. ELES ESTÃO PRESENTES NOS CROMOSSOMOS DENTRO DA CÉLULA.

DNA - A MOLÉCULA DA VIDA

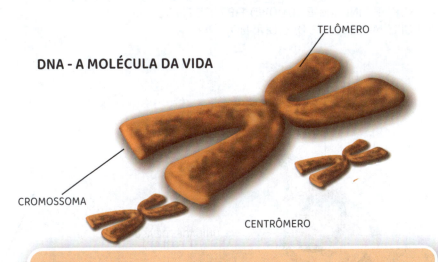

DNA

OS GENES SÃO COMPOSTOS DE ÁCIDO DESOXIRRIBONUCLEICO OU DNA. O DNA É UMA CADEIA MOLECULAR HELICOIDAL DE FILAMENTO DUPLO MANTIDO UNIDO POR NUCLEOTÍDEOS. ELE CODIFICA TODA A INFORMAÇÃO GENÉTICA.

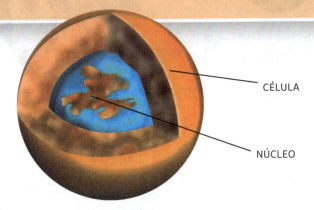

GENÉTICA E CORPO HUMANO

A GENÉTICA AJUDA A ENTENDER OS PROCESSOS BÁSICOS DA VIDA, COMO CRESCIMENTO, DESENVOLVIMENTO E ENVELHECIMENTO. TAMBÉM NOS AJUDA A ENTENDER E CURAR DOENÇAS HEREDITÁRIAS.

DOENÇAS GENÉTICAS

AS DOENÇAS GENÉTICAS SÃO CAUSADAS POR UM DEFEITO NOS GENES DA PESSOA. ALGUMAS DAS DOENÇAS GENÉTICAS COMUNS SÃO ANEMIA FALCIFORME, SÍNDROME DE DOWN, FIBROSE CÍSTICA, HEMOFILIA, DISTROFIA MUSCULAR E DALTONISMO.

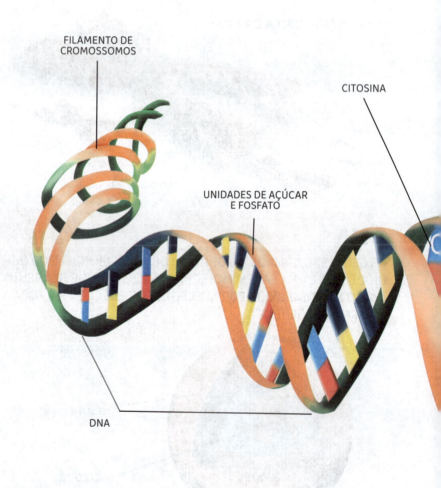

ENGENHARIA GENÉTICA

A ENGENHARIA GENÉTICA TRATA DA MODIFICAÇÃO DA ESTRUTURA GENÉTICA DE UM SER VIVO.

> **CURIOSIDADE**
>
> OS GENES SÃO RESPONSÁVEIS PELA HEREDITARIEDADE E POR TODAS AS OUTRAS CARACTERÍSTICAS QUE HERDAMOS DOS NOSSOS PAIS.

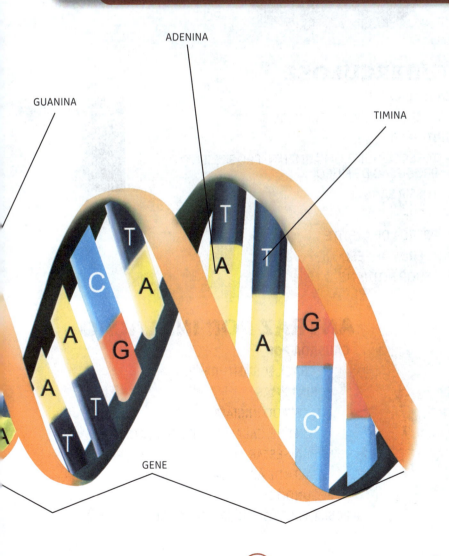

DOENÇAS BACTERIANAS

DIFTERIA

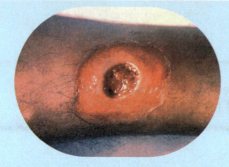

CAUSADA POR
CORYNEBACTERIUM DIPHTHERIAE

SINTOMAS
MANCHAS AMARELAS OU FERIDAS NA PELE

TUBERCULOSE

CAUSADA POR
MYCOBACTERIUM TUBERCULOSIS

SINTOMAS
- TOSSE COMUM COM AUMENTO PROGRESSIVO DA PRODUÇÃO DE MUCO
- TOSSIR SANGUE
- FEBRE
- - PERDA DE APETITE
- - PERDA DE PESO
- - SUOR NOTURNO

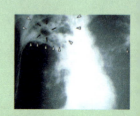

ANTRAZ POR INALAÇÃO

CAUSADA POR
BACILLUS ANTHRACIS

SINTOMAS
ESTADO INICIAL
- FEBRE, CALAFRIOS, DORES, FADIGA, MAL-ESTAR, DOR DE CABEÇA, TOSSE, FALTA DE AR E DOR NO PEITO

SEGUNDO ESTÁGIO
- FEBRE, FALTA DE AR GRAVE E CHOQUE SÉPTICO.

PNEUMONIA

CAUSADA POR

STREPTOCOCCUS, PNEUMONIAE, CHLAMYDOPHILA PNEUMONIAE, HAEMOPHILUS INFLUENZAE

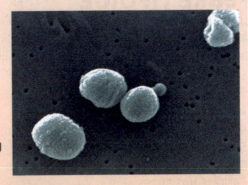

SINTOMAS

- TOSSE COM MUCO ESVERDEADO OU AMARELO
- FEBRE COM CALAFRIOS
- DOR AGUDA NO PEITO QUE PIORA COM RESPIRAÇÃO PROFUNDA OU TOSSE
- RESPIRAÇÃO RÁPIDA E SUPERFICIAL
- FALTA DE AR
- DOR DE CABEÇA
- SUDORESE EXCESSIVA E PELE ÚMIDA
- PERDA DE APETITE
- FADIGA EXCESSIVA
- CONFUSÃO (EM PESSOAS IDOSAS)

ACNE

CAUSADA POR

PROPIONIBACTERIUM ACNES

SINTOMAS

- INFLAMAÇÃO AO REDOR DA PELE
- ERUPÇÕES CUTÂNEAS
- CROSTAS DE ERUPÇÕES CUTÂNEAS
- CICATRIZES DA PELE
- CRAVOS BRANCOS
- CRAVOS PRETOS
- PÚSTULAS
- CISTOS

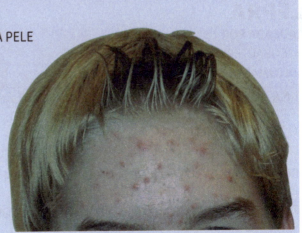

FEBRE TIFOIDE

CAUSADA POR
SALMONELLA TYPHI

SINTOMAS
- DOR DE CABEÇA SEVERA
- FEBRE
- PERDA DE APETITE
- IRRITAÇÃO NA PELE
- SENSIBILIDADE ABDOMINAL
- CONSTIPAÇÃO E DEPOIS DIARREIA
- SANGUE NAS FEZES
- FADIGA
- FRAQUEZA
- SANGRAMENTO NASAL
- ARREPIOS
- DELÍRIO
- OSCILAÇÃO DE HUMOR

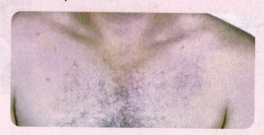

CÓLERA

CAUSADA POR
VIBRIO CHOLERAE

SINTOMAS
- INÍCIO REPENTINO DE DIARREIA
- DESIDRATAÇÃO
- SEDE EXCESSIVA
- SONOLÊNCIA OU CANSAÇO INCOMUM
- DIMINUIÇÃO DA PRODUÇÃO DE URINA
- CÓLICAS ABDOMINAIS
- NÁUSEA
- VÔMITO

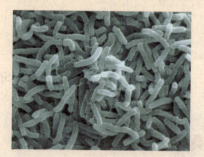

LEPRA

CAUSADA POR
MYCOBACTERIUM LEPRAE

SINTOMAS
- UMA OU MAIS LESÕES MAIS CLARAS QUE A COR NORMAL DA PELE E COM DIMINUIÇÃO DA SENSAÇÃO AO TOQUE, CALOR OU DOR.
- LESÕES CUTÂNEAS QUE NÃO CICATRIZAM DURANTE VÁRIAS SEMANAS OU MESES.
- DORMÊNCIA OU AUSÊNCIA DE SENSIBILIDADE NAS MÃOS E BRAÇOS OU PÉS E PERNAS.
- FRAQUEZA MUSCULAR MANIFESTADA POR SINAIS COMO PÉ CAÍDO.

DOENÇAS VIRAIS

VARÍOLA

CAUSADA POR
- ORTHOPOXVIRUS VARIOLAE

SINTOMAS
- FEBRE ALTA
- FADIGA
- DOR DE CABEÇA SEVERA
- DOR NA LOMBAR
- MAL-ESTAR
- DELÍRIO
- VÔMITO E DIARREIA
- SANGRAMENTO EXCESSIVO
- AS ERUPÇÕES CUTÂNEAS APARECEM PRIMEIRO NA BOCA E NA GARGANTA, DEPOIS NO ROSTO, ANTEBRAÇOS, TRONCO E NAS PERNAS.

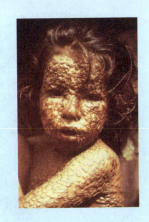

GRIPE COMUM

CAUSADA POR
- INFLUENZA

SINTOMAS
- CÓCEGAS NA GARGANTA
- DOR DE GARGANTA
- TOSSE
- NARIZ ESCORRENDO OU ENTUPIDO
- ESPIRROS
- DOR DE CABEÇA
- FEBRE BAIXA
- FADIGA
- DORES MUSCULARES
- PERDA DE APETITE

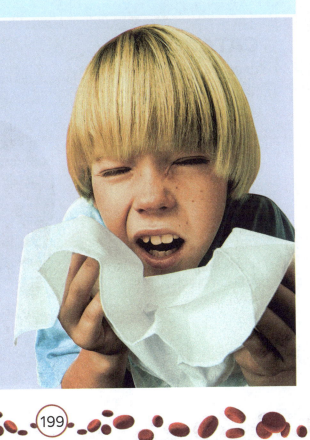

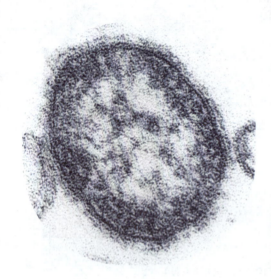

SARAMPO

CAUSADO POR

MORBILLIVIRUS

SINTOMAS
• FEBRE
• UMA SENSAÇÃO DE CANSAÇO
• TOSSE
• OLHOS VERMELHOS OU CONJUNTIVITE
• NARIZ ESCORRENDO
• ERUPÇÃO CUTÂNEA VERMELHA DE SARAMPO
• DESENVOLVE MANCHAS ACINZENTADAS, CHAMADAS MANCHAS DE KOPLIK, NA PARTE INTERNA DA BOCA

CATAPORA

CAUSADA POR

HERPES VARICELA ZOSTER

SINTOMAS
• FEBRE
• DOR DE CABEÇA
• DOR DE ESTÔMAGO
• PERDA DE APETITE
• AS ERUPÇÕES CUTÂNEAS CLÁSSICAS DE CATAPORA APARECEM PRIMEIRO NA FACE, NO TRONCO OU NO COURO CABELUDO E DEPOIS SE ESPALHAM.

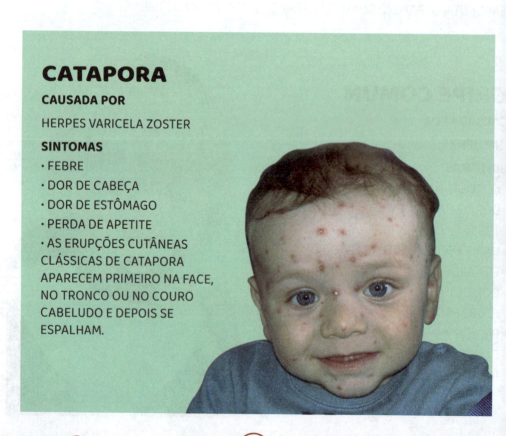

HEPATITE

CAUSADA POR

HEPADNAVÍRUS-B, PICORNAVÍRUS-A

SINTOMAS
- URINA ESCURA E FEZES CLARAS OU DE COR ARGILOSA
- NÁUSEA E VÔMITO
- PERDA DE APETITE
- FEBRE BAIXA
- FADIGA
- AUMENTO DOS SEIOS EM HOMENS
- DOR ABDOMINAL
- COCEIRA DE UM MODO GERAL
- ICTERÍCIA
- PERDA DE PESO

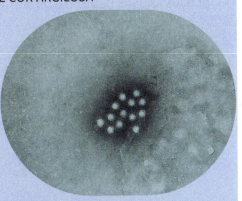

CAXUMBA

CAUSADA POR

PARAMYXOVIRUS

SINTOMAS
- FALTA DE APETITE E VÔMITOS
- INCHAÇO E DOR EM UMA OU AMBAS AS GLÂNDULAS PARÓTIDAS
- BOCHECHAS INCHADAS
- FEBRE ALTA
- DOR DE CABEÇA, DOR DE OUVIDO, DOR DE GARGANTA E DOR AO ABRIR A BOCA.
- CANSAÇO, COM DORES NOS MÚSCULOS E ARTICULAÇÕES

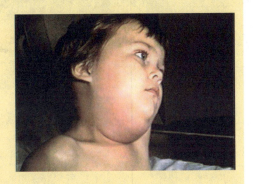

CÂNCER

O CÂNCER É O CRESCIMENTO DESCONTROLADO DE CÉLULAS ANORMAIS. AS CÉLULAS CANCERÍGENAS PODEM SE ESPALHAR EM QUALQUER TECIDO DO CORPO.

O CÂNCER PODE AFETAR PESSOAS DE TODAS AS IDADES E É UMA DAS PRINCIPAIS CAUSAS DE MORTE EM MUITOS PAÍSES.

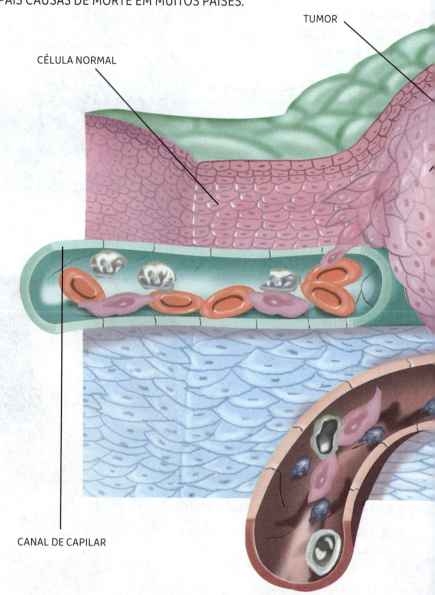

TUMOR
CÉLULA NORMAL
CANAL DE CAPILAR

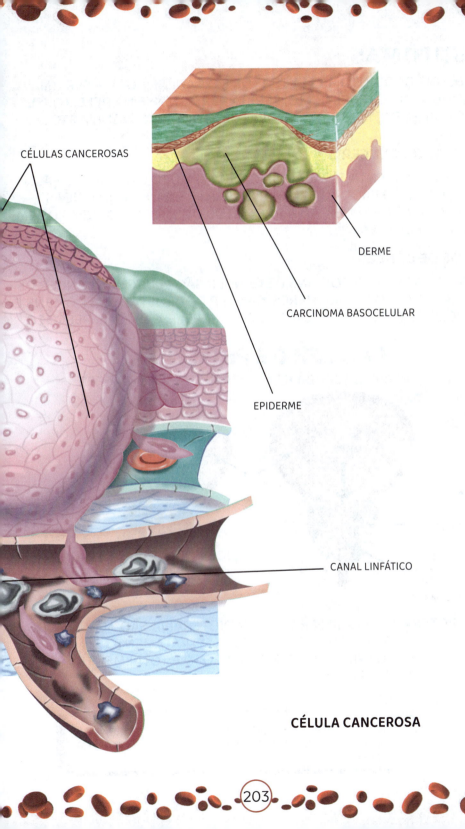

SINTOMAS

ALGUNS DOS SINTOMAS EXTERNOS DO CÂNCER PODEM SER UM NÓDULO OU CRESCIMENTO, FERIDA PERSISTENTE NA PELE, TOSSE COM PRESENÇA DE SANGUE, DIFICULDADE PARA ENGOLIR ETC.

CAUSAS DE CÂNCER

FATORES AMBIENTAIS, TABAGISMO, DIETA POUCO SAUDÁVEL E FALTA DE ATIVIDADE FÍSICA AUMENTAM O RISCO DE CÂNCER. DOENÇAS INFECCIOSAS E EXPOSIÇÃO A PRODUTOS QUÍMICOS TAMBÉM PODEM LEVAR AO CÂNCER.

TIPOS DE CÂNCER

ALGUNS DOS TIPOS COMUNS DE CÂNCER SÃO LEUCEMIA, CÂNCER DE MAMA E OVÁRIO EM MULHERES, CÂNCER DE PRÓSTATA EM HOMENS E CÂNCER DE PULMÃO, CÓLON E RETO, RIM, PELE, CABEÇA E PESCOÇO.

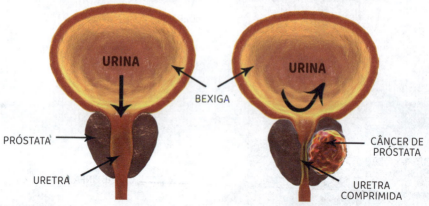

CÂNCER DE PRÓSTATA

TRATAMENTO

QUIMIOTERAPIA, IMUNOTERAPIA E RADIOTERAPIA SÃO ALGUNS DOS PRINCIPAIS MÉTODOS UTILIZADOS PARA O TRATAMENTO DO CÂNCER. MUITAS VEZES, O CRESCIMENTO CANCEROSO É TOTALMENTE REMOVIDO POR CIRURGIA.

> **CURIOSIDADE**
>
> MAIS DE 11 MILHÕES DE PESSOAS EM TODO O MUNDO SÃO AFETADAS PELO CÂNCER. O CÂNCER CAUSA 12,5% DAS MORTES TODOS OS ANOS EM TODO O MUNDO.

HIV

O HIV OU VÍRUS DA IMUNODEFICIÊNCIA HUMANA É UM RETROVÍRUS QUE CAUSA AIDS OU SÍNDROME DA IMUNODEFICIÊNCIA ADQUIRIDA. ESSE VÍRUS ATACA O SISTEMA IMUNOLÓGICO HUMANO.

OS VÍRUS SÃO ÁCIDOS NUCLÉICOS ENVOLTOS EM UMA CAMADA DE PROTEÍNA. ELES SE ESPALHAM DE UMA PESSOA PARA OUTRA ATRAVÉS DO CONTATO COM FLUIDOS CORPORAIS DE UMA PESSOA INFECTADA.

CORTE TRANSVERSAL DO HIV

PROTEÍNA DO ENVELOPE EXTERNO

PROTEÍNA TRANSMEMBRANA

MEMBRANA LIPÍDICA

PROTEÍNA MATRIZ

CAPSÍDEO PROTEICO PRINCIPAL

RNA

TRANSCRIPTASE REVERSA

SINTOMAS

ALGUNS DOS SINTOMAS DA INFECÇÃO PELO HIV INCLUEM PERDA DE PESO, INFECÇÕES RECORRENTES DO TRATO RESPIRATÓRIO E FEBRE, ÚLCERAS ORAIS RECORRENTES, RIGIDEZ OU DOR MUSCULAR, DIARREIA, GÂNGLIOS LINFÁTICOS INCHADOS, FADIGA E ERUPÇÕES CUTÂNEAS DE VÁRIOS TIPOS.

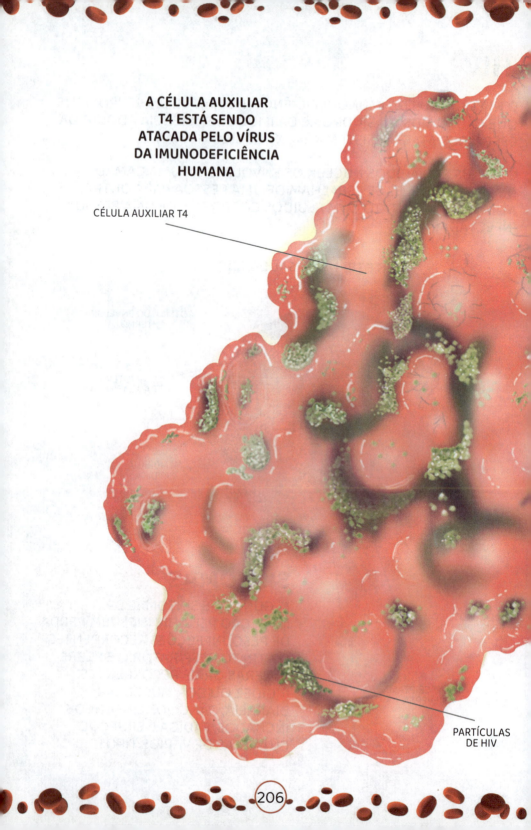

TRANSMISSÃO

O HIV PODE SER TRANSMITIDO PELO COMPARTILHAMENTO DE AGULHAS CONTAMINADAS, RELAÇÕES SEXUAIS SEM PROTEÇÃO E TRANSPLANTE DE ÓRGÃOS RETIRADOS DE UM DOADOR INFECTADO PELO HIV. OS RECÉM-NASCIDOS PODEM SER INFECTADOS POR SUAS MÃES INFECTADAS, ANTES DO NASCIMENTO OU ATRAVÉS DA AMAMENTAÇÃO.

TIPOS

HIV-1 E HIV-2 SÃO OS 2 TIPOS DE HIV QUE ATACAM O CORPO HUMANO. O HIV-1 É FACILMENTE TRANSMITIDO E CAUSA A MAIORIA DAS INFECÇÕES POR HIV. A IMUNODEFICIÊNCIA É MAIS BRANDA EM PESSOAS INFECTADAS COM HIV-2 EM COMPARAÇÃO COM HIV-1. OS CASOS DE HIV-2 SÃO ENCONTRADOS PRINCIPALMENTE NA ÁFRICA OCIDENTAL.

O HIV INFECTA CÉLULAS DO SISTEMA IMUNOLÓGICO HUMANO, PARTICULARMENTE UM TIPO DE GLÓBULO BRANCO CHAMADO CÉLULA-T CD4. ESSAS CÉLULAS AJUDAM A IDENTIFICAR E DESTRUIR MATERIAL PREJUDICIAL NO CORPO, INCLUINDO BACTÉRIAS, VÍRUS, PARASITAS E ATÉ MESMO ALGUMAS CÉLULAS CANCEROSAS. COM O TEMPO, A INFECÇÃO PELO HIV DESTRÓI AS CÉLULAS CD4, RESULTANDO EM UM SISTEMA IMUNOLÓGICO ENFRAQUECIDO, CERTOS TIPOS DE INFECÇÕES, DOENÇAS GRAVES E MORTE.

CURIOSIDADE

NÃO HÁ CURA PARA O HIV OU AIDS. UMA PESSOA INFECTADA PELO HIV EVOLUIRÁ PARA AIDS EM 10 A 11 ANOS SE NÃO RECEBER MEDICAÇÃO ANTIVIRAL. NO ENTANTO, COM OS TRATAMENTOS ATUAIS UMA PESSOA INFECTADA PODE FICAR COM O VÍRUS INDETECTÁVEL E INTRANSMISSÍVEL EM SEU ORGANISMO.

DOENÇAS COMUNS

DOENÇA	DESCRIÇÃO	
DOENÇA DE ALZHEIMER	DOENÇA NEURODEGENERATIVA	
ANEMIA	BAIXA CONTAGEM DE HEMÁCIAS	
APENDICITE	INFLAMAÇÃO DO APÊNDICE	
ASMA	INFLAMAÇÃO CRÔNICA DAS VIAS AÉREAS	
BERIBÉRI	DOENÇA CARDIOVASCULAR, DOENÇA DO SISTEMA NERVOSO	
CÂNCER	DIVISÃO DESCONTROLADA DE CÉLULAS DE QUALQUER TECIDO	
PARADA CARDÍACA	INTERRUPÇÃO DA CIRCULAÇÃO NORMAL DO SANGUE	
DIABETES	INCAPACIDADE DO CORPO DE REGULAR A QUANTIDADE DE AÇÚCAR NO SANGUE	
HIPERTENSÃO	PRESSÃO ALTA	
ICTERÍCIA	COLORAÇÃO AMARELADA DA PELE E ESCLERA	
LEUCEMIA	CÂNCER DAS CÉLULAS FORMADORAS DE SANGUE NA MEDULA ÓSSEA	

SINTOMAS	CONSULTAR
DECLÍNIO PROGRESSIVO DA FUNÇÃO CEREBRAL	NEUROLOGISTA
FADIGA, FRAQUEZA, FALTA DE AR, PELE PÁLIDA E BATIMENTOS CARDÍACOS ACELERADOS	CLÍNICO GERAL
DOR E SENSIBILIDADE NO LADO INFERIOR DIREITO DO ABDÔMEN, NÁUSEAS E VÔMITOS	CLÍNICO GERAL
CHIADO, TOSSE CRÔNICA E RECORRENTE E FALTA DE AR	CLÍNICO GERAL
PARALISIA PARCIAL, DORMÊNCIA NAS EXTREMIDADES E VÔMITOS	CLÍNICO GERAL, NEUROLOGISTA, CARDIOLOGISTA, GASTROENTEROLOGISTA
NÓDULOS OU TUMORES	ONCOLOGISTA
DOR NO PEITO, PERDA DE CONSCIÊNCIA, SEM RESPIRAÇÃO OU SEM PULSO	CARDIOLOGISTA
FADIGA, PERDA DE PESO INEXPLICÁVEL, SEDE EXCESSIVA, MICÇÃO EXCESSIVA, ALIMENTAÇÃO EXCESSIVA, MÁ CICATRIZAÇÃO DE FERIDAS OU VISÃO EMBAÇADA	ENDOCRINOLOGISTA
DOR DE CABEÇA, VISÃO TURVA OU TONTURA	CLÍNICO GERAL
AMARELECIMENTO DA PELE E ESCLERA	CLÍNICO GERAL
RETROGOSTO SUCULENTO DE LARANJA NA BOCA, BAIXA CONTAGEM DE PLAQUETAS SANGUÍNEAS, FEBRE, CALAFRIOS E OUTROS SINTOMAS SEMELHANTES AOS DA GRIPE, FRAQUEZA E FADIGA E PERDA DE PESO	ONCOLOGISTA

DOENÇA	DESCRIÇÃO
MALÁRIA	DOENÇA QUE AFETA OS GLÓBULOS VERMELHOS
ENXAQUECA	CONDIÇÃO NEUROLÓGICA DOLOROSA
MAL DE PARKINSON	DISTÚRBIO DEGENERATIVO DO SISTEMA NERVOSO CENTRAL RELACIONADO À IDADE
FEBRE REUMÁTICA	DOENÇA INFLAMATÓRIA AUTOIMUNE QUE AFETA AS ARTICULAÇÕES, O CORAÇÃO E O CÉREBRO
ARTRITE REUMATOIDE	DOENÇA AUTOIMUNE, INFLAMAÇÃO CRÔNICA DAS ARTICULAÇÕES
SARNA	DOENÇA DE PELE CONTAGIOSA
DOR CIÁTICA	DOR NA PARTE INFERIOR DAS COSTAS
ESQUIZOFRENIA	DISTÚRBIO CEREBRAL CRÔNICO, GRAVE E INCAPACITANTE
ESCORBUTO	DOENÇA CAUSADA PELA FALTA DE VITAMINA C
INFECÇÃO NA GARGANTA	DOENÇA CONTAGIOSA CAUSADA POR INFECÇÃO POR BACTÉRIAS ESTREPTOCÓCICAS

SINTOMAS	CONSULTAR
FEBRE, CICLOS DE CALAFRIOS, DORES MUSCULARES E DOR DE CABEÇA	CLÍNICO GERAL
DOR DE CABEÇA PERIÓDICA INTENSA	NEUROLOGISTA, CLÍNICO GERAL
DISTÚRBIOS DO HUMOR, COMPORTAMENTO, PENSAMENTO E SENSAÇÃO, INSTABILIDADE POSTURAL, TREMOR E RIGIDEZ	CLÍNICO GERAL
FEBRE, DORES NAS ARTICULAÇÕES, NÁUSEAS, CÓLICAS ESTOMACAIS E VÔMITOS	REUMATOLOGISTA
ARTICULAÇÕES INCHADAS, RÍGIDAS E DOLORIDAS	REUMATOLOGISTA
COCEIRA INTENSA E CONTÍNUA	DERMATOLOGISTA
DOR QUE IRRADIA DA PARTE INFERIOR DAS COSTAS ATÉ A COXA E ABAIXO DOS JOELHOS	CLÍNICO GERAL OU FISIOTERAPEUTA
PENSAMENTOS OU PERCEPÇÕES INCOMUNS, ALUCINAÇÕES, DELÍRIOS, DISTÚRBIOS DE MOVIMENTO E PENSAMENTO, PERDA OU DIMINUIÇÃO DA CAPACIDADE DE INICIAR PLANOS OU FALAR	CLÍNICO GERAL, PSIQUIATRA
ANEMIA E GENGIVAS MOLES E COM SANGRAMENTO	CLÍNICO GERAL
FEBRE, DOR, VERMELHIDÃO E INCHAÇO DA GARGANTA E AMÍGDALAS	CLÍNICO GERAL

PRIMEIROS SOCORROS

PRIMEIROS SOCORROS SÃO OS SOCORROS IMEDIATOS PRESTADOS A UMA PESSOA DOENTE OU FERIDA E QUE CONSISTE EM TÉCNICAS SIMPLES DE SALVAMENTO QUE PODEM SER FACILMENTE EXECUTADAS POR ALGUÉM QUE NÃO SEJA UM MÉDICO.

É IMPORTANTE QUE UM SOCORRISTA AVALIE E IDENTIFIQUE A NATUREZA DA LESÃO OU DO PROBLEMA E ADMINISTRE A AJUDA APROPRIADA. SE UM PACIENTE ESTIVER INCONSCIENTE:

• TENTE ACORDÁ-LO.
• VERIFIQUE AS VIAS AÉREAS COLOCANDO O OUVIDO PRÓXIMO À BOCA DO PACIENTE.
• SE O PACIENTE NÃO ESTIVER RESPIRANDO NORMALMENTE, INICIE A RESSUSCITAÇÃO BOCA A BOCA.
• DEPOIS DISSO, VERIFIQUE O PULSO QUANTO À CIRCULAÇÃO.

KIT DE PRIMEIROS SOCORROS

UM KIT DE PRIMEIROS SOCORROS É UM CONJUNTO DE SUPRIMENTOS E EQUIPAMENTOS BÁSICOS PARA PRESTAR SOCORRO IMEDIATO A UM PACIENTE.

O KIT É COMPOSTO POR: **BANDAGENS**, TAIS COMO GAZE ESTERILIZADA, ESPARADRAPO, ROLOS DE ATADURAS E CURATIVOS ADESIVOS.

PROTETORES, TAIS COMO PROTETORES OCULARES ESTÉREIS E COMPRESSAS DE GAZE.

LUVAS DESCARTÁVEIS

PACOTE DE ALGODÃO

INSTRUMENTOS, TAIS COMO TESOURA PEQUENA, TERMÔMETRO, MANTA DE EMERGÊNCIA, LANTERNA, PINÇA E SERINGA PARA IRRIGAÇÃO.

CREMES E GÉIS, TAIS COMO CREMES ANTISSÉPTICOS, POMADAS ANTIBIÓTICAS E ANESTÉSICAS OU SPRAY E GÉIS PARA QUEIMADURAS.

COMPRIMIDOS E SOLUÇÕES, TAIS COMO COMPRIMIDOS ANALGÉSICOS E SOLUÇÃO DE REIDRATAÇÃO ORAL (SRO).

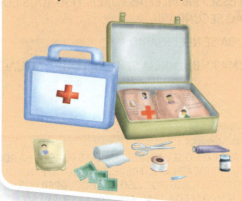

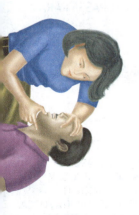

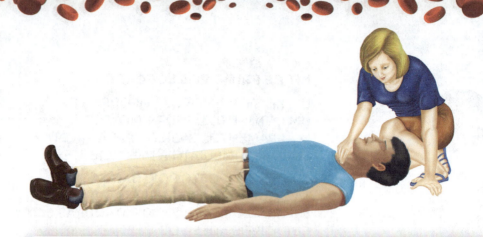

O QUE FAZER

- PROTEJA A SI MESMO E A PESSOA DE QUALQUER PERIGO.
- SEMPRE PROTEJA A SI MESMO PRIMEIRO - NUNCA SE COLOQUE EM RISCO.
- REMOVA A PESSOA SOMENTE NO CASO EM QUE, SE A DEIXAR ONDE ESTÁ, PODERIA CAUSAR AINDA MAIS DANOS A ELA.
- SE NÃO PUDER TORNAR UMA ÁREA SEGURA, CHAME AJUDA DE EMERGÊNCIA.
- EVITE A TRANSMISSÃO DE INFECÇÕES ENTRE VOCÊ E A PESSOA A QUEM ESTÁ AJUDANDO.
- LAVE AS MÃOS COM ÁGUA E SABÃO OU USE ÁLCOOL EM GEL.
- USE LUVAS DESCARTÁVEIS E LIVRES DE LÁTEX.
- NÃO TOQUE EM FERIDAS ABERTAS SEM USAR LUVAS.
- EXPLIQUE A SITUAÇÃO E QUALQUER PROCEDIMENTO QUE IRÁ REALIZAR ANTES DE FAZÊ-LO.
- QUANDO ESSES PROBLEMAS FOREM TRATADOS COM SUCESSO, PASSE PARA A AVALIAÇÃO SECUNDÁRIA.
- PEÇA AJUDA SE NECESSÁRIO.
- CHAME UMA AMBULÂNCIA SE ACHAR QUE A SITUAÇÃO É GRAVE.

CURIOSIDADE

SABE POR QUE ÀS VEZES O SEU NARIZ SANGRA? É PORQUE HÁ ROMPIMENTO DOS VASOS SANGUÍNEOS OU IRRITAÇÃO DO SEU REVESTIMENTO INTERNO, DUAS SITUAÇÕES QUE PODEM OCORRER POR DIVERSOS MOTIVOS. ISSO PODE OCORRER POR CAUSA DE RESSECAMENTO ASSOCIADO AO TEMPO SECO E TRAUMAS COMO ASSOAR OU CUTUCAR O NARIZ COM MUITA FORÇA.

PRIMEIROS SOCORROS PARA ASMA, SANGRAMENTO, QUEIMADURAS E ASFIXIA

ASMA

OS ATAQUES DE ASMA PODEM SER GRAVES E LEVAR A ÓBITO. POR ISSO, É NECESSÁRIO FORNECER CUIDADOS IMEDIATOS A UM PACIENTE COM ASMA.

EM CASO DE ATAQUE DE ASMA:

- DEIXE O PACIENTE CONFORTÁVEL COM BASTANTE AR FRESCO AO REDOR.
- CERTIFIQUE-SE DE QUE O PACIENTE ESTÁ SENTADO ERETO, INCLINANDO-SE UM POUCO PARA A FRENTE.
- DIGA AO PACIENTE PARA FAZER RESPIRAÇÕES LENTAS E PROFUNDAS.
- DÊ QUATRO SOPROS DE UM INALADOR DE ALÍVIO E PEÇA PARA ELE RESPIRAR COM CADA SOPRO.
- AGUARDE ALGUNS MINUTOS E, SE NÃO HOUVER ALÍVIO, CHAME UM MÉDICO IMEDIATAMENTE.

ASFIXIA

PACIENTE CONSCIENTE:

EM CASO DE ASFIXIA, SE HOUVER BLOQUEIO PARCIAL E O PACIENTE ESTIVER CONSCIENTE:

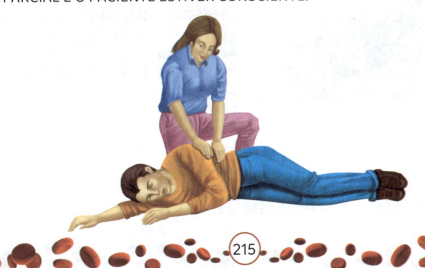

- AGUARDE E INCENTIVE A TOSSE.

SE HOUVER UM BLOQUEIO COMPLETO:

- FIQUE ATRÁS DA PESSOA E ENVOLVA SEUS BRAÇOS EM VOLTA DA CINTURA DELA.
- INCLINE A PESSOA LIGEIRAMENTE PARA A FRENTE, FECHE O PUNHO E POSICIONE-O LIGEIRAMENTE ACIMA DO UMBIGO DA PESSOA.
- SEGURE O PUNHO COM A OUTRA MÃO. PRESSIONE COM FORÇA O ABDÔMEN COM UM IMPULSO RÁPIDO PARA CIMA.
- PEÇA AJUDA MÉDICA SE O BLOQUEIO NÃO FOR REMOVIDO.

SANGRAMENTO

O SANGRAMENTO PODE SER EXTERNO OU INTERNO. GRANDE PERDA DE SANGUE TAMBÉM PODE SER FATAL.

A PRIMEIRA INTENÇÃO DOS PRIMEIROS SOCORROS PARA UM PACIENTE COM SANGRAMENTO É PARAR OU MINIMIZAR A PERDA DE SANGUE.

- CUBRA O MACHUCADO COM GAZE OU CURATIVO E APLIQUE PRESSÃO DIRETA SOBRE ELE.
- SE UM CURATIVO NÃO ESTIVER DISPONÍVEL, UTILIZE UM PEDAÇO DE PANO, TOALHA LIMPA OU A MÃO DIRETAMENTE.
- REGULE O FLUXO SANGUÍNEO PARA O CÉREBRO. FAÇA A PESSOA DEITAR E POSICIONE A CABEÇA LIGEIRAMENTE MAIS BAIXA OU ELEVE AS PERNAS.

- MANTENHA A PRESSÃO POR PELO MENOS 20 MINUTOS.
- SE O SANGRAMENTO CONTINUAR, COLOQUE MAIS MATERIAL ABSORVENTE EM CIMA DO CURATIVO, LIGUE PARA O SERVIÇO DE EMERGÊNCIA E SOLICITE AJUDA.

PACIENTE INCONSCIENTE

SE O PACIENTE ESTIVER INCONSCIENTE:

- ABRA A BOCA, PROCURE OBSTRUÇÃO E REMOVA-A.

SE A OBSTRUÇÃO NÃO PUDER SER LOCALIZADA, ENTÃO:

- DEITE O PACIENTE DE COSTAS. FAÇA DE 6 A 10 COMPRESSÕES ABDOMINAIS.
- SE NÃO OBTIVER SUCESSO, LIGUE PARA O SERVIÇO DE EMERGÊNCIA E SOLICITE AJUDA.

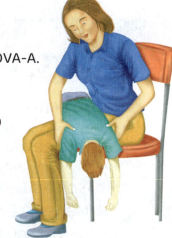

QUEIMADURAS

AS QUEIMADURAS PODEM RESULTAR DE FOGO, VAPOR, LÍQUIDOS QUENTES, PRODUTOS QUÍMICOS E RADIAÇÃO.

EM CASO DE QUEIMADURA:

- SE A ROUPA ESTIVER PEGANDO FOGO, PARE, JOGUE E ROLE A PESSOA NO CHÃO E RESFRIE IMEDIATAMENTE A ÁREA QUEIMADA MERGULHANDO-A EM ÁGUA.
- REMOVA AS JOIAS E AFROUXE AS ROUPAS APERTADAS ANTES QUE OCORRA O INCHAÇO.
- CUBRA A ÁREA QUEIMADA FROUXAMENTE COM UM MATERIAL ESTÉRIL LIMPO E PROCURE AJUDA MÉDICA.

CURIOSIDADE

QUASE 26 MILHÕES DE PESSOAS NOS EUA TÊM ASMA. ISSO EQUIVALE A APROXIMADAMENTE 1 EM CADA 13 PESSOAS.

- QUASE 21 MILHÕES DE ADULTOS NOS EUA COM 18 ANOS OU MAIS TÊM ASMA.
- NOS EUA, AS TAXAS DE ASMA SÃO MAIS ALTAS EM ADULTOS NEGROS.

PRIMEIROS SOCORROS PARA DORES NO PEITO, CONVULSÕES E DIABETES

DOR NO PEITO

AS CAUSAS DA DOR PODEM VARIAR DE PROBLEMAS LEVES, COMO INDIGESTÃO OU ESTRESSE, A EMERGÊNCIAS MÉDICAS GRAVES, COMO UM ATAQUE CARDÍACO.

EM CASO DE SUSPEITA DE ATAQUE CARDÍACO:

- CHAME ASSISTÊNCIA MÉDICA DE EMERGÊNCIA.
- ENQUANTO AGUARDA AJUDA, DÊ UM COMPRIMIDO DE ASPIRINA PARA A PESSOA.
- SE A DOR NO PEITO FOR POR OUTROS MOTIVOS:
- MONITORE OS SINAIS VITAIS.
- CHAME AJUDA DE EMERGÊNCIA.

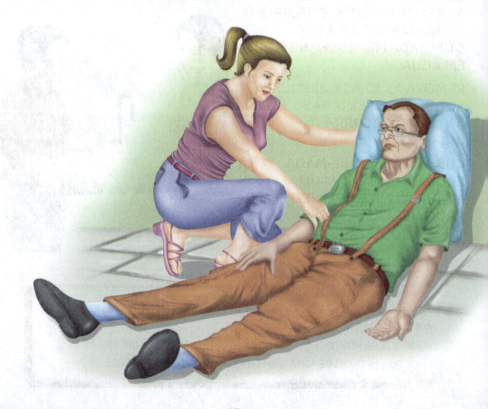

CONVULSÕES

CONVULSÕES, OU CRISES EPILÉPTICAS, OCORREM QUANDO O CORPO DE UMA PESSOA TREME RAPIDAMENTE E DE FORMA INCONTROLÁVEL.

QUANDO OCORREREM CONVULSÕES:

- DEITE A PESSOA NO CHÃO PARA EVITAR QUE ELA CAIA.
- REMOVA MÓVEIS OU OUTROS OBJETOS PONTIAGUDOS QUE ESTIVEREM POR PERTO.
- AFROUXE AS ROUPAS E VIRE A PESSOA DE LADO.
- MONITORE OS SINAIS VITAIS DA PESSOA (PULSO, FREQUÊNCIA RESPIRATÓRIA).
- CHAME AJUDA DE EMERGÊNCIA.

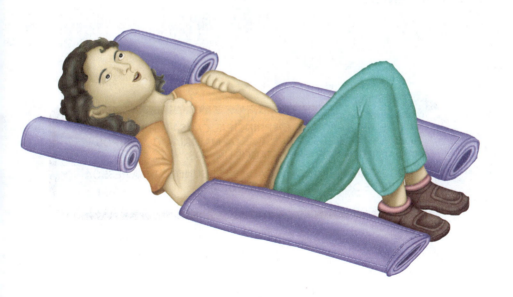

DIABETES

EXISTEM DUAS CONDIÇÕES EM UMA EMERGÊNCIA DIABÉTICA:

- HIPERGLICEMIA (AÇÚCAR ELEVADO NO SANGUE)
- HIPOGLICEMIA (AÇÚCAR BAIXO NO SANGUE)

EM CASO DE HIPERGLICEMIA:

- DÊ À PESSOA LÍQUIDOS SEM AÇÚCAR.
- PERMITA QUE A PESSOA ADMINISTRE SUA PRÓPRIA INSULINA.
- CHAME AJUDA DE EMERGÊNCIA.

EM CASO DE HIPOGLICEMIA:

- FAÇA O PACIENTE SENTAR-SE.
- OFEREÇA UMA BEBIDA OU ALIMENTO DOCE.
- SE A PESSOA SE RECUPERAR, OFEREÇA MAIS BEBIDA DOCE E ALIMENTO.
- SE A PESSOA PERDER A CONSCIÊNCIA, CHAME AJUDA DE EMERGÊNCIA.

CURIOSIDADE

- A DOENÇA CARDÍACA É A PRINCIPAL CAUSA DE MORTE PARA HOMENS, MULHERES E PESSOAS DA MAIORIA DOS GRUPOS RACIAIS E ÉTNICOS NOS ESTADOS UNIDOS.

- NOS ESTADOS UNIDOS, A CADA 34 SEGUNDOS UMA PESSOA MORRE DE DOENÇA CARDIOVASCULAR.

PRIMEIROS SOCORROS PARA FRATURAS, TRAUMATISMO CRANIOENCEFÁLICO E LESÃO OCULAR

FRATURAS

UMA FRATURA É UMA QUEBRA PARCIAL OU COMPLETA DE UM OSSO. EM CASO DE FRATURA:

- IMOBILIZE E FORNEÇA SUPORTE À ÁREA AFETADA.
- PARA FRATURAS NO BRAÇO, PENDURE UMA TIPOIA EM VOLTA DO PESCOÇO PARA APOIO.
- TALAS PODEM SER UTILIZADAS PARA APOIAR OUTRAS PARTES DO CORPO. AMARRE AMBAS AS PERNAS EM CASO DE FRATURA NA PERNA.

LESÃO NO OLHO

EM CASO DE LESÃO NO OLHO:

- NÃO ESFREGUE O OLHO.
- SE HOUVER UM CORPO ESTRANHO NO OLHO:
- COLOQUE O PACIENTE EM UMA POSIÇÃO CONFORTÁVEL E TENTE LIMPAR O OLHO COM ÁGUA LIMPA.
- SE HOUVER QUEIMADURA QUÍMICA NO OLHO OU EXPOSIÇÃO A UMA SUBSTÂNCIA QUÍMICA QUEAFETE A VISÃO, LIMPE OS OLHOS COM BASTANTE ÁGUA LIMPA.

SE HOUVER UMA LESÃO GRAVE:

- ENCAMINHE O PACIENTE PARA O HOSPITAL.

LESÃO NA CABEÇA

LESÕES NA CABEÇA PODEM SER FECHADAS OU ABERTAS (PENETRANTES).

- UMA LESÃO FECHADA SIGNIFICA QUE VOCÊ RECEBEU UM FORTE GOLPE NA CABEÇA AO BATER EM UM OBJETO, MAS O OBJETO NÃO FRATUROU O CRÂNIO.
- UMA LESÃO ABERTA OU PENETRANTE SIGNIFICA QUE VOCÊ FOI ATINGIDO POR UM OBJETO QUE FRATUROU O CRÂNIO E PENETROU NO CÉREBRO. É MAIS PROVÁVEL QUE ISSO ACONTEÇA QUANDO VOCÊ SE MOVE EM ALTA VELOCIDADE, COMO ATRAVESSAR O PARA-BRISA DURANTE UM ACIDENTE DE CARRO. ISSO TAMBÉM PODE OCORRER AO SER ATINGIDO POR UM TIRO NA CABEÇA, POR EXEMPLO.

O QUE FAZER

- APLIQUE GELO NA ÁREA MACHUCADA.
- VERIFIQUE SE A PESSOA ESTÁ RESPIRANDO NORMALMENTE E SE ESTÁ ALERTA.
- SE OCORREREM PROBLEMAS DE VISÃO OU SANGRAMENTO NOS OLHOS OU OUVIDOS, CHAME IMEDIATAMENTE AJUDA MÉDICA.
- OBSERVE POR 24 A 72 HORAS PARA SINTOMAS DE SANGRAMENTO INTERNO.

CURIOSIDADE

- LESÕES CEREBRAIS SÃO A PRINCIPAL CAUSA DE MORTE E INVALIDEZ EM TODO O MUNDO.

- DE TODOS OS TIPOS DE LESÕES, AS CEREBRAIS SÃO AS QUE MAIS PROVAVELMENTE RESULTAM EM MORTE OU INCAPACIDADE PERMANENTE.

- LESÕES CEREBRAIS TRAUMÁTICAS SÃO A PRINCIPAL CAUSA DE DISTÚRBIOS CONVULSIVOS.

PRIMEIROS SOCORROS PARA VENENOS, MORDIDAS E PICADAS

VENENOS

EM CASO DE CONTATO COM VENENO NOS OLHOS:
- DERRAME ÁGUA MORNA NO OLHO.
- CONTINUE POR 15 MINUTOS.
- PISQUE O OLHO O MÁXIMO POSSÍVEL ENQUANTO DERRAMA A ÁGUA.
- NÃO ESFREGUE OS OLHOS.

EM CASO DE ENVENENAMENTO DA PELE:
- REMOVA AS ROUPAS CONTAMINADAS.
- TENTE LAVAR O VENENO, O MAIS RÁPIDO POSSÍVEL, COM ÁGUA E SABÃO.

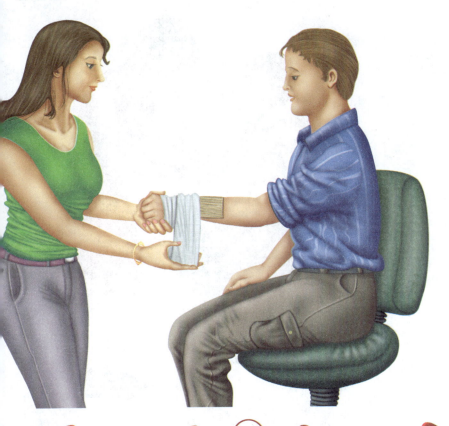

SE O VENENO TIVER SIDO INALADO:
- LEVE IMEDIATAMENTE A PESSOA PARA O AR FRESCO.
- AFROUXE AS ROUPAS DA PESSOA.
- VERIFIQUE OS SINAIS VITAIS.
- INICIE RESPIRAÇÃO ARTIFICIAL SE A PESSOA NÃO ESTIVER RESPIRANDO.
- CHAME POR AJUDA DE EMERGÊNCIA.

O ENVENENAMENTO TAMBÉM PODE OCORRER SE ALGUÉM INGERIR VENENO. EM TAL SITUAÇÃO:
- REMOVA TODOS OS COMPRIMIDOS OU PÓ DA BOCA DA PESSOA.
- LAVE E LIMPE A BOCA.
- INDUZA O VÔMITO.
- SE A PESSOA ESTIVER CONSCIENTE, DÊ ÁGUA PARA BEBER.
- SE ESTIVER INCONSCIENTE, CHAME POR AJUDA DE EMERGÊNCIA.

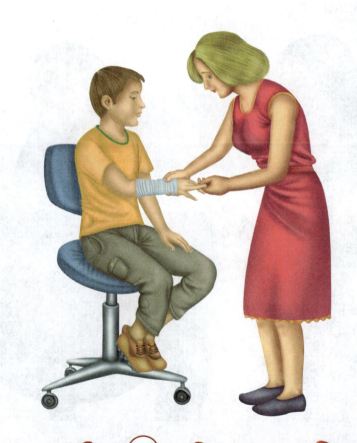

PICADAS

PICADAS DE INSETOS PODEM SER MUITO DOLOROSAS E CAUSAR REAÇÕES ALÉRGICAS. EM CASO DE PICADA:

- REMOVA O FERRÃO OU O INSETO, SE ESTIVER PRESENTE.
- APLIQUE COMPRESSA FRIA PARA ALIVIAR A DOR.
- EM CASO DE ALERGIA GRAVE, ADMINISTRE UM ANTI-HISTAMÍNICO E PROCURE AJUDA MÉDICA.

MORDIDAS

MORDIDAS DE COBRA, ESCORPIÃO E DE CERTOS INSETOS PODEM INJETAR VENENO NO CORPO.

NESSES CASOS:

- PEÇA PARA A PESSOA NÃO MOVER O MEMBRO.
- APLIQUE UM CURATIVO FIRME ACIMA (EM DIREÇÃO AO CORAÇÃO) DA MARCA DA MORDIDA.
- SE A PESSOA ESTIVER INCONSCIENTE, LEVE-A PARA O HOSPITAL.

EM CASO DE MORDIDA DE CACHORRO:

- LIMPE A SALIVA DO FERIMENTO.
- LAVE A FERIDA COM ÁGUA E SABÃO.
- LEVE O PACIENTE PARA O HOSPITAL.

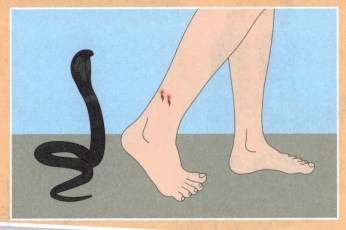

PRIMEIROS SOCORROS DE EMERGÊNCIA

ACIDENTES PODEM ACONTECER EM QUALQUER LUGAR E A QUALQUER MOMENTO. MUITAS VEZES, OS PRIMEIROS SOCORROS PRESTADOS A UM PACIENTE PODEM SER VITAIS PARA SALVAR SUA VIDA.

É IMPORTANTE QUE TODOS ESTEJAMOS FAMILIARIZADOS COM AS NOÇÕES BÁSICAS DE PRIMEIROS SOCORROS PARA LIDAR COM UMA EMERGÊNCIA. SE O PACIENTE ESTIVER INCONSCIENTE E NÃO HOUVER CIRCULAÇÃO, INICIE A RESSUSCITAÇÃO CARDIOPULMONAR E RESPIRAÇÃO BOCA A BOCA.

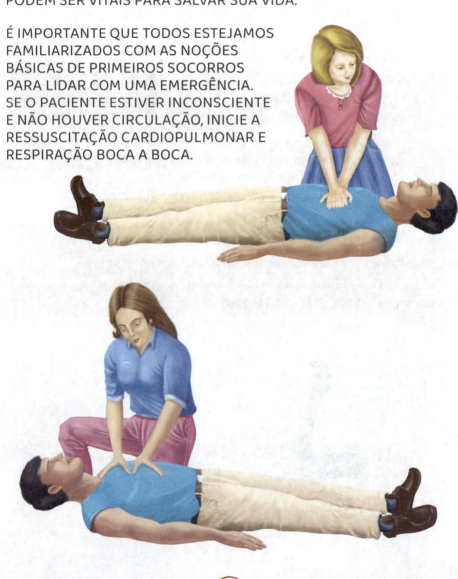

RESSUSCITAÇÃO CARDIOPULMONAR (RCP)

A RCP BOMBEIA SANGUE OXIGENADO PARA O CORPO.

PARA REALIZAR A RCP:

- COLOQUE A BASE DA PALMA DE UMA MÃO NO CENTRO DO PEITO DA PESSOA E A OUTRA MÃO EM CIMA DA PRIMEIRA.
- ENTRELACE SEUS DEDOS
- POSICIONE-SE ACIMA DO PEITO DA PESSOA E PRESSIONE O PEITO.
- LIBERE A PRESSÃO APÓS A COMPRESSÃO.
- DÊ 30 COMPRESSÕES A UMA TAXA DE MENOS DE 2 COMPRESSÕES POR SEGUNDO.

RESSUSCITAÇÃO BOCA A BOCA

- COLOQUE A BASE DA PALMA DE UMA MÃO NO CENTRO DO PEITO DA PESSOA, EM SEGUIDA, A OUTRA MÃO EM CIMA DA PRIMEIRA E PRESSIONE PARA BAIXO POR 5 A 6 CM A UMA TAXA CONSTANTE DE 100 A 120 COMPRESSÕES POR MINUTO.
- INCLINE SUAVEMENTE A CABEÇA DA PESSOA E LEVANTE O QUEIXO COM 2 DEDOS.
- APERTE O NARIZ DA PESSOA.
- FECHE SUA BOCA SOBRE A BOCA DELA E SOPRE DE FORMA CONSTANTE E FIRME DURANTE APROXIMADAMENTE 1 SEGUNDO.
- OBSERVE SE O PEITO DELA SE ELEVA. ADMINISTRE 2 RESPIRAÇÕES DE RESGATE.
- APÓS CADA 30 COMPRESSÕES NO PEITO, ADMINISTRE 2 RESPIRAÇÕES DE RESGATE.
- CONTINUE COM CICLOS DE 30 COMPRESSÕES NO PEITO E 2 RESPIRAÇÕES DE RESGATE ATÉ QUE A PESSOA COMECE A SE RECUPERAR OU A AJUDA DE EMERGÊNCIA CHEGUE.
- REPITA O MESMO PROCEDIMENTO.

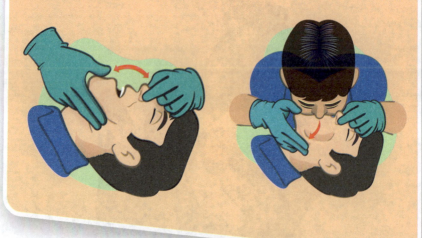

CURIOSIDADE

DE ACORDO COM A INJURY FACTS 2017, A ASFIXIA É A QUARTA PRINCIPAL CAUSA DE MORTE POR LESÃO NÃO INTENCIONAL. DAS 5.051 PESSOAS QUE MORRERAM POR ASFIXIA EM 2017, 2.848 TINHAM MAIS DE 74 ANOS DE IDADE.

COMPREENDENDO NOSSO CORPO: ANATOMIA HUMANA

QUANTOS OSSOS HÁ NO CORPO HUMANO?

AO NASCER, O CORPO HUMANO TEM CERCA DE 350 OSSOS, MAS NA IDADE ADULTA, ALGUNS DELES SE FUNDEM PARA FORMAR UM TOTAL DE 206 OSSOS EM NOSSO CORPO.

QUAL É A IMPORTÂNCIA DO SISTEMA MUSCULAR?

QUER QUEIRAMOS FICAR EM PÉ, ANDAR, SENTAR, FALAR, SORRIR, ABRIR E FECHAR OS OLHOS, PISCAR OU ATÉ MESMO FICAR EMBURRADO, NADA É POSSÍVEL SEM A AJUDA DOS MÚSCULOS. SEM MÚSCULOS, NÃO SERÍAMOS CAPAZES NEM DE RESPIRAR. ALIÁS, NOSSA CAPACIDADE DE VIVER POR UM LONGO TEMPO SERIA MUITO AFETADA NA AUSÊNCIA DELES.

COMO OS OSSOS DO NOSSO CORPO SE DIFEREM DOS FÓSSEIS ENCONTRADOS NO MUSEU, QUE GERALMENTE SÃO SECOS, DUROS, QUEBRADIÇOS E SEM VIDA?

OS OSSOS DO NOSSO CORPO ESTÃO TODOS VIVOS, CRESCENDO E SE MODIFICANDO CONSTANTEMENTE, ASSIM COMO AS DEMAIS PARTES DO CORPO.

COM QUE RAPIDEZ OS NEURÔNIOS (CÉLULAS NERVOSAS) TRANSMITEM AS MENSAGENS?

A VELOCIDADE DA MENSAGEM DEPENDE DO TIPO DE NEURÔNIO POR ONDE ELA VIAJA. ÀS VEZES, PODE SER TÃO LENTA QUANTO 0,5 M/S POR SEGUNDO OU TÃO RÁPIDA QUANTO 120 M/S!

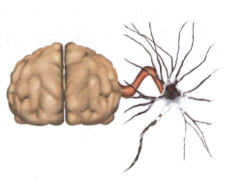

QUANTOS MÚSCULOS COMPÕEM O CORPO HUMANO?

TEMOS MAIS DE 630 MÚSCULOS, QUE COMPÕEM APROXIMADAMENTE 40% DO NOSSO PESO CORPORAL.

COMO OS OSSOS DO NOSSO CORPO CRESCEM?

VÁRIOS OSSOS NO CORPO DE UM BEBÊ SÃO INTEIRAMENTE FORMADOS POR CARTILAGEM, QUE É MACIA E FLEXÍVEL. À MEDIDA QUE O CORPO CRESCE, A CARTILAGEM CRESCE E É LENTAMENTE SUBSTITUÍDA POR OSSOS. ISSO OCORRE COM A AJUDA DO CÁLCIO. O PROCESSO É CONCLUÍDO AOS 25 ANOS DE IDADE. ESSES OSSOS, PORTANTO, FORMAM O ESQUELETO.

COMO PODEMOS MOVER OS DEDOS PARA FRENTE E PARA TRÁS, MESMO QUE OS MÚSCULOS NÃO POSSAM EMPURRAR?

OS MÚSCULOS GERALMENTE TRABALHAM EM PARES. PORTANTO, ELES PUXAM EM DIREÇÕES DIFERENTES OU OPOSTAS, PERMITINDO-NOS MOVER OS DEDOS PARA FRENTE E PARA TRÁS.

EM QUE ASPECTOS OS HUMANOS E OS GORILAS SE DISTINGUEM, APESAR DE AMBOS POSSUÍREM CERCA DE 5 MILHÕES DE PELOS CRESCENDO NA PELE?

ASSIM COMO OS GORILAS, NÓS TAMBÉM TEMOS PELOS POR TODO O CORPO, EXCETO NOS LÁBIOS, NAS PALMAS DAS MÃOS E NAS SOLAS DOS PÉS. MAS ENQUANTO OS GORILAS TÊM PELOS LONGOS E GROSSOS POR TODA PARTE, OS HUMANOS TÊM PELOS EXTREMAMENTE FINOS E CURTOS.

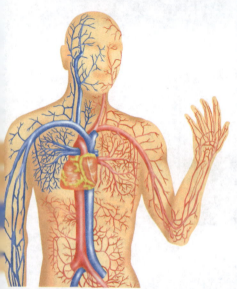

COMO O CORAÇÃO, O SANGUE E OS VASOS SANGUÍNEOS, QUE JUNTOS FORMAM O SISTEMA CARDIOVASCULAR, TRABALHAM EM CONJUNTO?

O CORAÇÃO BOMBEIA O SANGUE PARA OS PULMÕES, ONDE O OXIGÊNIO SE MISTURA A ELE. ESSE SANGUE RICO EM OXIGÊNIO RETORNA AO CORAÇÃO PARA SER BOMBEADO PARA VÁRIAS PARTES DO CORPO. O SANGUE FORMA O SISTEMA DE TRANSPORTE DO CORPO, FORNECENDO OXIGÊNIO E NUTRIENTES CONTINUAMENTE. UMA VEZ QUE O TRABALHO DE ENTREGA TERMINA, O SANGUE FICA SEM OXIGÊNIO E RETORNA AO CORAÇÃO. MAS EM SUA VIAGEM

DE VOLTA DAS PARTES DO CORPO, O SANGUE ACUMULA OS RESÍDUOS, QUE MAIS TARDE SÃO ELIMINADOS. TODO ESSE SISTEMA FORMA O SISTEMA DE ENTREGAS DO CORPO.

COMO O ESTÔMAGO FORNECE ENERGIA AO LONGO DO DIA?

APÓS O ALIMENTO ENTRAR NO ESTÔMAGO, AS PAREDES DO ÓRGÃO SE CONTRAEM E MISTURAM O ALIMENTO COM OS ÁCIDOS PRESENTES NELE. ESSES ÁCIDOS AJUDAM A DIGERIR O ALIMENTO E TRANSFORMÁ-LO EM NUTRIENTES. OS NUTRIENTES FORNECEM ENERGIA AO CORPO. O ESTÔMAGO ARMAZENA ALIMENTOS, PARA QUE AS REFEIÇÕES FEITAS DURANTE O DIA POSSAM FORNECER ENERGIA.

COMO A PELE GARANTE UMA BOA SAÚDE?

A PELE É COMPOSTA POR CAMADAS DE CÉLULAS MORTAS E PLANAS QUE IMPEDEM QUE MICRO-ORGANISMOS ENTREM NO CORPO E CAUSEM INFECÇÕES. ALÉM DE OUTRAS FUNÇÕES, A PELE TAMBÉM PROTEGE O CORPO DO AMBIENTE, ESPECIALMENTE DO SOL, EVITANDO A PERDA EXCESSIVA DE ÁGUA. ALGUMAS DESSAS FUNÇÕES SÃO TÃO IMPORTANTES QUE, SE A MAIOR PARTE DA PELE NÃO ESTIVER FUNCIONANDO BEM, NÃO PODEREMOS SOBREVIVER.

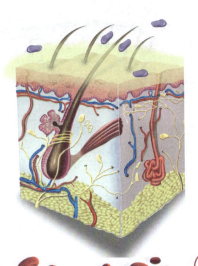

COMO O CÉREBRO HUMANO SE COMUNICA COM OUTRAS PARTES DO CORPO?

O CÉREBRO FAZ PARTE DO SISTEMA NERVOSO E DETECTA TUDO POR MEIO DOS NEURÔNIOS, UM TIPO DE CÉLULA NERVOSA. DIFERENTES PARTES DO CÉREBRO CONTROLAM DIFERENTES ÁREAS. EM TERMOS GERAIS, ELE É DIVIDIDO EM 2 LADOS: O LADO ESQUERDO DO CÉREBRO CONTROLA O LADO DIREITO DO CORPO, E O LADO DIREITO DO CÉREBRO CONTROLA O LADO ESQUERDO DO CORPO.

COMO OCORRE O MOVIMENTO DA PUPILA NOS OLHOS?

É ATRAVÉS DA PUPILA QUE OS RAIOS DE LUZ ENTRAM NO GLOBO OCULAR. O TAMANHO DA PUPILA MUDA, DEPENDENDO DA LUZ DISPONÍVEL. SÃO OS MÚSCULOS DA ÍRIS QUE FAZEM A PUPILA DILATAR OU CONTRAIR.

COMO O CORPO SEPARA SUBSTÂNCIAS NOCIVAS DAS BENÉFICAS, MESMO MANTENDO O EQUILÍBRIO INTERNO ESSENCIAL PARA A VIDA?

DURANTE ESSAS FUNÇÕES, OS DOIS RINS ENTRAM EM AÇÃO. ESSES ÓRGÃOS RENAIS EXAMINAM A QUALIDADE DO SANGUE E FILTRAM SUBSTÂNCIAS ÚTEIS, ENQUANTO ELIMINAM OS RESÍDUOS. OS RINS ATUAM COMO OS "MESTRES DA QUÍMICA" DO CORPO HUMANO.

COMO O PÂNCREAS AJUDA NA DIGESTÃO?

O PÂNCREAS, LOCALIZADO NA PARTE POSTERIOR DO ABDÔMEN, ATRÁS DO ESTÔMAGO, SECRETA SUCOS PANCREÁTICOS, CONTENDO ENZIMAS DIGESTIVAS QUE DECOMPÕEM CARBOIDRATOS, GORDURAS E PROTEÍNAS.

COMO A PASSAGEM DO SANGUE PELO FÍGADO AJUDA?

ESSA FUNÇÃO AJUDA A DECOMPOR OS NUTRIENTES DO SANGUE EM FORMAS MAIS FÁCEIS DE SEREM UTILIZADAS PELO CORPO. ALÉM DISSO, O FÍGADO TEM CERCA DE 500 OUTRAS FUNÇÕES VITAIS. ENTRE ELAS, ESTÃO: RESISTÊNCIA A INFECÇÕES PELA REMOÇÃO DE BACTÉRIAS DO SANGUE, REGULAÇÃO DA COAGULAÇÃO DO SANGUE ETC.

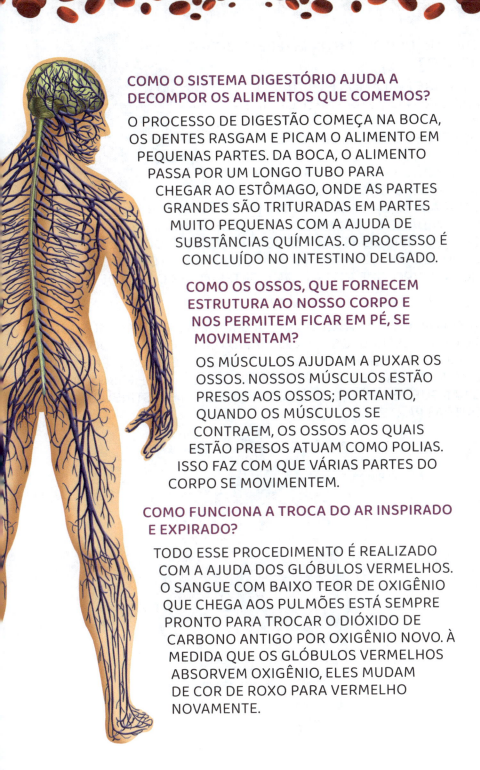

COMO O SISTEMA DIGESTÓRIO AJUDA A DECOMPOR OS ALIMENTOS QUE COMEMOS?

O PROCESSO DE DIGESTÃO COMEÇA NA BOCA, OS DENTES RASGAM E PICAM O ALIMENTO EM PEQUENAS PARTES. DA BOCA, O ALIMENTO PASSA POR UM LONGO TUBO PARA CHEGAR AO ESTÔMAGO, ONDE AS PARTES GRANDES SÃO TRITURADAS EM PARTES MUITO PEQUENAS COM A AJUDA DE SUBSTÂNCIAS QUÍMICAS. O PROCESSO É CONCLUÍDO NO INTESTINO DELGADO.

COMO OS OSSOS, QUE FORNECEM ESTRUTURA AO NOSSO CORPO E NOS PERMITEM FICAR EM PÉ, SE MOVIMENTAM?

OS MÚSCULOS AJUDAM A PUXAR OS OSSOS. NOSSOS MÚSCULOS ESTÃO PRESOS AOS OSSOS; PORTANTO, QUANDO OS MÚSCULOS SE CONTRAEM, OS OSSOS AOS QUAIS ESTÃO PRESOS ATUAM COMO POLIAS. ISSO FAZ COM QUE VÁRIAS PARTES DO CORPO SE MOVIMENTEM.

COMO FUNCIONA A TROCA DO AR INSPIRADO E EXPIRADO?

TODO ESSE PROCEDIMENTO É REALIZADO COM A AJUDA DOS GLÓBULOS VERMELHOS. O SANGUE COM BAIXO TEOR DE OXIGÊNIO QUE CHEGA AOS PULMÕES ESTÁ SEMPRE PRONTO PARA TROCAR O DIÓXIDO DE CARBONO ANTIGO POR OXIGÊNIO NOVO. À MEDIDA QUE OS GLÓBULOS VERMELHOS ABSORVEM OXIGÊNIO, ELES MUDAM DE COR DE ROXO PARA VERMELHO NOVAMENTE.

COMO PODEMOS SENTIR DIFERENTES TIPOS DE ODOR?

O AR QUE INALAMOS É FILTRADO PRIMEIRO POR UMA PAREDE FINA E VISCOSA CHAMADA MUCO. JUNTO COM OS PELOS DO NARIZ, ELE RETÉM TODAS AS PARTÍCULAS DE POEIRA. À MEDIDA QUE AVANÇA PARA DENTRO DO NARIZ, O AR PASSA POR CANAIS E ENTRA NA CAVIDADE NASAL. AO ATINGIR A PARTE SUPERIOR DA CAVIDADE, ENTRA EM CONTATO COM VÁRIAS CÉLULAS NERVOSAS CAPAZES DE DETECTAR O ODOR. ESSAS CÉLULAS, ENTÃO, ENVIAM SINAIS PARA O CENTRO DO OLFATO NO CÉREBRO, QUE NOS AJUDA A DETERMINAR O TIPO DE ODOR.

COMO INSPIRAMOS OXIGÊNIO?

RESPIRAMOS COM A AJUDA DO DIAFRAGMA E OUTROS MÚSCULOS. QUANDO INSPIRAMOS O AR, O DIAFRAGMA É EMPURRADO PARA BAIXO E CRIA ESPAÇO PARA OS PULMÕES SE EXPANDIREM COMO UM PAR DE BALÕES. NOS PULMÕES, O OXIGÊNIO SE MISTURA COM O SANGUE. ESSE SANGUE RICO EM OXIGÊNIO É DISTRIBUÍDO PARA OUTRAS PARTES DO CORPO.

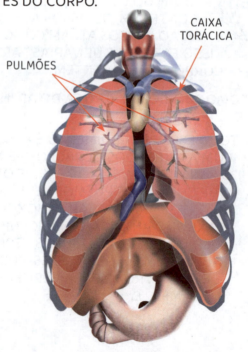

COMO OCORRE O MOVIMENTO DOS MÚSCULOS?

OS MÚSCULOS SE MOVEM PRINCIPALMENTE CONVERTENDO ENERGIA EM MOVIMENTO. A ENERGIA É OBTIDA A PARTIR DOS ALIMENTOS INGERIDOS. AS FIBRAS (FEIXE DE MUITAS CÉLULAS) NOS MÚSCULOS OS AJUDAM A SE CONTRAIR E RELAXAR DE VOLTA AO TAMANHO ORIGINAL.

COMO O CORPO EXPULSA OS DIVERSOS RESÍDUOS PRODUZIDOS?

ISSO É FEITO PELO SISTEMA URINÁRIO. O RESÍDUO, QUE FLUI NO SANGUE, É FILTRADO NOS RINS. EM SEGUIDA, ELE FLUI POR TUBOS CHAMADOS URETERES ATÉ A BEXIGA, QUE É UMA BOLSA ELÁSTICA, E ENTÃO É EXPULSO PELA URETRA.

COMO OS DOIS SENTIDOS DO PALADAR E DO OLFATO ESTÃO RELACIONADOS?

HÁ MOMENTOS EM QUE O CHEIRO DA COMIDA NOS FAZ GOSTAR DO SEU SABOR TAMBÉM, NÃO É MESMO? QUANDO MASTIGAMOS NOSSA COMIDA FAVORITA, AS MOLÉCULAS DE ODOR SE DECOMPÕEM E FLUEM PARA A CAVIDADE NASAL. ISSO, PORTANTO, NOS AJUDA A DETECTAR O CHEIRO DA COMIDA "SABOROSA"!

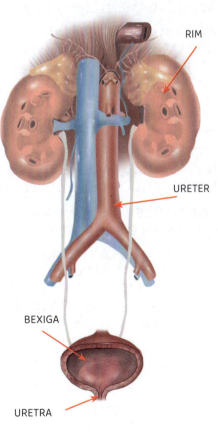

COMO A ÁGUA CONTRIBUI PARA MANTER A FORMA FÍSICA?

ÁGUA É A MELHOR MANEIRA DE CONTROLAR AQUELAS HORRÍVEIS CRISES DE FOME. ALÉM DE REDUZIR O APETITE, ELA TAMBÉM LIMPA O CORPO DE TOXINAS E RESÍDUOS ADICIONAIS. EM MÉDIA, UMA PESSOA DEVE BEBER PELO MENOS 2 LITROS DE ÁGUA POR DIA.

COMO DEVEMOS EXERCITAR NOSSO CÉREBRO PARA QUE ELE NÃO ATROFIE SE NÃO FOR USADO ADEQUADAMENTE?

NÃO PRECISAMOS DE DISPOSITIVOS DE ALTA TECNOLOGIA OU DE UM INSTRUTOR DE GINÁSTICA SUPER-HUMANO PARA EXERCITAR NOSSO CÉREBRO. TODA VEZ QUE USAMOS NOSSO CÉREBRO LENDO, ESTUDANDO, RESOLVENDO ENIGMAS E APRENDENDO NOVAS HABILIDADES ESTAMOS EXERCITANDO NOSSO CÉREBRO!

COMO BEBER CHÁ AJUDA A COMBATER O CÂNCER?

O CHÁ CONTÉM ANTIOXIDANTES, QUE NEUTRALIZAM O EFEITO DOS RADICAIS LIVRES QUE SE ACREDITA SEREM CAUSADORES DE CÂNCER.

COMO SUPERAR A NÁUSEA COM A AJUDA DE ALGUNS REMÉDIOS CASEIROS ÚTEIS?

O PÓ BEM MOÍDO DE SEMENTES DE CARDAMOMO FRITAS COM MEL É EFICAZ NA CURA DA TENDÊNCIA AO VÔMITO.

É POSSÍVEL CONSTRUIR FORÇA MUSCULAR SEM SE INSCREVER OU PARTICIPAR DE AULAS EM UMA ACADEMIA?

A MELHOR E MAIS SIMPLES MANEIRA DE ADICIONAR FORÇA AOS MÚSCULOS DAS PERNAS E FAZER UM TREINO CARDIOVASCULAR AO MESMO TEMPO É SUBIR ESCADAS. E MELHOR AINDA, SE SUBIRMOS DOIS DEGRAUS POR UMA VEZ. ISSO AJUDA A FORTALECER OS MÚSCULOS DA COXA E DO BUMBUM.

COMO UMA ABORDAGEM POSITIVA NOS AJUDA A MANTER UMA PERSONALIDADE SAUDÁVEL?

SE PASSARMOS 30 MINUTOS POR DIA FAZENDO ALGO QUE REALMENTE GOSTAMOS – LER UM BOM LIVRO, VISITAR UM AMIGO, BRINCAR COM O ANIMAL DE ESTIMAÇÃO, OUVIR MÚSICA OU COZINHAR – A ATIVIDADE NOS AJUDA A DESCONTRAIR, RELAXAR E NOS LIVRA DO ESTRESSE DO DIA.

COMO OS MORANGOS BENEFICIAM NOSSA SAÚDE?

UMA SUBSTÂNCIA QUÍMICA NATURAL ENCONTRADA NOS MORANGOS AJUDA A IMPULSIONAR NOSSA MEMÓRIA. ESSA SUBSTÂNCIA TAMBÉM É ENCONTRADA EM TOMATES, CEBOLAS, LARANJAS, MAÇÃS, PÊSSEGOS, UVAS E KIWIS.

DE QUE OUTRA FORMA O ÁLCOOL IMPACTA NOSSO PESO ALÉM DE ADICIONAR ESSAS CALORIAS EXTRAS À NOSSA DIETA?

SABEMOS QUE ALGUMAS BEBIDAS ALCOÓLICAS, DE 3 A 4 VEZES POR SEMANA, ACRESCENTARIAM CERCA DE 1.000 CALORIAS À NOSSA DIETA. ALÉM DISSO, O ÁLCOOL ATUA COMO ESTIMULANTE DO APETITE, FORÇANDO-NOS A AUMENTAR A INGESTÃO DE ALIMENTOS.

COMO FORAM DESCOBERTOS OS GRUPOS SANGUÍNEOS?

QUANDO DOIS TIPOS DIFERENTES DE SANGUE ENTRAM EM CONTATO, ISSO CAUSA O ESPESSAMENTO DO SANGUE. O SANGUE COAGULADO PODE CAUSAR REAÇÕES FATAIS. KARL LANDSTEINER DESCOBRIU QUE, QUANDO UMA PESSOA RECEBE SANGUE DE FORA, ANTICORPOS SÃO FORMADOS PARA SE OPOR A ELE. POR ISSO, SE O SANGUE FOR DIFERENTE DAQUELE JÁ PRESENTE NO CORPO, PODE CAUSAR ENVENENAMENTO. O TRABALHO DE KARL LANDSTEINER LEVOU À DESCOBERTA DOS DIFERENTES GRUPOS SANGUÍNEOS.

COMO CUIDAR DOS OUVIDOS?

OS OUVIDOS SÃO VITAIS PARA AS FUNÇÕES DIÁRIAS DE NOSSA VIDA. É IMPORTANTE CUIDAR DELES. NUNCA DEVEMOS COLOCAR OBJETOS EXTERNOS NO OUVIDO – NEM PARA ALIVIAR COCEIRAS, TAMPOUCO PARA LIMPAR A CERA. NUNCA SE SABE QUANDO ISSO PODE IR MUITO FUNDO E ROMPER O TÍMPANO. TENHA MUITO CUIDADO PARA NÃO LEVAR PANCADAS MUITO FORTES NO SEU OUVIDO OU OUVIR BARULHOS ALTOS POR MUITO TEMPO. AMBAS AS COISAS PODEM LEVAR À PERDA AUDITIVA.

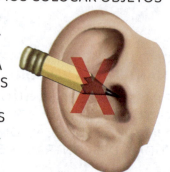

COMO FUNCIONA A ANESTESIA?

VÁRIOS TIPOS DE GASES CAUSAM ANESTESIA INALATÓRIA. CADA GÁS POSSUI SUAS PRÓPRIAS PROPRIEDADES. ALGUNS SÃO FÁCEIS DE INALAR, OUTROS TÊM UM CHEIRO FORTE, MAS SÃO ANESTÉSICOS DE CURTA DURAÇÃO. EXISTEM VÁRIAS MANEIRAS DE ADMINISTRAR A ANESTESIA. A ANESTESIA GERAL É INALADA OU INJETADA NAS VEIAS. ELA COLOCA A PESSOA PARA DORMIR POR UM BOM TEMPO. A ANESTESIA EPIDURAL E RAQUIDIANA É ADMINISTRADA POR MEIO DA INJEÇÃO DE MEDICAMENTO NA COLUNA VERTEBRAL. A PESSOA GERALMENTE PERMANECE ACORDADA DURANTE O PROCEDIMENTO, MAS HÁ DORMÊNCIA NA PARTE INFERIOR DO CORPO. A ANESTESIA REGIONAL E LOCAL SÃO ADMINISTRADAS INJETANDO O MEDICAMENTO NA PELE OU ESFREGANDO-O NA PELE AFETADA. A ANESTESIA REGIONAL PODE CAUSAR DORMÊNCIA EM UMA GRANDE ÁREA, ENQUANTO A LOCAL É USADA ANTES DE PEQUENAS CIRURGIAS.

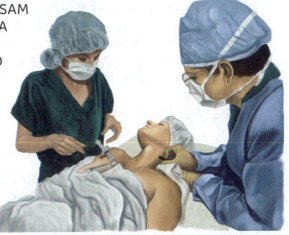

COMO A VACINA CONTRA A GRIPE VIRAL PREVINE ATAQUES CARDÍACOS?

PESSOAS QUE JÁ TIVERAM UM ATAQUE CARDÍACO OU CIRURGIAS CARDÍACAS TÊM O CORAÇÃO ENFRAQUECIDO. QUALQUER TIPO DE INFECÇÃO VIRAL, INCLUINDO A GRIPE, FAZ COM QUE O CORAÇÃO TRABALHE MAIS. AS VACINAS CONTRA A GRIPE TÊM EFEITOS ADICIONAIS QUE PROTEGEM OS PACIENTES CARDÍACOS DE TEREM UM PROBLEMA CARDÍACO GRAVE.

COMO FOI DESCOBERTO O RAIO-X?

A DESCOBERTA DOS RAIOS-X FOI ACIDENTAL! WILHELM RÖNTGEN ESTAVA REALIZANDO EXPERIMENTOS COM RADIAÇÃO DE RAIOS CATÓDICOS (ELÉTRONS CARREGADOS NEGATIVAMENTE). FOI DURANTE ESSE PERÍODO QUE ELE PERCEBEU QUE OS RAIOS ESTAVAM PASSANDO POR UM PAPEL PRETO OPACO E FAZENDO UMA MESA PRÓXIMA BRILHAR. MAIS PESQUISAS E ESTUDOS SOBRE ESSE PROCESSO LEVARAM À DESCOBERTA DOS RAIOS-X.

COMO BEBER MUITA ÁGUA PODE CAUSAR A MORTE?

BEBER MUITA ÁGUA MUITO RÁPIDO PODE CAUSAR INTOXICAÇÃO HÍDRICA. QUANDO UMA PESSOA INGERE UMA QUANTIDADE EXCESSIVA DE ÁGUA, OUTROS NUTRIENTES NO CORPO SE DILUEM E NÃO CONSEGUEM DESEMPENHAR SUAS FUNÇÕES.

COMO PREVENIR O MAU ODOR CORPORAL?

O MAU ODOR CORPORAL TEM ORIGEM NO SUOR. A FORÇA DO ODOR DEPENDE DA QUANTIDADE DE SUOR SECRETADA PELAS GLÂNDULAS SUDORÍPARAS E DA QUANTIDADE DE BACTÉRIAS PRESENTES NA PELE. A MELHOR MANEIRA DE PREVENI-LO É REMOVER O SUOR E AS BACTÉRIAS. CERTOS ALIMENTOS, COMO A PIMENTA, PODEM AFETAR A QUANTIDADE DE SUOR PRODUZIDA POR UM INDIVÍDUO. O AROMA DE OUTROS ALIMENTOS FORTES, COMO ALHO, CEBOLA, ESPECIARIAS E ÁLCOOL, PODE SER TRANSPORTADO PELO SUOR.

LANCHINHO MÁGICO DA SABEDORIA

MASTIGAR CHOCOLATE PODE AJUDAR SUA MEMÓRIA E AUMENTAR O DESEMPENHO DO SEU CÉREBRO!

CURIOSIDADES SOBRE O CORPO HUMANO

1 O RITMO CIRCADIANO DAS MULHERES ESTÁ À FRENTE DO DOS HOMENS

UM ESTUDO CANADENSE REVELA QUE AS MULHERES TÊM UM RITMO CIRCADIANO QUE ESTÁ DE 1,7 A 2,3 HORAS À FRENTE DE SEUS PARCEIROS HOMENS. ISSO SIGNIFICA QUE ELAS SENTEM MAIS CANSAÇO NO INÍCIO DA NOITE DO QUE OS HOMENS. O RITMO CIRCADIANO É QUALQUER PROCESSO BIOLÓGICO COM OSCILAÇÃO DE APROXIMADAMENTE 24 HORAS.

2 HUMANOS TÊM SEGUNDO CÉREBRO

O SISTEMA DIGESTÓRIO HUMANO É CONSIDERADO O "SEGUNDO CÉREBRO" PORQUE DE 80 A 90% DAS FIBRAS NERVOSAS DO SISTEMA NERVOSO ENTÉRICO VÃO DO INTESTINO AO CÉREBRO. O SISTEMA NERVOSO ENTÉRICO EM HUMANOS É COMPOSTO POR CERCA DE 500 MILHÕES DE NEURÔNIOS, QUASE CINCO VEZES MAIS DO QUE O DA MEDULA ESPINHAL HUMANA, QUE POSSUI 100 MILHÕES DE NEURÔNIOS. ELE CONTINUA A FUNCIONAR MESMO QUANDO O NERVO VAGO (OU NERVO PNEUMOGÁSTRICO) É CORTADO.

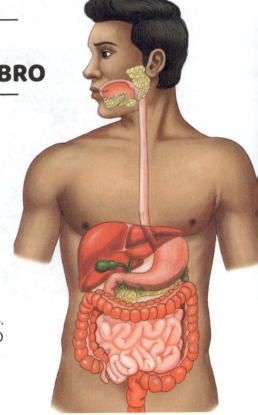

3 O QUE UM CORPO HUMANO CONTÉM?

O CORPO HUMANO MÉDIO É COMPOSTO POR CERCA DE 60 ELEMENTOS QUÍMICOS, INCLUINDO OXIGÊNIO, CARBONO, HIDROGÊNIO, NITROGÊNIO, POTÁSSIO, ENXOFRE, ZINCO, FERRO, CLORO E MAGNÉSIO, PARA CITAR ALGUNS.

4 POR QUE SENTIMOS SEDE?

A SENSAÇÃO DE SEDE É CONSIDERADA UM EFEITO DA INGESTÃO INSUFICIENTE DE ÁGUA. VOCÊ COMEÇA A SENTIR SEDE QUANDO A PERDA DE ÁGUA EQUIVALE A APENAS 1% DO SEU PESO CORPORAL E SEU CORPO COMEÇA A DESIDRATAR. A PERDA DE MAIS DE 5% PODE CAUSAR DESIDRATAÇÃO GRAVE E, POR FIM, MAIS DE 10% PODE SER FATAL.

5 DE QUANTOS ÁTOMOS VOCÊ É FEITO?

OS HUMANOS SÃO FEITOS DE MUITAS COISAS DIFERENTES E MUITAS VEZES AS CALCULAMOS EM NÚMERO DE ÁTOMOS. UM SER HUMANO ADULTO É COMPOSTO POR CERCA DE 7.000.000.000.000.000.000.000.000.000 (7 OCTILHÕES DE) ÁTOMOS.

6 O SUOR É INODORO

O SUOR EM SI É INODORO. O SUOR PRODUZIDO PELAS GLÂNDULAS APÓCRINAS, LOCALIZADAS NAS AXILAS, É COMPOSTO POR PROTEÍNAS E ÁCIDOS GRAXOS. QUANDO AS BACTÉRIAS E OS PELOS DA PELE ABSORVEM ESSAS SUBSTÂNCIAS, ELAS PRODUZEM UM ODOR DESAGRADÁVEL QUE CHAMAMOS DE SUOR.

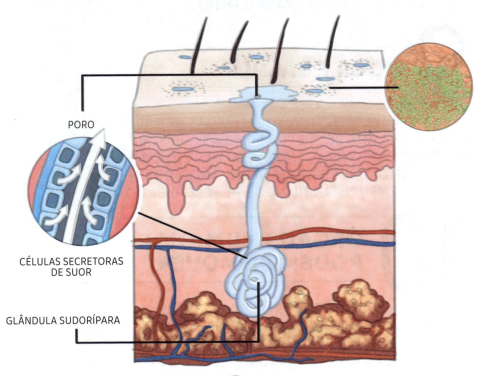

7 HIGIENE BUCAL DE DESTROS

INDIVÍDUOS QUE UTILIZAM A MÃO DIREITA PARA ESCOVAR OS DENTES TÊM UMA VANTAGEM EM TERMOS DE HIGIENE BUCAL, POIS APRESENTAM MENOR OCORRÊNCIA OU PREVALÊNCIA DE CÁRIES EM COMPARAÇÃO COM OS CANHOTOS. ISSO SE DEVE À SUA MELHOR DESTREZA MANUAL E EFICIÊNCIA DE ESCOVAÇÃO.

8 ALGUMAS PESSOAS NUNCA DESENVOLVEM DIGITAIS

ISSO ACONTECE POR CAUSA DE UMA MUTAÇÃO EM UMA VERSÃO DO GENE SMARCAD1. ALGUMAS PESSOAS NÃO TÊM SULCOS NOS DEDOS DEVIDO A ESSA MUTAÇÃO. UM PAI OU MÃE PODE SER SUFICIENTE PARA TRANSMITIR A MUTAÇÃO PARA O FILHO.

9 BOCA E SALIVA

AS GLÂNDULAS SALIVARES, LOCALIZADAS NA PARTE INTERNA DE CADA BOCHECHA E NA BASE DA BOCA, PRODUZEM APROXIMADAMENTE DE 1 A 2 LITROS DE SALIVA POR DIA. VOCÊ A ESTÁ RECICLANDO, PORQUE ESTÁ CONSTANTEMENTE ENGOLINDO E REABSORVENDO-A.

10 ÓRGÃOS HUMANOS PODEM SE MOVER

ALGUNS ÓRGÃOS INTERNOS FROUXAMENTE CONECTADOS, COMO ESTÔMAGO E INTESTINOS, GANHAM UM POUCO DE "TEMPO NO AR" DURANTE OS PASSEIOS DE MONTANHA-RUSSA E, NA VERDADE, MOVEM-SE!

11 É POSSÍVEL SOBREVIVER SEM ÓRGÃOS

EXISTEM MUITOS ÓRGÃOS INTERNOS SEM OS QUAIS O CORPO HUMANO PODE FUNCIONAR. UM CORPO HUMANO PODE SOBREVIVER SEM UM PULMÃO, UM RIM, SEM ESTÔMAGO (O ESÔFAGO PODE SER CONECTADO AO INTESTINO DELGADO), SEM BAÇO (EMBORA O CORPO HUMANO SEJA PROPENSO A INFECÇÕES), SEM ÓRGÃOS REPRODUTIVOS, SEM CÓLON E APÊNDICE.

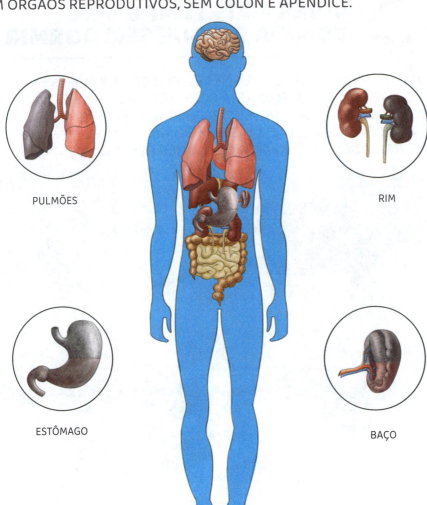

12 — O MAIOR ÓRGÃO

O FÍGADO É O 2º MAIOR ÓRGÃO INTERNO (PERDENDO APENAS PARA A PELE) E A MAIOR GLÂNDULA DO CORPO HUMANO.

13 — OS HUMANOS CONSEGUEM VIVER MAIS TEMPO SEM COMIDA DO QUE SEM DORMIR

O HUMANO MÉDIO CONSEGUE SOBREVIVER DE 1 A 2 MESES SEM COMIDA DEVIDO À SUA GORDURA CORPORAL. PESSOAS PRIVADAS DE SONO COMEÇAM A APRESENTAR COMPROMETIMENTOS COGNITIVOS APÓS ALGUNS DIAS SEM DORMIR. O MAIOR TEMPO REGISTRADO SEM DORMIR POR QUALQUER PESSOA É DE 11 DIAS.

14 O HUMANO COMO CÉLULA ÚNICA

CADA HUMANO COMEÇA SUA VIDA COMO UM ORGANISMO UNICELULAR, QUANDO O ESPERMATOZOIDE E O ÓVULO SE ENCONTRAM PELA PRIMEIRA VEZ. DEPOIS DE ALGUM TEMPO, AS CÉLULAS COMEÇAM A SE DIVIDIR E FORMAM UM MINÚSCULO EMBRIÃO.

15 A GORDURA DILATA OS VASOS SANGUÍNEOS

CADA QUILO DE GORDURA QUE VOCÊ ADICIONA AO SEU CORPO REQUER UM NOVO SUPRIMENTO DE SANGUE, ENTÃO O SISTEMA CIRCULATÓRIO SE EXPANDE PARA TORNÁ-LA PARTE DO SEU CORPO. ISSO SIGNIFICA MAIS ESFORÇO E TRABALHO PARA O CORAÇÃO.

16 CORPO HUMANO: SEMELHANTE AO SISTEMA SOLAR

ESTRELAS E SUPERNOVAS FORAM IDENTIFICADAS COMO CRIADORAS DE MUITOS ELEMENTOS DO CORPO HUMANO. FERRO, CÁLCIO E OXIGÊNIO FORAM CRIADOS QUANDO ESTRELAS E SUPERNOVAS EXPLODIRAM E SE DISPERSARAM NO ESPAÇO INTERESTELAR.

17 OS HUMANOS E O RUBOR

O RUBOR É UMA EMOÇÃO MUITO RARA. OS HUMANOS SÃO A ÚNICA ESPÉCIE NO MUNDO QUE CORAM. DARWIN CHAMOU O RUBOR DE "A MAIS ESTRANHA E A MAIS HUMANA DE TODAS AS EXPRESSÕES".

18 OS HUMANOS COSTUMAVAM TER CAUDAS

O CORPO HUMANO SE TRANSFORMOU AO LONGO DE CENTENAS DE MILHÕES DE ANOS. SE VOLTARMOS NO TEMPO, NOSSOS ANCESTRAIS TINHAM UMA PEQUENA CAUDA ESTRANHA. MAS COM O PASSAR DO TEMPO, QUANDO OS HUMANOS APRENDERAM A ANDAR, A CAUDA SE TORNOU UM RESQUÍCIO. A CAUDA É UMA DAS COISAS MAIS ANTIGAS QUE O CORPO HUMANO AINDA POSSUI!

19 O CÉREBRO DE EINSTEIN ERA DIFERENTE

O PESO DO CÉREBRO DE ALBERT EINSTEIN ERA DE 1,2 KG, 10% MENOR DO QUE O CÉREBRO MÉDIO DE 1,4 KG. NO ENTANTO, A DENSIDADE DE NEURÔNIOS ERA MAIOR DO QUE A DO CÉREBRO MÉDIO.

20 ÁGUA E O CORPO HUMANO

O PAPEL DA ÁGUA NO CORPO HUMANO É MUITO IMPORTANTE. ELA SACIA A NOSSA SEDE, LUBRIFICA AS ARTICULAÇÕES, ALIVIA CÃIBRAS E DISTENSÕES MUSCULARES, EQUILIBRA A PRESSÃO ARTERIAL E AJUDA NA CIRCULAÇÃO DO SANGUE POR TODO O CORPO.

21 CRESCER É, NA VERDADE, TORNAR-SE COMPLETAMENTE NOVO

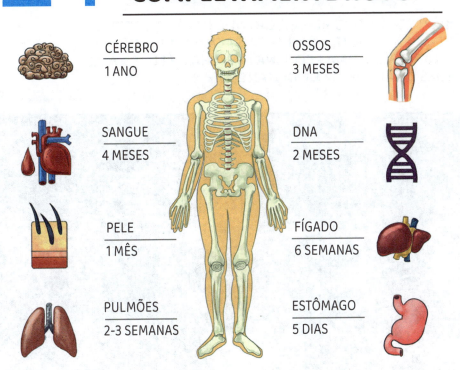

CÉREBRO — 1 ANO
OSSOS — 3 MESES
SANGUE — 4 MESES
DNA — 2 MESES
PELE — 1 MÊS
FÍGADO — 6 SEMANAS
PULMÕES — 2-3 SEMANAS
ESTÔMAGO — 5 DIAS

AS CÉLULAS SÃO SUBSTITUÍDAS NO CORPO HUMANO TODOS OS DIAS. CÉLULAS NÃO SAUDÁVEIS SÃO SUBSTITUÍDAS POR NOVAS CÉLULAS SAUDÁVEIS. ALÉM DISSO, AS CÉLULAS QUE EXISTIAM DURANTE A SUA PUBERDADE JÁ FORAM TODAS SUBSTITUÍDAS. PORTANTO, VOCÊ POSSUI UM NOVO CORAÇÃO, PULMÕES, LÁBIOS, OLHOS E ASSIM POR DIANTE.

22 AS MULHERES VIVEM MAIS

AS MULHERES VIVEM MAIS DO QUE OS HOMENS EM TODO O MUNDO. ELAS POSSUEM UMA VANTAGEM BIOLÓGICA QUE LHES PERMITE VIVER MAIS TEMPO. DE ACORDO COM O RELATÓRIO DE 2016 DA ORGANIZAÇÃO MUNDIAL DA SAÚDE (OMS), A EXPECTATIVA DE VIDA GLOBAL É DE 72 ANOS (74,2 ANOS PARA MULHERES E 69,8 ANOS PARA HOMENS).

23 VERIFIQUE SE VOCÊ CONSEGUE ENXERGAR ANDRÔMEDA

A GALÁXIA DE ANDRÔMEDA, A GRANDE GALÁXIA ESPIRAL PRÓXIMA À VIA LÁCTEA, É A ÚNICA GALÁXIA QUE PODEMOS VER A OLHO NU. É UMA PEQUENA MANCHA DE LUZES, A 2,5 MILHÕES DE ANOS-LUZ DE DISTÂNCIA.

24 PERSPECTIVA CANÔNICA DA SOCIEDADE

PEGUE UM LÁPIS E UM PAPEL E TENTE DESENHAR UMA XÍCARA DE CAFÉ. A XÍCARA DE CAFÉ FOI DESENHADA DE LADO, COM UMA FORMA OVAL NO TOPO. A QUESTÃO É: COMO SABEMOS O QUE ESTÁ NA SUA MENTE? NÓS, PESSOAS EM UMA SOCIEDADE, TEMOS UMA MANEIRA PARTICULAR E CONSISTENTE DE OLHAR OU VER AS COISAS.

25 OS RINS SÃO OS FILTROS DO NOSSO CORPO

OS RINS, ÓRGÃOS EM FORMATO DE FEIJÃO, TÊM 11 A 14 CM DE COMPRIMENTO, 6 CM DE LARGURA E 4 CM DE ESPESSURA. ELES FILTRAM CERCA DE 1,3 LITRO DE SANGUE POR MINUTO E LIBERAM ATÉ 1,4 LITRO DE URINA POR DIA.

SISTEMA CIRCULATÓRIO

26 COMPRIMENTO DOS VASOS SANGUÍNEOS HUMANOS

OS VASOS SANGUÍNEOS DE UM ADULTO DO SEXO MASCULINO, QUANDO REUNIDOS E ESTENDIDOS, TÊM O COMPRIMENTO DE 161.000 KM. ISSO É EQUIVALENTE A DAR DUAS VOLTAS AO REDOR DA TERRA.

27 BATIMENTOS CARDÍACOS SÃO MAIS RÁPIDOS NAS MULHERES

O CORAÇÃO DE UMA MULHER É ⅔ DO TAMANHO DO CORAÇÃO DE UM HOMEM. EM MÉDIA, O CORAÇÃO DE UM HOMEM BATE DE 70 A 72 VEZES POR MINUTO, ENQUANTO O CORAÇÃO DE UMA MULHER ADULTA BATE DE 78 A 82 VEZES POR MINUTO.

28 O ESTÔMAGO E SUA CAPACIDADE

O ESTÔMAGO HUMANO PODE ARMAZENAR ATÉ 1,5 LITRO DE ALIMENTO, O QUE EQUIVALE A CERCA DE 400 CALORIAS DE ÓLEO, CARNE BOVINA OU VEGETAIS. ESSA CAPACIDADE PERMITE QUE O ESTÔMAGO SE ADAPTE A UMA VARIEDADE DE DIETAS.

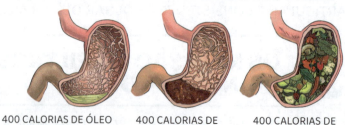

400 CALORIAS DE ÓLEO   400 CALORIAS DE CARNE BOVINA   400 CALORIAS DE VEGETAIS

29 TUDO SOBRE O PÂNCREAS

ISSO FOI DESCOBERTO POR UM ESTUDANTE DE ANATOMIA ALEMÃO, PAUL LANGERHANS, QUANDO ELE TINHA APENAS 22 ANOS. O PÂNCREAS NÃO CONTÉM CARTILAGEM OU OSSO. NO INTERIOR DO PÂNCREAS, EXISTEM UM MILHÃO DE AGLOMERADOS DE CÉLULAS QUE REGULAM O AÇÚCAR NO SANGUE.

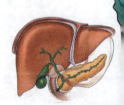

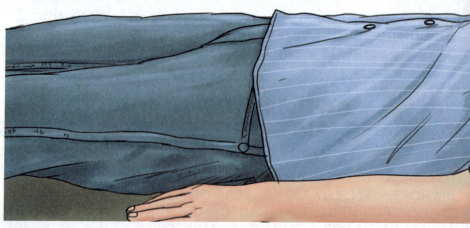

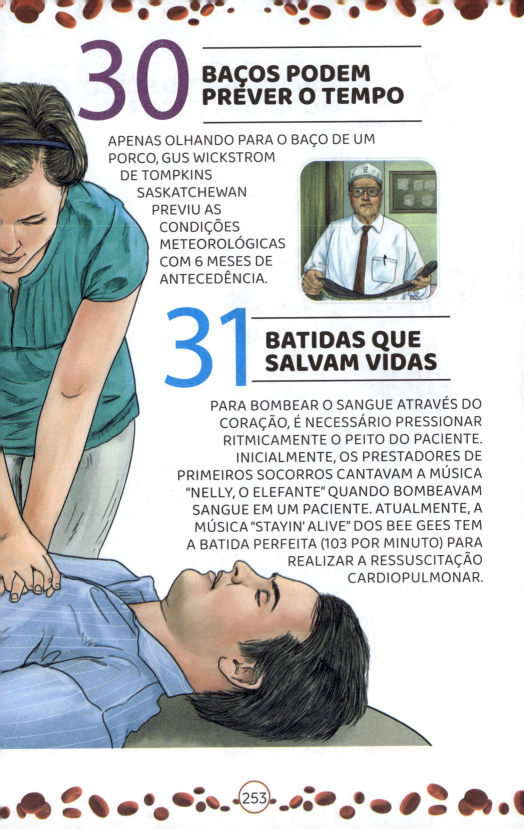

30 BAÇOS PODEM PREVER O TEMPO

APENAS OLHANDO PARA O BAÇO DE UM PORCO, GUS WICKSTROM DE TOMPKINS SASKATCHEWAN PREVIU AS CONDIÇÕES METEOROLÓGICAS COM 6 MESES DE ANTECEDÊNCIA.

31 BATIDAS QUE SALVAM VIDAS

PARA BOMBEAR O SANGUE ATRAVÉS DO CORAÇÃO, É NECESSÁRIO PRESSIONAR RITMICAMENTE O PEITO DO PACIENTE. INICIALMENTE, OS PRESTADORES DE PRIMEIROS SOCORROS CANTAVAM A MÚSICA "NELLY, O ELEFANTE" QUANDO BOMBEAVAM SANGUE EM UM PACIENTE. ATUALMENTE, A MÚSICA "STAYIN' ALIVE" DOS BEE GEES TEM A BATIDA PERFEITA (103 POR MINUTO) PARA REALIZAR A RESSUSCITAÇÃO CARDIOPULMONAR.

32 300 MILHÕES DE CÉLULAS MORREM A CADA MINUTO

A CADA MINUTO, CERCA DE 300 MILHÕES DE CÉLULAS MORREM NO CORPO HUMANO, POIS ELAS SÃO CONTINUAMENTE CRIADAS E DESTRUÍDAS.

33 TIPOS SANGUÍNEOS

EXISTEM 29 GRUPOS SANGUÍNEOS RECONHECIDOS PRESENTES NA SUPERFÍCIE DOS GLÓBULOS VERMELHOS. O TIPO SANGUÍNEO AB-NEGATIVO É CONSIDERADO O MAIS RARO, ENQUANTO O TIPO O-POSITIVO É O MAIS COMUM.

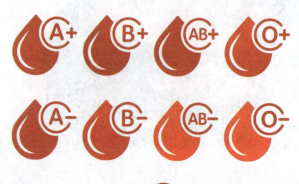

SISTEMA DIGESTÓRIO

34 COMPRIMENTO DO INTESTINO DELGADO

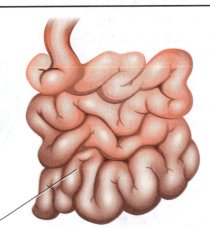

O INTESTINO DELGADO TEM EM MÉDIA 6-7 METROS DE COMPRIMENTO QUANDO ESTICADO. ELE ABSORVE NUTRIENTES DE TUDO O QUE COMEMOS E BEBEMOS, UTILIZANDO PEQUENAS PROJEÇÕES SEMELHANTES A DEDOS, CHAMADAS VILOS.

INTESTINO DELGADO

35 COMPRIMENTO DO INTESTINO GROSSO

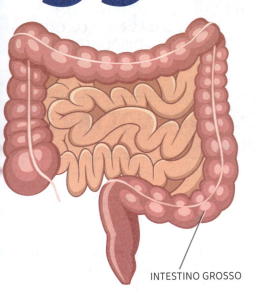

O INTESTINO GROSSO HUMANO TEM APROXIMADAMENTE 1,5 METRO DE COMPRIMENTO. OS SERES HUMANOS TÊM UM INTESTINO MAIS CURTO EM COMPARAÇÃO COM O DOS MACACOS, PRINCIPALMENTE PORQUE CONSOMEM UMA DIETA MENOS FIBROSA QUE A DELES.

INTESTINO GROSSO

36 ÓRGÃO QUE NÃO TEM SUPRIMENTO SANGUÍNEO

A CÓRNEA É O ÚNICO ÓRGÃO DO CORPO HUMANO QUE NÃO RECEBE SUPRIMENTO SANGUÍNEO. ELA ABSORVE OXIGÊNIO DO AR. A CÓRNEA É A LENTE NATURAL E TRANSPARENTE LOCALIZADA NA PARTE FRONTAL DO OLHO. SUA SUPERFÍCIE EM FORMA DE CÚPULA COBRE A ÍRIS, A PUPILA E A CÂMARA ANTERIOR, ONDE HÁ UMA SEGUNDA LENTE INTERNA.

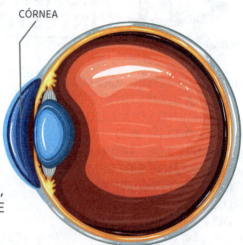

CÓRNEA

37 DIGESTÃO E O SEU CORPO

O SISTEMA DIGESTÓRIO COMPREENDE O TRATO GASTROINTESTINAL (TGI), O FÍGADO, O PÂNCREAS E A VESÍCULA BILIAR. O TGI É UM CONJUNTO DE ÓRGÃOS UNIDOS EM UM TUBO DE 9 METROS QUE VAI DA BOCA AO ÂNUS. SEUS INTESTINOS ESTÃO DISPOSTOS EM FORMA CIRCULAR, SIMILAR A UM DONUT.

38 O FÍGADO PODE VOLTAR A CRESCER

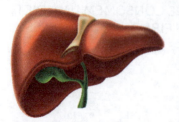

O FÍGADO PODE CRESCER NOVAMENTE SE PARTE DO ÓRGÃO FOR REMOVIDA DEVIDO À LESÃO, DOENÇA OU CIRURGIA. ELE PODE CRESCER ATÉ ATINGIR O TAMANHO EXATO DO CORPO COMO ANTES. É O ÚNICO ÓRGÃO VISCERAL QUE CONSEGUE SE REGENERAR.

39 — O ESTÔMAGO FABRICA UM NOVO REVESTIMENTO A CADA TRÊS DIAS

O ESTÔMAGO SECRETA ÁCIDO CLORÍDRICO (HCL) DURANTE O PROCESSO DIGESTÓRIO. O REVESTIMENTO MUCOSO NA PAREDE DO ESTÔMAGO MANTÉM O POTENTE HCL DENTRO DO SISTEMA DIGESTÓRIO. COMO CONSEQUÊNCIA, ELE DECOMPÕE O ALIMENTO QUE VOCÊ CONSOME, MAS NÃO O PRÓPRIO ESTÔMAGO.

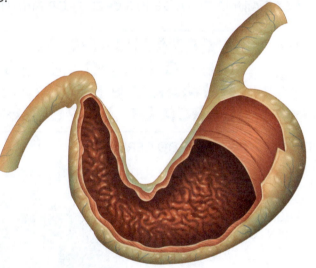

SISTEMA NERVOSO

40 — ATÉ ONDE O OLHO HUMANO CONSEGUE ENXERGAR?

NUMA NOITE ESCURA O OLHO HUMANO CONSEGUE ENXERGAR A CHAMA DE UMA VELA A 48 KM DE DISTÂNCIA. O OBJETO MAIS DISTANTE VISÍVEL A OLHO NU É A GALÁXIA DE ANDRÔMEDA, LOCALIZADA A 2,6 MILHÕES DE ANOS-LUZ DE DISTÂNCIA DA TERRA.

41 AS MULHERES PISCAM MAIS DO QUE OS HOMENS

AS MULHERES PISCAM MAIS RÁPIDO E COM MAIS FREQUÊNCIA DO QUE OS HOMENS. OS HOMENS PISCAM CERCA DE 14,5 VEZES POR MINUTO, ENQUANTO AS MULHERES PISCAM 14,9 VEZES POR MINUTO. ISSO É ATRIBUÍDO AO FATO DE QUE NÍVEIS MAIS ELEVADOS DE ESTROGÊNIO DESENCADEIAM A PRODUÇÃO DE LUBRIFICANTES NOS OLHOS. O CONSUMO DE PÍLULAS ANTICONCEPCIONAIS DE ALTO TEOR DE ESTROGÊNIO PODE LEVAR A PISCAR A UMA TAXA DE 19,6 VEZES POR MINUTO.

42 A CAPACIDADE DE MEMÓRIA DO CÉREBRO HUMANO É ESTIMADA EM CERCA DE 2,5 PETABYTES

A CAPACIDADE DE MEMÓRIA DO CÉREBRO HUMANO É DE CERCA DE 2,5 PETABYTES, EQUIVALENTE A UM MILHÃO DE GIGABYTES. APESAR DO ESPAÇO DE ARMAZENAMENTO DO CÉREBRO SER RELATIVAMENTE PEQUENO, A REDE COMPLEXA DE NEURÔNIOS MULTIPLICA A CAPACIDADE DE ARMAZENAMENTO. SE CONSIDERARMOS QUE 2,5 PETABYTES PODERIAM ARMAZENAR TRÊS MILHÕES DE HORAS DE PROGRAMAS DE TV, ISSO SIGNIFICA QUE, SE ESSES PROGRAMAS FOSSEM EXIBIDOS CONTINUAMENTE NA TELEVISÃO, SERIAM NECESSÁRIOS MAIS DE 300 ANOS DE TRANSMISSÃO ININTERRUPTA PARA CONSUMIR TODA ESSA CAPACIDADE DE ARMAZENAMENTO.

43 VELOCIDADE DAS MENSAGENS

AS MENSAGENS NO CÉREBRO VIAJAM A VELOCIDADES DE ATÉ 431 KM/H. OS SINAIS SÃO TRANSMITIDOS COM A AJUDA DE SUBSTÂNCIAS QUÍMICAS ESPECIAIS CHAMADAS "NEUROTRANSMISSORES".

44 HEMISFÉRIO DIREITO DO CÉREBRO

O LADO DIREITO DO CÉREBRO CONTROLA O LADO ESQUERDO DO CORPO. O HEMISFÉRIO DIREITO DO CÉREBRO ESTÁ ASSOCIADO À CRIATIVIDADE, IMAGINAÇÃO, MÚSICA E ARTES.

45 O LADO ESQUERDO CONTROLA O LADO DIREITO

O LADO ESQUERDO DO CÉREBRO CONTROLA O LADO DIREITO DO CORPO. ELE ESTÁ ASSOCIADO A ÁREAS DE LINGUAGEM, LÓGICA, RACIOCÍNIO, CIÊNCIA E MATEMÁTICA.

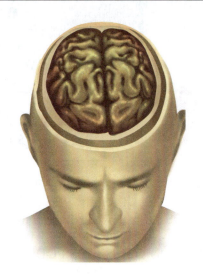

46 SONO E CALORIAS

COMPARATIVAMENTE, DORMIR CONSOME MAIS CALORIAS DO QUE ASSISTIR TELEVISÃO. A EXPECTATIVA DE VIDA DIMINUI QUANDO SE DORME MENOS DE 7 HORAS POR NOITE.

- 12 DESENVOLVA UM RITUAL PARA DORMIR.
- 1 DURMA EM SILÊNCIO E NO ESCURO.
- 2 NÃO COMA MUITO ANTES DE DORMIR.
- 3 NÃO FUME E NÃO BEBA ÁLCOOL.
- 4 FAÇA UMA CAMINHADA ANTES DE IR PARA A CAMA, AO AR LIVRE.
- 5 ABANDONE A CAFEÍNA E AS BEBIDAS ENERGÉTICAS.
- 6 DURMA EM UMA CAMA FIRME, NIVELADA E CONFORTÁVEL.
- 7 MANTENHA UMA TEMPERATURA FAVORÁVEL PARA DORMIR.
- 8 VÁ PARA A CAMA E ACORDE NO MESMO HORÁRIO TODOS OS DIAS.
- 9 EVITE COLOCAR APARELHOS ELÉTRICOS DE TRABALHO PRÓXIMOS À SUA CABEÇA.
- 10 NÃO ASSISTA TV OU JOGUE VIDEOGAME ANTES DE DORMIR.
- 11 EVITE FICAR FOCADO NA INSÔNIA.

47 O CÉREBRO HUMANO PRODUZ ELETRICIDADE

O CÉREBRO HUMANO É COMPOSTO POR CERCA DE 100 BILHÕES DE CÉLULAS MICROSCÓPICAS CHAMADAS NEURÔNIOS. UM ÚNICO NEURÔNIO PRODUZ APENAS UMA PEQUENA QUANTIDADE DE ELETRICIDADE, MAS TODOS OS SEUS NEURÔNIOS JUNTOS PODEM GERAR ELETRICIDADE SUFICIENTE PARA ALIMENTAR UMA PEQUENA LÂMPADA.

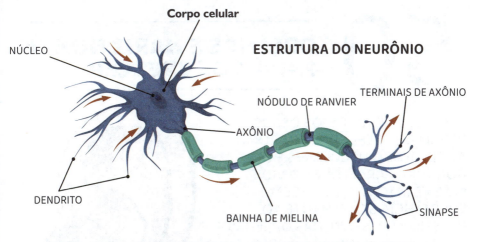

ESTRUTURA DO NEURÔNIO

- NÚCLEO
- Corpo celular
- DENDRITO
- AXÔNIO
- BAINHA DE MIELINA
- NÓDULO DE RANVIER
- TERMINAIS DE AXÔNIO
- SINAPSE

48 RECÉM-NASCIDOS ENGOLEM E RESPIRAM AO MESMO TEMPO

DURANTE A RESPIRAÇÃO, A BOCA DO RECÉM-NASCIDO FICA FECHADA, E A EPIGLOTE E O PALATO MOLE SE TOCAM. DURANTE A AMAMENTAÇÃO, A LARINGE ELEVA A EPIGLOTE PARA SE INTERLIGAR COM O PALATO MOLE. ESSE FENÔMENO PERMITE QUE O RECÉM-NASCIDO RESPIRE E ENGULA AO MESMO TEMPO.

49 POR QUE VOCÊ ESQUECE SEUS SONHOS?

O SONO CONSISTE EM MUITOS CICLOS. NA ÚLTIMA FASE DO SONO, OCORRE UM GRANDE AUMENTO NA ATIVIDADE CEREBRAL ASSOCIADO AO SONO REM (MOVIMENTO RÁPIDO DOS OLHOS). É DURANTE ESSA FASE QUE OCORREM OS SONHOS. CONSEQUENTEMENTE, OS SONHOS VIVIDOS DURANTE O SONO NÃO SÃO LEMBRADOS APÓS O DESPERTAR.

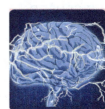

50 ORELHAS E NARIZ NUNCA PARAM DE CRESCER

APÓS A PUBERDADE, OS OSSOS PARAM DE CRESCER, ASSIM COMO AS CÉLULAS MUSCULARES E DE GORDURA PARAM DE SE DIVIDIR. NO ENTANTO, A CARTILAGEM, SUBSTÂNCIA SEMELHANTE AO PLÁSTICO PRESENTE NAS ORELHAS E NO NARIZ, CONTINUARÁ A CRESCER ATÉ A SUA MORTE. OS LÓBULOS DAS ORELHAS AUMENTAM DE TAMANHO DEVIDO À INFLUÊNCIA DA GRAVIDADE.

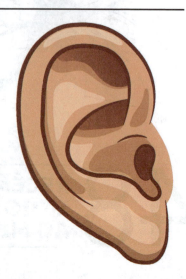

51 NOSSOS CÉREBROS ESTÃO ENCOLHENDO

DE ACORDO COM PESQUISAS, NOSSOS CÉREBROS ESTÃO ENCOLHENDO. EVIDÊNCIAS MOSTRAM QUE NOSSOS ANCESTRAIS TINHAM CÉREBROS MAIORES DO QUE NÓS. NOSSOS CORPOS E CÉREBROS ESTÃO ENCOLHENDO DESDE OS ÚLTIMOS 10.000 ANOS. UM CORPO GRANDE PRECISA DE UM GRANDE SISTEMA NERVOSO E VICE- VERSA.

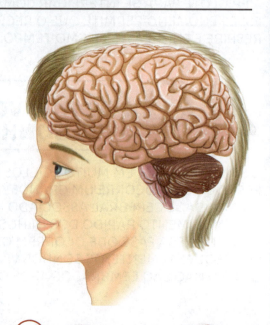

52 APRENDER MUDA O CÉREBRO

APRENDER UM NOVO CONCEITO DE MATEMÁTICA PARECE DIFÍCIL NO INÍCIO, MAS LOGO VOCÊ O DOMINA. À MEDIDA QUE COMEÇA A APRENDER O CONCEITO, SEU CÉREBRO COMEÇA A ENVIAR MENSAGENS DE "NOVOS CONCEITOS" AO LONGO DOS NEURÔNIOS REPETIDAMENTE, FORMANDO NOVAS ASSOCIAÇÕES. NA VERDADE, A FORMA DO SEU CÉREBRO MUDA TODA VEZ QUE VOCÊ APRENDE.

53 O OLHO HUMANO TEM 576 MEGAPIXELS

O OLHO HUMANO SE MOVE RAPIDAMENTE EM PEQUENOS ÂNGULOS. OS OLHOS E O CÉREBRO JUNTOS CAPTAM UMA IMAGEM (MOSTRANDO UMA GRANDE QUANTIDADE DE DETALHES), O QUE É POSSÍVEL GRAÇAS AO NÚMERO DE FOTORRECEPTORES NA RETINA.

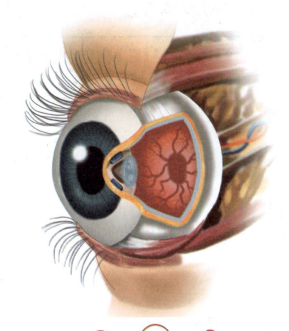

54 CAPACIDADE DE MEMÓRIA DO CÉREBRO

MEMÓRIAS DE LONGO PRAZO, QUE INCLUEM EVENTOS, ACONTECIMENTOS OU INCIDENTES DE APENAS ALGUNS SEGUNDOS ATRÁS A VÁRIOS ANOS ATRÁS, SÃO ARMAZENADAS EM NOSSOS CÉREBROS. NOSSOS CÉREBROS PODEM CONTER ATÉ 1 QUATRILHÃO DE BYTES DE INFORMAÇÃO INDIVIDUAL.

55 O CÉREBRO AMADURECE ATÉ A MEIA-IDADE

ESTUDOS CEREBRAIS REVELARAM QUE O CÓRTEX PRÉ-FRONTAL (A REGIÃO LOGO ATRÁS DA TESTA) MUDA CONSISTENTEMENTE SUA ESTRUTURA DURANTE OS 30 E 40 ANOS DE IDADE. ESSA DESCOBERTA É PARTICULARMENTE SIGNIFICATIVA, POIS O CÓRTEX PRÉ-FRONTAL É UMA PARTE IMPORTANTE DO CÉREBRO E FREQUENTEMENTE É CONSIDERADO CENTRAL PARA O QUE NOS MOLDA COMO INDIVÍDUOS.

56 O TOQUE HUMANO É SENSÍVEL

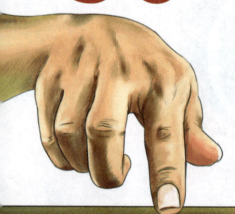

OS DEDOS HUMANOS PODEM SENTIR OBJETOS TÃO PEQUENOS E MINÚSCULOS QUANTO 13 NANÔMETROS. O DEDO HUMANO PODE FACILMENTE DISTINGUIR ENTRE UMA SUPERFÍCIE COM TEXTURA E UMA SUPERFÍCIE SEM TEXTURA, ALÉM DE FACILMENTE SENTIR UMA SALIÊNCIA NO CAMINHO.

57 A AUDIÇÃO É O SENTIDO MAIS RÁPIDO

DE NOSSOS 5 SENTIDOS, A AUDIÇÃO É O MAIS RÁPIDO. O CÉREBRO HUMANO PODE SENTIR A ONDA SONORA QUE CHEGA AO OUVIDO EM APENAS 0,05 SEGUNDOS. ISSO É 10 VEZES MAIS RÁPIDO DO QUE O PISCAR DE UM OLHO.

58 O CÉREBRO UTILIZA 20% DO OXIGÊNIO

O CÉREBRO REPRESENTA APENAS CERCA DE 2% DO PESO CORPORAL, MAS CONSOME MAIS OXIGÊNIO DO QUE QUALQUER OUTRO ÓRGÃO DO CORPO. PORTANTO, RESPIRE PROFUNDAMENTE PARA MANTER SEU CÉREBRO FELIZ E SAUDÁVEL.

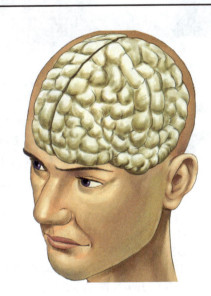

59 — O CÉREBRO É MAIS ATIVO À NOITE

O CÉREBRO É A PARTE MAIS ATIVA DO CORPO HUMANO. ALÉM DISSO, É A PARTE MAIS ATIVA QUANDO VOCÊ ESTÁ DORMINDO. EVIDÊNCIAS SUGEREM QUE INÚMERAS MUDANÇAS OCORREM NO CÉREBRO DURANTE O SONO, E ISSO SE DEVE ÀS CÉLULAS NERVOSAS QUE SE RECONSTROEM.

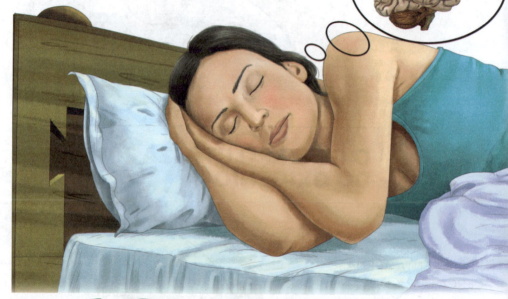

60 — SONS PERTURBAM AS PUPILAS

A PUPILA DO OLHO MUDA O FOCO E A VISÃO EM RESPOSTA A QUALQUER SOM E LUZ NÃO CONVIDADOS. É POR ISSO QUE OS CIRURGIÕES FICAM TÃO INCOMODADOS COM SONS INESPERADOS DURANTE AS CIRURGIAS.

61 O CÉREBRO NÃO PODE SENTIR NADA

O CÉREBRO NÃO CONSEGUE SENTIR DOR POR SI MESMO, PORÉM, ELE É ENVOLVIDO POR VASOS SANGUÍNEOS, MÚSCULOS E MEMBRANAS QUE POSSUEM RECEPTORES DE DOR. A CIRURGIA É FEITA NO CÉREBRO, MAS O CÉREBRO NÃO SENTE A DOR.

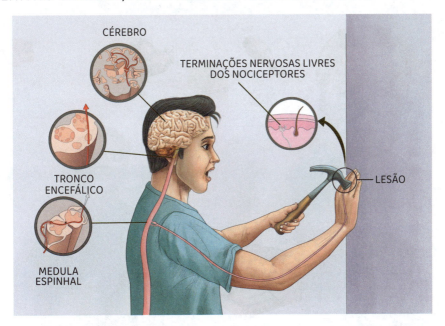

62 O CORAÇÃO BOMBEIA MUITO SANGUE

EM MÉDIA, SEU CORAÇÃO BATE 40.000.000 VEZES POR ANO. PORTANTO, EM TODA A SUA VIDA, O CORAÇÃO BATE 2.600.000.000 VEZES. ISSO SEM NEM MESMO INCLUIR SEUS BATIMENTOS CARDÍACOS AUMENTADOS APÓS O EXERCÍCIO.

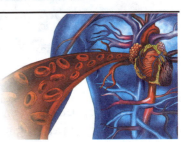

63 ANOSMIA, DISOSMIA E HIPEROSMIA

TODAS AS PALAVRAS A SEGUIR ESTÃO RELACIONADAS AO OLFATO. ANOSMIA SIGNIFICA A INCAPACIDADE DE SENTIR CHEIRO, DISOSMIA É UMA CONDIÇÃO EM QUE AS COISAS NÃO TÊM O CHEIRO QUE DEVERIAM TER, ENQUANTO HIPEROSMIA SIGNIFICA UM FORTE SENSO DE OLFATO.

64 VOCÊ ENXERGA COM SEU CÉREBRO E NÃO COM SEUS OLHOS

OS OLHOS COLETAM INFORMAÇÕES QUE SÃO TRANSFERIDAS PARA O CÉREBRO PARA PROCESSAMENTO. EM SEGUIDA, O CÉREBRO TRADUZ AS INFORMAÇÕES EM ALGO QUE PODEMOS ENTENDER.

65 A CONFUSÃO DE SENTIDOS

A SINESTESIA É UM ESTADO PERCEPTUAL NO QUAL A ESTIMULAÇÃO DE UM SENTIDO PROVOCA UMA EXPERIÊNCIA AUTOMÁTICA E ESPONTÂNEA EM OUTRO SENTIDO. AS PESSOAS PODEM "SENTIR O SABOR" DAS PALAVRAS, "CHEIRAR" OS SONS OU "VER" NÚMEROS COMO CORES.

66 A "ILHA DO GÊNIO"

A SÍNDROME DE SAVANT É UM ESTADO EM QUE PESSOAS COM SÉRIOS PROBLEMAS MENTAIS ADQUIREM UMA "ILHA DE GENIALIDADE". ISSO PODE INCLUIR CÁLCULOS RÁPIDOS, HABILIDADES ARTÍSTICAS, ELABORAÇÃO DE MAPAS OU HABILIDADE MUSICAL. GERALMENTE, APENAS UMA HABILIDADE ESPECIAL ESTÁ PRESENTE.

67 O META-SENTIDO EXTRA CHAMADO "PROPRIOCEPÇÃO"

ALÉM DOS CINCO SENTIDOS, TEMOS UM SEXTO SENTIDO CHAMADO DE SENTIDO META. FECHE OS OLHOS E TOQUE NO SEU NARIZ. VOCÊ TOCA SEU NARIZ COM PRECISÃO, SEM USAR OS OUTROS CINCO SENTIDOS, MAS SIM O QUE É CHAMADO DE SENTIDO DE "PROPRIOCEPÇÃO".

68 O OLHO HUMANO PODE ENXERGAR MUITO MAIS

O OLHO HUMANO PODE DIFERENCIAR ENTRE 10 MILHÕES DE CORES E DISTINGUIR 500 TONS DE CINZA. O GLOBO OCULAR DE UM HUMANO PESA APROXIMADAMENTE 28 G. SEUS OLHOS SE CONCENTRAM EM CERCA DE 50 COISAS POR SEGUNDO. OS OLHOS CONTRIBUEM PARA 85% DO SEU CONHECIMENTO TOTAL.

SISTEMA RESPIRATÓRIO

69 — O PULMÃO ESQUERDO É MENOR QUE O DIREITO

OS PULMÕES ESTÃO LOCALIZADOS EM CADA LADO DO TÓRAX E PROTEGIDOS POR UMA CAIXA TORÁCICA. O PULMÃO ESQUERDO É MENOR QUE O DIREITO, PORQUE COMPARTILHA ESPAÇO NO LADO ESQUERDO DO TÓRAX COM O CORAÇÃO. OS PULMÕES SÃO SEPARADOS PELO CORAÇÃO, VASOS SANGUÍNEOS E TRAQUEIA.

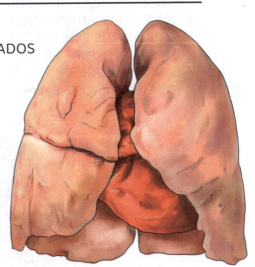

70 — ESPIRRO: VELOCIDADE DE 160 KM/H

CLINICAMENTE, O ESPIRRO É CHAMADO DE ESTERNUTAÇÃO. ELE AJUDA A REMOVER BACTÉRIAS E VÍRUS NOCIVOS. QUANDO OS MINÚSCULOS PELOS DO SEU NARIZ SENTEM UM CONTAMINANTE ESTRANHO, OS MÚSCULOS DOS OLHOS E DO PEITO SE COMPRIMEM E A SALIVA E O MUCO VOAM PARA FORA DO NARIZ E DA BOCA A UMA VELOCIDADE DE CERCA DE 160 KM/H. ATÉ MESMO O SOL PODE FAZER VOCÊ ESPIRRAR.

71 O NARIZ HUMANO TEM A CAPACIDADE DE MEMORIZAR FRAGRÂNCIAS

O NARIZ HUMANO CONSEGUE LEMBRAR DE 50.000 FRAGRÂNCIAS. ELE POSSUI CERCA DE 400 NEURÔNIOS SENSORIAIS OLFATIVOS QUE NOS FACILITAM SENTIR ODORES. AS MOLÉCULAS DOS ODORES SÃO ENTÃO TRANSMITIDAS AOS NEURÔNIOS. NOSSO CÉREBRO CAPTA ESSES ODORES NO AR, PROCESSA-OS E OS TRADUZ EM MEMÓRIAS.

72   50.000 RESPIRAÇÕES POR DIA

OS HUMANOS RESPIRAM EM MÉDIA 12 A 20 VEZES POR MINUTO. ISSO SIGNIFICA CERCA DE 17.000 A 30.000 RESPIRAÇÕES POR DIA. SE VOCÊ CAMINHAR OU ESTIVER MUITO ATIVO, PODE RESPIRAR 50.000 VEZES OU MAIS EM UM DIA. A RESPIRAÇÃO MANTÉM O NÍVEL DE OXIGÊNIO NO SANGUE INDICANDO A SAÚDE DOS PULMÕES.

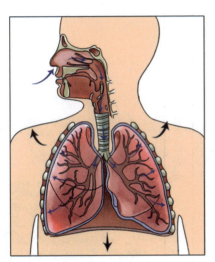 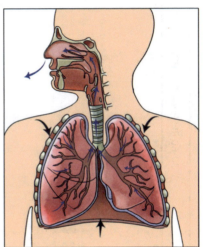

73   A SUPERFÍCIE DOS PULMÕES

A ÁREA TOTAL DA SUPERFÍCIE DOS PULMÕES VARIA DE 50 A 75 M². O EQUIVALENTE A QUASE A MESMA ÁREA DE UM LADO DE UMA QUADRA DE TÊNIS. OS DOIS PULMÕES JUNTOS PESAM APROXIMADAMENTE 1,3 KG, SENDO QUE O PULMÃO DIREITO É MAIS PESADO.

74 QUANTAS VEZES OS RECÉM-NASCIDOS RESPIRAM POR DIA?

UM RECÉM-NASCIDO RESPIRA DE 30 A 60 VEZES POR MINUTO. ISSO PODE DIMINUIR PARA 20 VEZES POR MINUTO ENQUANTO DORME. AOS 6 MESES, OS BEBÊS RESPIRAM CERCA DE 25 A 40 VEZES POR MINUTO. ISSO É MUITO DIFERENTE DO PADRÃO DE RESPIRAÇÃO DE UM ADULTO, RAZÃO PELA QUAL, ÀS VEZES, PAIS DE PRIMEIRA VIAGEM FICAM PREOCUPADOS E ANSIOSOS.

ATÉ 6 MESES: 30-60 RESPIRAÇÕES POR MINUTO

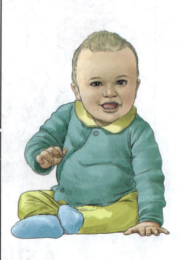

1,5 ANO: 25-40 RESPIRAÇÕES POR MINUTO

75 O CORAÇÃO PODE BATER SE ESTIVER SEPARADO

O CORAÇÃO CONTINUA BATENDO MESMO QUE UMA PESSOA TENHA SIDO DECLARADA COM MORTE CEREBRAL. ELE NÃO

PRECISA DE UM CÉREBRO OU, NA VERDADE, DE UM CORPO PARA CONTINUAR BATENDO. O CORAÇÃO PRECISA DE OXIGÊNIO PARA CONTINUAR BATENDO. ENQUANTO HOUVER OXIGÊNIO NO CORAÇÃO, ELE MANTERÁ SEUS BATIMENTOS.

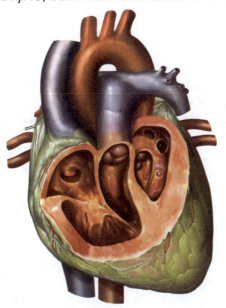

76 OS PULMÕES HUMANOS E SUAS VIAS AÉREAS

OS PULMÕES CONTÊM APROXIMADAMENTE 2.400 KM DE VIAS AÉREAS E 300 A 500 MILHÕES DE ALVÉOLOS. EXISTEM APROXIMADAMENTE 600 MILHÕES DE SACOS PULMONARES (ALVÉOLOS) EM SEUS PULMÕES.

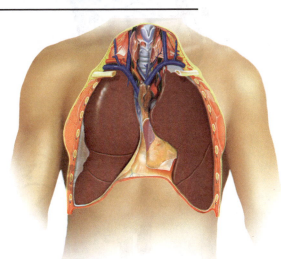

77 O CORAÇÃO BOMBEIA SANGUE A UMA ALTURA DE 9 METROS

SEU CORAÇÃO É O ÓRGÃO MAIS PODEROSO DO SEU CORPO. ISSO PORQUE ELE ESTÁ PROGRAMADO PARA ENTREGAR O SANGUE MESMO NAS ÁREAS MENOS ACESSÍVEIS DO CORPO, COMO OS DEDOS DOS PÉS, AS PONTAS DOS DEDOS E, PORTANTO, PARA FAZER ISSO, É NECESSÁRIO QUE O CORAÇÃO CRIE MUITA PRESSÃO DENTRO DAS VEIAS.

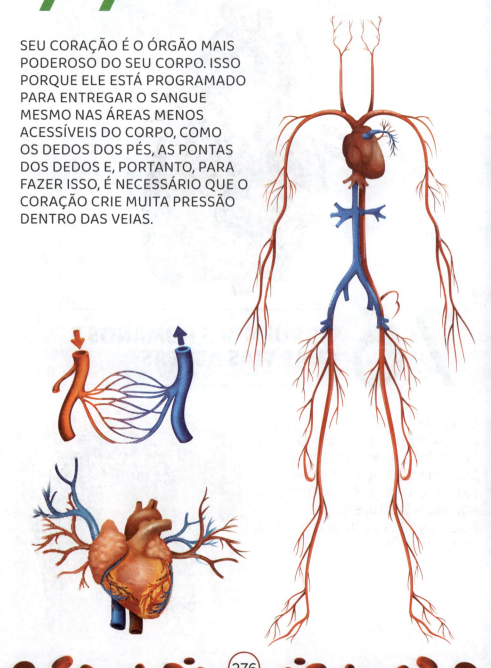

SISTEMA MUSCULOESQUELÉTICO

78 A PALAVRA "MÚSCULOS"

A PALAVRA "MÚSCULO" DERIVA DO TERMO EM LATIM QUE SIGNIFICA "RATINHO", QUE É COMO OS ANTIGOS ROMANOS IMAGINAVAM QUE OS BÍCEPS FLEXIONADOS PARECIAM. HÁ 3 TIPOS DE MÚSCULOS NO CORPO HUMANO: CARDÍACO, LISO E ESQUELÉTICO. DESDE HÁ MUITO TEMPO, OS MÚSCULOS RECEBEM NOMES LATINOS.

79 OSSOS SUPORTAM PESO

OS OSSOS HUMANOS SÃO FEITOS DE COLÁGENO E CÁLCIO. PESQUISAS SUGEREM QUE 1 CM^3 DE OSSO PODE SUPORTAR UM PESO DE 8.626 KG OU MAIS, QUASE A CARGA DE 5 CAMINHONETES.

80 OSSOS DO CORPO HUMANO

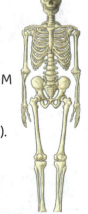

NO NASCIMENTO, O ESQUELETO HUMANO É COMPOSTO POR 300 OSSOS. ESSE NÚMERO DIMINUI PARA 206 NA IDADE ADULTA, À MEDIDA QUE ALGUNS OSSOS SE FUNDEM. O ESQUELETO HUMANO PODE SER DIVIDIDO EM AXIAL (COLUNA VERTEBRAL, CAIXA TORÁCICA, CRÂNIO E OSSOS ASSOCIADOS) E APENDICULAR (CINTURA ESCAPULAR, CINTURA PÉLVICA E OSSOS DOS MEMBROS).

81 O CABELO DOS HOMENS CRESCE MAIS RÁPIDO

O CRESCIMENTO DO CABELO HUMANO É DE CERCA DE 1,25 CM POR MÊS. NO ENTANTO, O CABELO DOS HOMENS CRESCE 6,5% MAIS RÁPIDO QUE O DAS MULHERES. O HORMÔNIO SEXUAL MASCULINO, A TESTOSTERONA, ESTIMULA OS FOLÍCULOS, FAZENDO COM QUE OS CABELOS CRESÇAM MAIS RÁPIDO.

82 O MENOR OSSO DO CORPO HUMANO

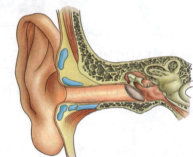

COM 3 MM X 2,5 MM DE TAMANHO, O "ESTRIBO" É O MENOR OSSO DO CORPO HUMANO. O ESTRIBO, TAMBÉM CHAMADO DE ESTAPÉDIO, É ENCONTRADO NA ORELHA MÉDIA (OUVIDO MÉDIO) DOS SERES HUMANOS. ELE DESEMPENHA UM PAPEL IMPORTANTE NO SENTIDO DA AUDIÇÃO.

83 O OSSO MAIS LONGO DO CORPO HUMANO

O FÊMUR É O OSSO MAIS LONGO E MAIS RESISTENTE DO CORPO HUMANO. É O OSSO DA COXA E TEM QUASE 50 CM DE COMPRIMENTO! O FÊMUR COMEÇA NO QUADRIL E SE ESTENDE ATÉ A ÁREA DO JOELHO.

84 O MÚSCULO SÓLEO — CAPAZ DE EXERCER A MAIOR FORÇA

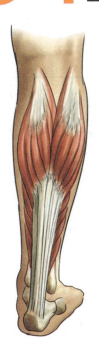

O MÚSCULO DO CORPO HUMANO QUE PUXA COM A MAIOR FORÇA É O SÓLEO. ELE É ENCONTRADO NA PARTE POSTERIOR DA PERNA E SE ESTENDE DE BAIXO DO JOELHO ATÉ O CALCANHAR. O SÓLEO AUXILIA NA CAMINHADA E NA POSIÇÃO EM PÉ. SEU NOME DERIVA DO LATIM "SOLEA", QUE SIGNIFICA "SANDÁLIA". ELE TRABALHA CONTRA A GRAVIDADE PARA MANTER O CORPO ERETO.

85 MASSETER – O MÚSCULO MAIS FORTE COM BASE NO SEU PESO

O MASSETER É O MÚSCULO MAIS FORTE DO CORPO HUMANO EM RELAÇÃO AO SEU PESO. O MÚSCULO MASSETER É UM MÚSCULO FACIAL QUE DESEMPENHA UM PAPEL IMPORTANTE NA MASTIGAÇÃO DE ALIMENTOS SÓLIDOS. ELE CONECTA O MAXILAR INFERIOR E A MAÇÃ DO ROSTO E SE PARECE COM UM PARALELOGRAMO. O MASSETER É O PRINCIPAL MÚSCULO QUE PUXA A MANDÍBULA PARA CIMA.

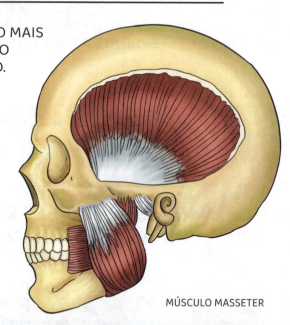

MÚSCULO MASSETER

86 O GLÚTEO MÁXIMO É O MAIOR MÚSCULO DO CORPO HUMANO

O GLÚTEO MÁXIMO TAMBÉM É CONHECIDO COMO OS MÚSCULOS GLÚTEOS. ESSES MÚSCULOS AJUDAM A MOVER OS QUADRIS E COXAS E MANTÉM O TRONCO ERETO. O GLÚTEO MÁXIMO É CONSIDERADO O PRINCIPAL MÚSCULO ANTIGRAVITACIONAL QUE AUXILIA NA SUBIDA DE ESCADAS.

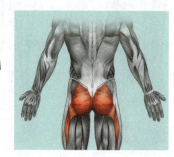

87 O MÚSCULO QUE MAIS TRABALHA

O CORAÇÃO FUNCIONA INCANSAVELMENTE AO LONGO DE TODA A VIDA. A CADA BATIMENTO CARDÍACO, ELE BOMBEIA APROXIMADAMENTE 71 GRAMAS DE SANGUE. AO LONGO DO TEMPO, O CORAÇÃO CHEGA A BOMBEAR UM TOTAL DE 9.450 LITROS DE SANGUE. DURANTE A VIDA DE UMA PESSOA, ELE PODE REALIZAR ATÉ 3 MILHÕES DE BATIMENTOS. SITUADO ENTRE OS PULMÕES, É CONSIDERADO O MÚSCULO QUE MAIS TRABALHA NO CORPO HUMANO.

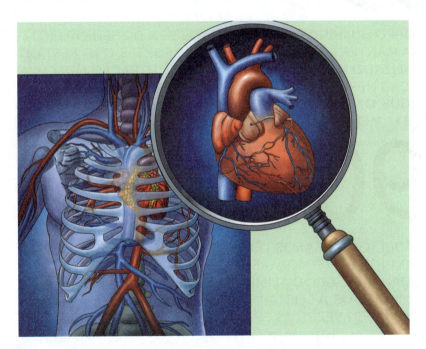

88 OS DENTES NÃO SE REPARAM SOZINHOS

AO CONTRÁRIO DOS OSSOS, OS DENTES NÃO TÊM A CAPACIDADE DE SE CURAR. OS DENTES SÃO ESTRUTURAS MINERAIS DEPOSITADAS PELOS AMELOBLASTOS E ODONTOBLASTOS,

QUE FORMAM O ESMALTE E A DENTINA, RESPECTIVAMENTE. UMA VEZ QUE O DENTE IRROMPE NA BOCA, ESSAS CÉLULAS VIVAS NÃO ESTÃO MAIS PRESENTES, E OS DENTES NÃO PODEM SE REGENERAR POR SI PRÓPRIOS.

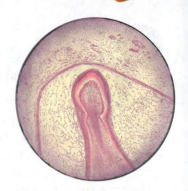

89 CÁLCIO NO CORPO HUMANO

O CORPO HUMANO UTILIZA CERCA DE 99% DO SEU CÁLCIO PARA MANTER OS OSSOS E OS DENTES FORTES. O 1% RESTANTE É UTILIZADO PARA ATIVIDADES COMO CONTRAÇÃO MUSCULAR, FUNÇÃO NERVOSA, SINALIZAÇÃO CELULAR E COAGULAÇÃO DO SANGUE. O CÁLCIO DESEMPENHA UM PAPEL NA MANUTENÇÃO DE UM BATIMENTO CARDÍACO REGULAR.

90 OS HUMANOS TÊM 32 DENTES

OS ADULTOS HUMANOS TÊM 32 DENTES, SENDO: 8 INCISIVOS, 4 CANINOS, 8 PRÉ-MOLARES E 12 MOLARES. OS CANINOS AJUDAM A RASGAR O ALIMENTO, OS MOLARES, A MOER, E OS INCISIVOS, A CORTAR. RECOMENDA-SE MASTIGAR O ALIMENTO 32 VEZES. AS CRIANÇAS TÊM APENAS 20 DENTES.

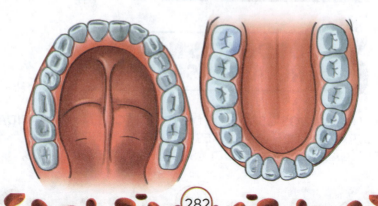

91 ESMALTE: A SUBSTÂNCIA MAIS DURA

O ESMALTE BRANCO E BRILHANTE ENCONTRADO EM NOSSOS DENTES É A SUBSTÂNCIA MAIS DURA DO CORPO HUMANO. ELE É AINDA MAIS FORTE QUE O OSSO E É 96% MINERAL. O ALTO TEOR MINERAL LHE CONFERE RESISTÊNCIA E DURABILIDADE. NOSSOS DENTES PODEM DURAR CENTENAS DE ANOS, DESDE QUE OS ESCOVEMOS REGULARMENTE.

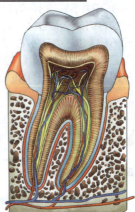

92 O QUE SÃO ARREPIOS?

OS ARREPIOS SÃO SALIÊNCIAS NA PELE DE UMA PESSOA EM RESPOSTA AO FRIO, SENTIMENTOS EMOCIONAIS COMO MEDO, NOSTALGIA, ADMIRAÇÃO E PRAZER OU IRRITAÇÃO NA PELE. ISSO OCORRE QUANDO PEQUENOS MÚSCULOS AO REDOR DA BASE DOS PELOS DO CORPO EXPERIMENTAM TENSÃO, O QUE FAZ COM QUE O PELO FIQUE MAIS ERETO. ISSO FAZ COM QUE NOSSA PELE PAREÇA ESTRANHA.

93 OS MÚSCULOS MAIS RÁPIDOS DO CORPO HUMANO

OS MÚSCULOS QUE FAZEM OS OLHOS PISCAREM SÃO OS MÚSCULOS MAIS RÁPIDOS DO CORPO HUMANO. OS OLHOS PODEM SE CONTRAIR EM MENOS DE UM CENTÉSIMO DE SEGUNDO. EM APENAS UM DIA, UMA PESSOA PODE PISCAR MAIS DE 11.500 VEZES!

94 PRODUÇÃO DE CERÚMEN

EMBORA SEJA IRRITANTE, PEGAJOSO E ATÉ MEIO NOJENTO, A CERA DE OUVIDO É UMA PARTE FUNDAMENTAL DO SISTEMA DE DEFESA DO SEU OUVIDO. ELA CONTÉM SUBSTÂNCIAS QUÍMICAS ESPECIAIS QUE PROTEGEM O OUVIDO INTERNO DE BACTÉRIAS, FUNGOS, SUJEIRA E ATÉ INSETOS.

95 O MAIOR ÓRGÃO DO CORPO

A PELE É O MAIOR E MAIS PESADO ÓRGÃO DO CORPO. SUA SUPERFÍCIE TEM DE 1,5 A 2 M². ELA AJUDA A REGULAR A TEMPERATURA CORPORAL, PROTEGE O CORPO DE MICRÓBIOS, FACILITA AS SENSAÇÕES E AJUDA A PRODUZIR VITAMINA D QUANDO EXPOSTA AO SOL.

96 HUMANOS PERDEM MUITA PELE

TODA HORA, OS HUMANOS PERDEM APROXIMADAMENTE 600.000 PARTÍCULAS DE PELE. ISSO EQUIVALE A CERCA DE 700 GRAMAS POR ANO, OU SEJA, AOS 70 ANOS, UMA PESSOA JÁ PERDEU EM MÉDIA 47,6 KG DE PELE.

97 A MESMA QUANTIDADE DE PELO QUE UM CHIMPANZÉ

NOSSOS CORPOS TÊM A MESMA QUANTIDADE DE PELOS POR CM² QUE UM CHIMPANZÉ. NO ENTANTO, A MAIORIA DOS PELOS HUMANOS É MUITO FINA OU CLARA PARA SER VISTA.

GLOSSÁRIO

ALUCINAÇÃO: SENSAÇÃO DE OBJETOS OU EVENTOS QUE NÃO SÃO REAIS.

AMINOÁCIDO: QUALQUER COMPOSTO ORGÂNICO DE NITROGÊNIO DERIVADO DA AMÔNIA.

ANESTÉSICO: SUBSTÂNCIA QUÍMICA QUE REDUZ A SENSAÇÃO DE DOR.

ANTI-HISTAMÍNICO: MEDICAMENTO ADMINISTRADO PARA REDUZIR OU REVERTER UMA REAÇÃO ALÉRGICA.

APENDICULAR: RELACIONADO À EXTENSÃO DO CORPO, COMO BRAÇOS E PERNAS.

AUDIÇÃO: CAPACIDADE DE OUVIR.

AUTOIMUNE: CONDIÇÃO EM QUE O SISTEMA IMUNOLÓGICO DO CORPO ATACA SEUS PRÓPRIOS TECIDOS.

AXIAL: RELACIONADO À CABEÇA E TRONCO DO CORPO.

BILE: SUCO DIGESTIVO SECRETADO PELO FÍGADO E ARMAZENADO NA VESÍCULA BILIAR.

BILIRRUBINA: PIGMENTO BILIAR VERMELHO FORMADO A PARTIR DA DEGRADAÇÃO DA HEMOGLOBINA.

BRÔNQUIOS: PRINCIPAIS TUBOS RESPIRATÓRIOS QUE CONDUZEM DA TRAQUEIA AOS PULMÕES.

CAPILARES: MINÚSCULOS VASOS SANGUÍNEOS ENTRE ARTÉRIAS E VEIAS QUE DISTRIBUEM OXIGÊNIO E NUTRIÇÃO ÀS CÉLULAS DO CORPO.

CARDIOLOGISTA: MÉDICO ESPECIALISTA EM DOENÇAS CARDÍACAS.

CÍLIOS: MINÚSCULAS ESTRUTURAS SEMELHANTES A PELOS NO TRATO RESPIRATÓRIO.

CISTOS: FORMAÇÃO ANORMAL DENTRO DO CORPO CHEIO DE LÍQUIDO E OUTROS MATERIAIS.

COLÁGENO: PROTEÍNA FIBROSA QUE SUSTENTA OS TECIDOS DA PELE, OSSOS E CARTILAGENS.

COLESTEROL: SUBSTÂNCIA GORDUROSA ENCONTRADA NO TECIDO ANIMAL E NA GORDURA.

CONTAGIOSA: DOENÇA TRANSMITIDA POR CONTATO DIRETO OU INDIRETO.

CORDAS VOCAIS: DUAS TIRAS DE TECIDO NA CAIXA VOCAL QUE PODEM PRODUZIR SONS.

DEGENERAÇÃO: DESGASTE DE TECIDOS E OSSOS COM A IDADE.

DERMATOLOGISTA: MÉDICO ESPECIALISTA EM DOENÇAS DA PELE.

DÉRMICO: REFERENTE À PELE.

DUCTO: TUBO PARA EXCREÇÕES OU SECREÇÕES.

ELETRÓLITOS: SAIS ENCONTRADOS EM FLUIDOS QUE REGULAM AS FUNÇÕES CORPORAIS.

ENZIMA: PROTEÍNAS QUE REGULAM AS REAÇÕES QUÍMICAS NO CORPO.

FAGÓCITOS: CÉLULAS DO SISTEMA IMUNOLÓGICO QUE ENGLOBAM E DESTROEM INVASORES ESTRANHOS.

FETO: BEBÊ NÃO NASCIDO.

FIBROSO: CONTENDO OU SEMELHANTE A FIBRAS.

FOLÍCULO: GRUPO DE CÉLULAS NA PELE ONDE O PELO/CABELO SE DESENVOLVE.

GASTROENTEROLOGISTA: MÉDICO ESPECIALISTA EM DOENÇAS DO SISTEMA DIGESTÓRIO.

GESTAÇÃO: PERÍODO DE GRAVIDEZ, DESDE A CONCEPÇÃO ATÉ O NASCIMENTO.

GLICOGÊNIO: A FORMA DE GLICOSE QUE É ARMAZENADA NO CORPO.

HELICOIDAL: EM FORMA DE ESPIRAL OU BOBINA.

HEREDITÁRIO: INFORMAÇÃO TRANSMITIDA DE PAIS PARA FILHOS ATRAVÉS DE GENES.

HIDRATAÇÃO: PROCESSO PELO QUAL SE EQUILIBRA O NÍVEL DE ÁGUA NO CORPO.

IMPULSOS: ATIVIDADE ELÉTRICA QUE VIAJA AO LONGO DAS LONGAS CÉLULAS NERVOSAS EM FORMA DE FIO.

IMUNIDADE: RESISTÊNCIA A DOENÇAS.

IMUNOTERAPIA: TRATAMENTO DE DOENÇA OU INFECÇÃO POR IMUNIZAÇÃO.

INFLAMAÇÃO: VERMELHIDÃO, INCHAÇO, CALOR E DOR EM UM TECIDO RESULTANTE DE UMA LESÃO.

INTERVERTEBRAL: TECIDO MOLE ENCONTRADO ENTRE OS OSSOS DA COLUNA VERTEBRAL.

LENTE BICONVEXA: LENTE COM AMBOS OS LADOS CURVADOS PARA FORA.

LIPÍDIOS: SUBSTÂNCIAS GORDUROSAS INSOLÚVEIS EM ÁGUA.

MACRÓFAGO: CÉLULAS GRANDES QUE ENGLOBAM E DIGEREM ANTÍGENOS.

MEDULA ÓSSEA: TECIDO ESPONJOSO DENTRO DOS OSSOS QUE FABRICA CÉLULAS SANGUÍNEAS.

METABOLISMO: PROCESSOS QUÍMICOS E FISIOLÓGICOS PELOS QUAIS OS ALIMENTOS E NUTRIENTES SÃO DECOMPOSTOS PARA PRODUZIR ENERGIA.

MIOGLOBINA: PROTEÍNA TRANSPORTADORA DE OXIGÊNIO DAS CÉLULAS MUSCULARES.

MUCO: FLUIDO ESCORREGADIO SECRETADO POR ÓRGÃOS DO CORPO, COMO NARIZ E GARGANTA.

NERVO AFERENTE: NERVO QUE TRANSMITE IMPULSOS DOS RECEPTORES AO SISTEMA NERVOSO CENTRAL.

NERVO ÓPTICO: FIBRAS NERVOSAS QUE TRANSPORTAM INFORMAÇÕES DA RETINA AO CÉREBRO.

NEUROLOGISTA: MÉDICO ESPECIALISTA EM DISTÚRBIOS DO SISTEMA NERVOSO.

NUCLEOTÍDEOS: BLOCOS DE CONSTRUÇÃO QUÍMICOS QUE COMPÕEM O DNA.

ONCOLOGISTA: MÉDICO ESPECIALISTA EM TRATAR O CÂNCER.

ORGANELAS: ESTRUTURAS ENCONTRADAS DENTRO DE UMA CÉLULA, COMO NÚCLEO E MITOCÔNDRIAS.

ORGÂNICO: COMPOSTOS QUE CONTÊM CARBONO.

OXIGENADO: CONTENDO OXIGÊNIO DISSOLVIDO.

PATÓGENOS: MICRO-ORGANISMOS QUE CAUSAM DOENÇAS.

PEPTÍDEO: CADEIA CURTA DE AMINOÁCIDOS.

POLISSACARÍDEOS: MOLÉCULAS COMPLEXAS DE CARBOIDRATOS.

PSIQUIATRA: MÉDICO ESPECIALIZADO NO TRATAMENTO DE TRANSTORNOS MENTAIS E EMOCIONAIS.

PÚSTULAS: ELEVAÇÃO DA PELE SEMELHANTE A UMA ESPINHA.

QUIMIOTERAPIA: TRATAMENTO DO CÂNCER PELA ADMINISTRAÇÃO DE MEDICAMENTOS.

PLASMA SANGUÍNEO: COMPONENTE LÍQUIDO DO SANGUE NO QUAL AS CÉLULAS SANGUÍNEAS ESTÃO SUSPENSAS.

RADIOTERAPIA: TRATAMENTO CONTRA O CÂNCER QUE UTILIZA FEIXES DE ENERGIA ELEVADA PARA DESTRUIR CÉLULAS CANCERÍGENAS.

RECEPTORES SENSORIAIS: ESTRUTURAS QUE RECONHECEM UM ESTÍMULO NO AMBIENTE INTERNO OU EXTERNO DE UM ORGANISMO.

REUMATOLOGISTA: MÉDICO ESPECIALIZADO EM DOENÇAS DAS ARTICULAÇÕES E MÚSCULOS.

SEBO: ÓLEO PRODUZIDO NA GLÂNDULA SEBÁCEA QUE MANTÉM A PELE FLEXÍVEL.

SECRETAR: GERAR E LIBERAR UM LÍQUIDO OU FLUIDO.

VIAS AÉREAS: SÃO OS TUBOS RESPIRATÓRIOS LOCALIZADOS DENTRO DOS PULMÕES, PELOS QUAIS O AR ENTRA E SAI DURANTE A RESPIRAÇÃO.

PÁLPEBRA: MEMBRANA FINA DE PELE QUE COBRE E PROTEGE O OLHO.

SUCOS GÁSTRICOS: LÍQUIDOS PRODUZIDOS NO ESTÔMAGO PARA AUXILIAR NA DIGESTÃO DOS ALIMENTOS E NA ELIMINAÇÃO DE BACTÉRIAS.

SULCOS: FENDA OU ENTALHE QUE OCORRE NA SUPERFÍCIE DE UM ÓRGÃO.